고1고2
수능국어
비문학독본

2

사회 100선

사람과 문화, 차와 말이 오가던 인류의 옛길처럼… 차마고도茶馬古道
이 책을 꿰고 다듬은 차마고도茶馬古道는 청소년을 위한 학습 및 교양콘텐츠 개발 베이스캠프다. ≪수능국어 어휘력향상 수련장≫≪중1중2 비문학독해 100≫≪중3고1 비문학독해 100≫≪고1고2 수능국어 비문학독본 1 인문 100선≫≪고1고2 수능국어 비문학독본 2 사회 100선≫≪고1고2 수능국어 비문학독본 3 과학기술 100선≫≪대입논술 기출문제 주제별 대계≫≪하루10분 생각의 발견 마음의 탄생 1, 2, 3≫≪논술구술 교양사전≫을 비롯한 여러 학습서를 출간하였다.

고1고2 수능국어 비문학독본 2 사회 100선

초판 1쇄 발행   2023년 7월 30일

편저자   차마고도
펴낸이   박동선

펴낸곳   푸를청
등록   제 2019-000006호
주소   경기도 고양시 일산동구 장백로 13, 702호
전화   (031)918-4792
팩스   (031)921-4792

ISBN 979-11-966626-4-6 (53700)

값 18,000원

고1고2
수능국어
비문학독본

2

사회 100선

青
푸른청

고1 고2 수능국어 비문학독본〈전3권〉을 펴내며…

비문학을 잡아야 수능을 잡는다

대학 입시에서 비문학이 차지하는 지위는 거의 절대적이다. 이는 문제 파악 능력이 관건인 수능의 속성 때문이기도 하지만, 근본적으로 한 사람의 사고 수준이 그의 언어 능력에 의해 결정되는 탓이다. 또 비문학은 점수 비중도 크려니와, 다루는 제재가 인문, 사회, 과학, 기술, 예술 등 학문과 삶의 다양한 영역을 포괄하기에 대입 수능의 다른 탐구 영역은 물론 대학별 논구술 시험에서 호환할 수 있는 에너지가 무척 크다. 대입 준비의 시작 단계에서 우선적으로 비문학 독해능력 신장에 눈을 돌려야 하는 까닭이 바로 여기에 있다.

비문학 독해의 핵심은 테크닉이 아닌 내용의 파악과 이해

수능 국어 영역에서 비문학을 통해 측정하고자 하는 것은 주어진 글을 읽고 잘 이해할 수 있는지, 글 속에 담긴 정보를 제대로 처리할 수 있는지와 관련된다. 독해의 열쇠는 문항의 패턴에 대한 기술적 이해보다는 제시문의 내용을 제대로 파악하고 이해하는 능력이다. 따라서 문제 풀이를 위한 기술의 습득도 중요하겠지만, 그보다는 각각의 주제를 접하는 '눈'의 확립과 이해력 함양이 선행되어야 할 것이다.

본격적인 실전대비 문제풀이에 앞서 거쳐야 할 제시문 장악 훈련

이 책은 고1 고2 예비 수험생들을 위한 비문학 수련장이다. 본격적인 실전대비 문제풀이 과정에 앞서 다양한 제시문들에 친숙해지고, 제시문을 장악하는 힘을 튼튼히 다지자는 취지로 마련하였다. 비교적 접근이 용이한 글감들로 내용을 구성하였으며, 독해의 기본 원리인 추론적, 비판적, 창의적 이해의 바탕이 되는 글에 대한 '사실적 이해'를 특히 중심에 놓고 확인 문제들을 배치하였다. 글에 대한 일차적인 이해력 신장에 초점이 맞춰져 있는 셈이다.

비문학 공부는 삶과 세상의 이치를 탐구해 나가는 커다란 기획

많은 글을 읽고, 글의 중심 내용을 찾아가는 꾸준한 연습은 독해력을 향상시킬 뿐만 아니라, 독해 속도도 빠르게 해 준다. 그런데 이러한 물리적 성취만큼이나 중요한 것이 있다. 독해 훈련의 과정이 곧 다방면의 지식 습득을 통해 세상에 대한 인식의 지평을 넓히고, 사물과 현상의 본질을 꿰뚫어 볼 수 있는 '눈'의 확립 과정이라는 점이다. 비문학 공부의 과정은 어떤 자세로 임하느냐에 따라 '세상살이에 대한 경이로운 눈뜸의 길', '보다 성숙한 삶을 향해 열려 있는 길'이 될 수도 있다. 따라서 비문학을 하나의 '입시과목'이기 이전에 '진지하게 우리의 삶과 세상의 이치를 탐구해 나가는 하나의 커다란 기획'으로 대하는 대승적 관점이 필요하다 할 것이다.

비문학, 계통을 세우고 세부 영역별로 공략하라

[고1고2 수능국어 비문학독본](전3권)은 독해 훈련이 체계적으로 이루어질 수 있도록 [인문], [사회], [과학·기술]의 3대 분야를 각각 10개의 세부 영역으로 분류 편성하여 주제영역별 출제 경향과 맥락을 한눈에 파악할 수 있도록 하였다. 1994학년도 원년 수능부터 최근 수능까지 수백 회 넘게 치러진 대학수학능력시험, 평가원 모의수능, 전국연합학력평가, 학업성취도평가의 비문학 부문 기출문제들 가운데 해당 주제 영역을 일괄하여 이해하는 데 도움이 되는 제시문들을 엄선하여 수록하였다. 확인문제에 대한 해설은 기본적으로 시험을 주관했던 각 기관이 발표한 해설자료들에 기초하였다.

아직 충분한 준비가 되어 있지 않은 수험생들에겐 많은 분량의 텍스트를 검토한다는 것이 힘에 겨울 수도 있을 것이다. 그러나 이 책은 효율성이 매우 높은 교재라 자부한다. 국어 영역 비문학(독서) 실전 경험을 충실히 쌓는 것은 물론 올바른 독해 방법과 비판적·창의적 사고를 닦는데 친절한 길잡이가 될 수 있을 것이다. 아무쪼록 보다 나은 글읽기 능력을 갖추고, 한걸음 더 나가 세상에 대한 폭넓은 지식과 따뜻한 이성, 그리고 자기 운명의 진정한 주인이 되기 위해 필요한 소양을 쌓는 데 이 책이 기여할 수 있기를 희망한다.

사람과 문화, 차와 말이 오가던 인류의 옛길처럼

차마고도茶馬古道 대표 박만경

3장_ 거시경제

4장_ 미시경제

7장_ 사회일반

8장_ 문화 · 매체

9장_ 현대사회문제

10장_ 기타

1장

정치·국제

어떤 사회 현상이 나타나는 경우 그러한 현상은 '제도'의 탓일까, 아니면 '문화'의 탓일까? 이 논쟁은 정치학을 비롯한 모든 사회과학에서 두루 다루는 주제이다. 정치학에서 제도주의자들은 보다 선진화된 사회를 만들기 위해서 제도의 정비가 중요하다고 주장한다. 하지만 문화주의자들은 실제적인 '운용의 묘'를 살리는 문화가 제도의 정비보다 중요하다고 주장한다.

문화주의자들은 문화를 가치, 신념, 인식 등의 총체로서 정치적 행동과 행위를 특정한 방향으로 움직여 일정한 행동 양식을 만들어내는 것으로 정의한다. 이러한 문화에 대한 정의를 바탕으로 이들은 국민이 정부에게 하는 정치적 요구인 투입과 정부가 생산하는 정책인 산출을 기반으로 정치 문화를 편협형, 신민형, 참여형의 세 가지로 유형화하였다.

편협형 정치 문화는 투입과 산출에 대한 개념이 모두 존재하지 않는 정치 문화이다. 투입이 없으며, 정부도 산출에 대한 개념이 없어서 적극적 참여자로서의 자아가 있을 수 없다. 사실상 정치 체계에 대한 인식이 국민들에게 존재할 수 없는 사회이다. 샤머니즘에 의한 신정 정치, 부족 또는 지역 사회 등 전통적인 원시 사회가 이에 해당한다.

다음으로 신민형 정치 문화는 투입이 존재하지 않으며, 따라서 적극적 참여자로서의 자아가 형성되지 못한 사회이다. 이런 상황에서 산출이 존재한다는 의미는 국민이 정부가 해주는 대로 받는다는 것을 의미한다. 이들 국민은 정부에 복종하는 성향이 강하다. 하지만 편협형 정치 문화와 달리 이들 국민은 정치 체계에 대한 최소한의 인식은 있는 상태이다. 일반적으로 독재 국가의 정치 체계가 이에 해당한다.

마지막으로 참여형 정치 문화는 국민들이 자신들의 요구 사항을 표출할 줄도 알고, 정부는 그러한 국민들의 요구에 응답하는 사회이다. 따라서 국민들은 적극적인 참여자로서의 자아가 형성되어 있으며, 그러한 적극적 참여자들로 형성된 정치 체계가 존재하는 사회이다. 이는 선진 민주주의 사회로서 현대의 바람직한 민주주의 사회상이다.

정치 문화 유형 연구는 어떤 사회가 민주주의를 제대로 구현하기 위해서 우선적으로 필요한 것이 무엇인가 하는 질문에 대한 답을 제시하고 있다. 문화주의자들은 국가를 특정 제도의 장단점에 의해서가 아니라 국가의 구성 요소들이 민주주의라는 보편적인 목적을 위해 얼마나 잘 기능하고 있는가를 기준으로 평가하고 있는 것이다.

1

위 글을 통해 글쓴이가 궁극적으로 말하고자 하는 것은?

① 정치 발전을 위해서는 국민이 적극적으로 정치에 참여해야 한다.
② 정치 제도보다 정치 제도를 운영하는 운영자의 가치관이 중요하다.
③ 정치 문화의 유형을 구분하는 기준을 투입에서 산출로 바꾸어야 한다.
④ 정치에 정부가 과도하게 개입하는 것은 정치 발전에 도움이 되지 않는다.
⑤ 정치 제도를 개선하는 것이 당면한 사회적 문제를 해결하는 데 효과적이다.

2

위 글과 〈보기〉를 읽은 학생의 반응으로 적절하지 않은 것은?

〈보기〉

독재 국가에서 선거 혁명을 통해 민주주의를 이루어 가는 갑국은 종교별 투표 성향이 강한 나라이다. 갑국은 새로운 정부를 구성하려고 대통령 선거에서 한 표라도 많으면 당선되는 단순 다수 대표제를 실시하였다. 그 결과 ○○교의 지지를 받은 A가 유효 투표수의 1/3을 득표하여 대통령에 당선되었다. 그러자 정책의 결정과 시행 과정에서 국민적 합의가 잘 이루어지지 않는 문제점이 발생하였다. 현재 차기 대통령 선거를 앞두고 갑국의 여러 시민 단체들은 1차 투표에서 과반수 득표를 못하면 2차 결선 투표를 실시하는 절대 다수 대표제를 채택하자고 요구하고 있다. 하지만 정부는 아직 이것에 대해 본격적으로 검토하지 않고 있다.

① 갑국은 투입보다 산출이 활성화되어 있군.
② A는 투표 성향과 투표 제도 때문에 당선되었군.
③ 갑국은 신민형에서 참여형으로 정치 문화가 변하고 있군.
④ 시민 단체들은 정치적 현상을 제도 개선으로 해결하고자 하는군.
⑤ 문화주의자들은 문제 해결 방법을 제도주의자들과는 다르게 제시하겠군.

　대부분의 민주주의 국가에서 국민은 자신의 대표자를 뽑아 국정의 운영을 맡기는 제도를 채택하고 있다. 그런데 여기에는 국민과 대표자 사이의 관계와 관련하여 근대 정치의 고전적인 딜레마가 내포되어 있다. 가령 입법안을 둘러싸고 국회의원과 소속 지역구 주민들의 생각이 다르다고 가정해 보자. 누구의 의사를 우선하는 것이 옳을까?

　우리 헌법 제1조 제2항은 "대한민국의 주권은 국민에게 있고, 모든 권력은 국민으로부터 나온다."라고 규정하고 있다. 이 규정은 국가의 모든 권력의 행사가 주권자인 국민의 뜻에 따라 이루어져야 한다는 의미로 해석할 수 있다. 따라서 국회의원은 지역구 주민의 뜻에 따라 입법해야 한다고 생각하는 사람이 있다면, 그는 이 조항에서 근거를 찾으면 될 것이다. 이 주장에서와 같이 대표자가 자신의 권한을 국민의 뜻에 따라 행사해야 한다고 할 때 그런 대표 방식을 명령적 위임 방식이라 한다. 명령적 위임 방식에서는 민주주의의 본래 의미가 충실하게 실현될 수 있으나, 현실적으로 표출된 국민의 뜻이 국가 전체의 이익과 다를 경우 바람직하지 않은 결과가 초래될 수 있다.

　한편 우리 헌법은 "입법권은 국회에 속한다."(제40조), "국회의원은 국가 이익을 우선하여 양심에 따라 직무를 행한다."(제46조제2항)라고 규정하고 있다. 이 규정은, 입법권이 국회에 속하는 이상 입법은 국회의원의 생각에 따라야 한다는 뜻이다. 이 규정의 목적은 국회의원 각자가 현실적으로 표출된 국민의 뜻보다는 국가 이익을 고려하도록 하는 데 있다. 이에 따르면 국회의원은 소속 정당의 지시에도 반드시 따를 필요는 없다. 이와 같이 대표자가 소신에 따라 자유롭게 결정할 수 있도록 하는 대표 방식을 자유 위임 방식이라고 부른다. 자유 위임 방식에서는 구체적인 국가 의사 결정은 대표자에게 맡기고, 국민은 대표자 선출권을 통해 간접적으로 대표자를 통제한다. 국회의원의 모든 권한은 국민이 갖는 이 대표자 선출권에 근거하기 때문에 자유 위임 방식은 헌법 제1조 제2항에도 모순되지 않는다. 우리나라는 기본적으로 이 후자의 입장을 취하고 있다.

　그러나 자유 위임 방식에서는 국민이 대표자를 구체적인 사안에서 직접적으로 통제하지 못하기 때문에 국민과 대표자 사이의 신뢰 관계가 약화되어 민주주의의 원래 의미가 퇴색될 우려가 있다. 극단적으로는 대표자가 사적 이익을 추구하는 데 권한을 남용하더라도 제재할 수단이 없게 된다. 이런 문제점을 보완하기 위해 국가에 따라서는 국가의 의사 결정에 국민이 직접 참여하거나 대표자를 직접 통제할 수 있는 ⊙직접 민주주의적 제도를 부분적으로 도입하기도 한다.

1

위 글의 전개 방식으로 가장 적절한 것은?

① 두 견해의 특징과 장단점을 제시하고 있다.

② 두 견해를 시간적 순서에 따라 설명하고 있다.

③ 두 견해가 서로 인과 관계에 있음을 논증하고 있다.

④ 두 견해의 공통점을 부각하여 논지를 강화하고 있다.

⑤ 한 견해의 관점에서 일관되게 다른 견해를 비판하고 있다.

2

㉠에 대한 설명으로 적절하지 않은 것은?

① 자유 위임 방식을 채택한 국가에서 ㉠의 도입은 선택적이다.

② 법률안 등을 국민이 투표로 직접 결정하는 제도는 ㉠에 해당한다.

③ 명령적 위임 방식에서 나타나는 문제점이 ㉠을 도입할 때에도 나타날 수 있다.

④ 일정 연령에 도달한 국민에게 차별 없이 대표자 선출권을 부여하는 제도는 ㉠에 해당한다.

⑤ ㉠의 도입은 국민과 대표자 사이의 신뢰 관계가 약화될 수 있다는 문제점을 보완하려는 것이다.

정치적 지배는 타인에 대한 지배이기 때문에 상대의 존재를 무시하고는 성립하기 어렵다. 따라서 최소한 상대를 움직일 수 있는 수단이 있어야 한다. 원래 인간은 감정적인 동시에 이성적인 존재이므로 지배자는 상대가 자기의 명령이나 지도를 이성적으로 받아들이도록 이끌어 가야 한다. 만일 의도한 대로 상대를 이끌어 가는 데 실패하면 최후로 물리적인 강제력을 발동(發動)하지 않을 수 없게 된다. 그런데 물리적 강제력을 행사하여 지배하는 것은 가장 열등한 지배 방식이기 때문에 피지배자들의 반발을 야기하기 쉽다. 그러기에 지배자들은 피지배자들이 자발적으로 복종할 수 있는 고차원적인 지배 방식을 사용하려 한다. 그 중의 하나가 상징을 이용하여 인간의 심리를 조작하는 상징 조작이다.

상징은 무슨 일이 일어났음을 알리기 위해 피운 연기처럼 어떤 것을 대신 나타내 주는 사물이나 기호이다. 상징은 누군가에게 메시지를 전달하는 의도로 사용하는 수단이라는 점에서 볼 때, 정치 행동과 상징은 근원적으로 불가분의 관계에 있다고 할 수 있다. 정치에서 상징은 주로 눈에 보이지 않는 국가(國家), 권력 등을 국기, 국가(國歌), 제복 등의 구체적인 것으로 나타내는 경우가 흔한데, 사람들은 정치적 영역에서 여러 가지 상징이 불러일으키는 이미지에 따라 행동하는 경우가 많다. 그래서 상징 조작은 효과적인 지배 기술이다.

미국의 정치학자 찰스 메리암은 정치에서의 상징 조작을 미란다와 크레덴다로 나누어 설명하였다. 미란다라는 말은 원래 '감탄할 만한'이란 뜻을 지닌 라틴어에서 온 말로 놀랄 만큼 뛰어난 정치 기술이라는 의미가 담겨 있다. 사회적 동물인 인간은 일반적으로 어떤 정서적인 유대감을 희구(希求)하거나 어떤 질서에 귀속(歸屬)되기를 바란다. 인간의 이런 심리에 호소하는 상징을 '동일시의 상징'이라 한다. 동일시의 상징이란 국기를 바라볼 때나 국가(國歌)를 같이 부를 때 모두가 동일한 집단의 일원이라는 일체감을 자아내는 것처럼 인간의 정서적인 면에 호소하는 상징이다. 각종 기념일, 공공 장소와 기념관, 제복, 기념식, 동상 등도 그 예이다. 권력의 미란다는 이러한 동일시의 상징을 사용함으로써 국민의 마음을 규합(糾合)시키려 한다.

반면 크레덴다는 신학 용어에서 온 말로 '신조(信條)'를 의미한다. 사람들은 그 어떤 것을 대할 때 그것이 합리적이고 타당하면 수긍(首肯)한다. 이렇게 합리적이고 타당하다는 점을 내세워 사람들의 이성을 움직이는 기호를 '합리화의 상징'이라고 한다. 이것은 인간의 이지적인 면에 호소하는 상징이다. 권력의 크레덴다는 이러한 합리화의 상징을 이용함으로써 국민에게 그 권력의 정통성을 합리적으로 설명하려고 한다. 곧 권력이 정당하고 합리적이라는 것을 국민들의 마음속에 심어 줌으로써 국민들이 자발적으로 권력의 지배를 받아들이게 하는 은밀한 정치 기술의 하나가 크레덴다인 것이다. 여기에는 헌법 제정, 정치적 이데올로기 등이 있다.

고대에서부터 현대에 이르기까지, 독재적 권력이든 민주적 권력이든 지배자는 정치적 상징을 통해 피지배자들의 심리를 조작하는 정치 기술, 즉 상징 조작을 통한 지배 방법을 흔히 사용해 왔다. 이를 통해 지배자들은 피지배자들의 자발적인 복종을 이끌어 내고 정치권력의 정당성을 확보(確保)하려 했기 때문이다. 이로 볼 때 상징 조작을 통한 지배 권력의 정당화는 권력의 속성이라고 할 수 있다.

1

위 글의 집필 동기로 적절한 것은?

① 정치적인 지배가 어떻게 이루어지는지를 설명하려 하였다.

② 상징 조작의 종류와 각각의 장단점을 밝혀 그 우열을 드러내려 하였다.

③ 피지배자들의 심리를 조작하여 지배하는 지배자들의 비인간성을 고발하려 하였다.

④ 현재의 정치 기술이 지닌 한계를 드러내 새로운 정치 기술이 필요함을 주장하려 하였다.

⑤ 현대 정치학이 이룬 학문적 성과를 제시하여 정치학에 대한 관심을 불러일으키려 하였다.

2

위 글에서 설명한 '상징 조작'에 해당하는 것은?

① (자가용 운전자가 혼잣말로) "바쁠 때면 신호등에 자주 걸린단 말야."

② (친구간의 대화에서) "체력 단련을 위해 오늘부터 수영을 배울 생각이야."

③ (엄마가 아이에게) "화장실에 가고 싶다고? 저기 화장실 표지가 보이지? 얼른 다녀와."

④ (주민들의 대화에서) "소방차의 사이렌 소리가 요란한 걸 보니, 어디에서 불이 났나 보군."

⑤ (교사가 학생들에게) "이순신 장군의 정신을 기리는 현충사에 와서 참배하니 감회가 남다르지?"

여론 조사는 사회 문제나 특정 화제에 대해 사회 구성원이 어떠한 의견이나 태도를 갖고 있는가를 알아보는 통계적 조사이다. 여론 조사의 결과가 정부나 지방자치단체 등의 정책 결정에 큰 영향을 끼치는 경우가 많기에 여론 조사의 생명은 신뢰성이라고 할 수 있다. 최근 우리나라의 선거 여론 조사 결과가 실제와 큰 오차를 보여 여론 조사의 신뢰성에 의구심을 갖는 사람들이 많아졌다. 여론 조사는 어떻게 진행되는지, 여론 조사의 신뢰성이 낮아진 이유가 무엇인지 알아보자.

여론 조사는 모집단의 정의, 표본의 선정, 설문지의 작성, 표본으로 뽑힌 사람들과의 인터뷰, 결과표의 작성, 결과의 분석, 해석 순으로 전개된다. 이 과정이 모두 적절하게 진행된 여론 조사의 미래 예측은 충분히 신뢰할 만하다. 그러나 이 중 한 가지라도 잘못된다면 여론 조사 결과는 신뢰할 수 없는 수준으로 떨어질 수 있다. ㉠특히 설문 문항은 여론의 신뢰도와 직결되는 중요한 것이기에, 공정하고 객관적인 질문, 모든 사람에게 동일한 의미로 해석되는 질문으로 진술되어야 한다.

우리나라에서 실시하는 선거 여론 조사의 첫 번째 문제점은 여론 조사 기간이 짧다는 것이다. 정확한 여론 조사를 위해서는 적어도 3일 이상의 시간이 필요하지만 우리나라에서 실시되는 대부분의 여론 조사는 1~2일 동안 조사하고 결과를 발표한다. 여론 조사 기간이 길어질수록 신뢰성이 높아질 수 있지만, 비용도 그만큼 많이 들게 된다. 결국 여론 조사 기간이 짧은 이유는 비용 문제와 관련되며, 여론 조사 의뢰자들이 정확성보다 신속함을 요구하기 때문이기도 하다.

두 번째 문제점은 여론 조사의 구체적인 내용을 공개하지 않는 경우가 많다는 것이다. 여론 조사 결과를 발표할 때는 의뢰 기관, 조사 기관, 조사 시기, 조사 대상, 조사 방법, 표본의 수, 표본 추출 방법, 신뢰 수준, 응답률, 설문지의 문항 등을 같이 알려야 한다. 왜냐하면 그 구체적인 내용에 따라 여론 조사의 결과가 달라지며, 심할 경우 한쪽으로 치우칠 수도 있기 때문이다.

세 번째로 우리나라 여론 조사의 대부분이 유선 전화를 사용한 방식이라는 점을 들 수 있다. 전화 여론 조사는 여론 조사 기관에서 조사를 시작하기 전에 미리 조사할 인원을 정하고 성별, 연령별, 지역별 조사 인원을 인구비에 맞게 할당하는 할당추출법을 사용한다. 이 방식은 비록 적은 숫자라 하더라도 인구 구성비를 통해 추출하였기 때문에 모집단의 특성을 대표할 수 있다. 그런데 유선 전화를 사용하여 조사를 하다 보니, 주부와 자영업자, 노년층의 비율이 모집단보다 높아지는 문제가 생기기도 한다.

정확하지 않은 여론 조사가 자주 발표되면 막대한 비용을 들인 가치 있는 여론 조사조차도 믿지 않게 될 수 있다. 따라서 여론 조사 기관 및 이를 보도하는 언론사 등은 여론 조사의 생명이 신뢰성에 있음을 기억해야 할 것이다. 또한 의뢰 기관은 정확한 결과를 얻기 위해 충분한 비용을 들여야 할 것이며, 일반 시민들의 경우 타당성이 부족한 여론 조사는 믿지 않는 현명함이 요구된다.

1

위 글의 내용과 일치하지 않는 것은?

① 여론 조사는 실시 방법에 따라 결과가 달라질 수 있다.

② 여론 조사 결과는 국가 정책에 큰 영향을 끼치는 경우가 많다.

③ 유선 전화가 없는 사람은 여론 조사에서 배제될 가능성이 있다.

④ 여론 조사의 신뢰성을 높이기 위해서는 충분한 비용을 들여야 한다.

⑤ 여론 조사 기간이 짧은 것은 의뢰자가 정확한 결과를 요구하기 때문이다.

2

㉠과 관련하여 설문 문항을 검토하기 위한 기준을 생각해 본 것으로 적절하지 않은 것은?

① 질문은 보편적인 표현법으로 작성되었는가?

② 응답자가 선입견을 가질 수 있는 질문은 없는가?

③ 질문이 다른 해석의 여지없이 단순하고 명료한가?

④ 질문은 응답자의 지식을 키울 수 있게 작성되었는가?

⑤ 응답자에게 특정 항목에 응답하도록 유도하는 질문은 없는가?

'갖춘 공약'으로 지칭되는 매니페스토(Manifesto)는 일종의 선거 공약이다. 이것이 일반 공약과 다른 점은 선거 공약의 목표치를 구체적이고 확실하게 내세우고 있다는 것이다. 즉 과거의 정책 공약이 지키지 않아도 무방한, 막연한 희망사항 리스트였다면 매니페스토는 선거 후 반드시 지키겠다고 공식적으로 문서화하여 선거 기간 중에 공표하는, 국민에 대한 일종의 '정책서약서'이다. 여기에는 후보자가 선거에 당선된 후 실행할 수 있는 정책을 검증 가능한 형태로 제시해야 하는데 기한, 목표, 공정, 재원 마련은 물론 우선순위까지 정하여 구체적으로 제시한다.

매니페스토는 1834년 영국의 탐워스 선거에서 필(Robert Peel) 보수당 당수가 최초로 제시한 후 다양한 선거에서 활용되었지만 이것이 세계적인 관심을 끌게 된 것은 최근의 일이다. 토니 블레어(Tony Blair)가 이끄는 노동당이 1997년에 '새로운 노동당'이라는 이름 하에, 그리고 2001년에는 '영국을 위한 야망'이란 이름 하에 선거 운동을 하며 대국민 약속과 정권 선택의 수단으로서 매니페스토를 발표하였다. 이것의 효과로 노동당이 국민의 지지를 받아 연속 집권에 성공하면서 사람들은 매니페스토의 긍정적 측면에 주목하였고 그 후 여러 나라로 급속히 확산되었다.

매니페스토는 앞에서도 언급했듯 후보자가 선거에 당선된 후 실행할 수 있는 정책을 검증 가능한 형태로 제시하는 '정책약속'이다. 매니페스토의 과정을 살펴보면, 먼저 후보자는 당선되었을 때 임기 중에 추진하고자 하는 정책을 사업의 목적, 착수 우선순위와 완성시기, 예산확보방법 등 구체적인 공약을 개발하여 제시하여야 한다. 그러면 유권자는 후보자가 제시한 공약을 꼼꼼히 비교하고 따져서 가장 실현 가능한 공약을 제시한 후보자에게 투표를 한다. 투표에 의해 선출된 당선자는 임기 동안 자신이 제시한 공약의 실천을 위하여 노력하고 유권자는 당선자의 공약이 제대로 실천되고 있는지 지켜보고 평가하여 다음 선거 때 지지 여부를 결정하는 것이다.

매니페스토에는 통상적으로 목표(무엇을), 방법(어떻게), 재원(무슨 돈으로), 기한(언제까지) 등 실현할 수 있는 내용이 필요하다면 수치까지 구체적으로 기재되어 있다. 이에 따라 유권자는 정책 추진에 따른 수치를 봄으로써 공약이 허황된 내용은 아닌지, 실현 가능성은 있는지까지 꼼꼼하게 따지면서 후보자를 선택할 수 있다. 또한 수치 목표나 구체적인 대응력을 표시하고 있기 때문에 유권자가 정책의 내용과 성과를 역시 구체적으로 알 수 있으며, 후보자들의 정책 비교도 쉽게 할 수 있다. 그리고 정책 평가를 수치화한다면 업적 평가가 가능하기 때문에 정치 행정에 성과주의를 도입할 수 있다.

매니페스토가 시행된다면 선거 시 정당이나 후보자에게 구체적인 정책 목표를 명시하도록 함으로써 국민에 대한 책임성을 확보할 수 있다. 또한 유권자가 후보자를 선택할 수 있는 기준이 마련됨에 따라 각종 부정적 투표 행태가 퇴출될 것이고, 일단 당선되고 보자는 식의 각종 흑색 · 비방 선거문화는 사라질 것이다. 이렇게 된다면 진정한 정책 선거가 됨으로써 책임지는 정치 · 선거문화 정착을 기대할 수 있다. 매니페스토는 우리나라의 선거문화를 획기적으로 변화시킬 새로운 시도이다. 이것이 앞으로 계속 발전되어 각 정당과 후보자들이 매니페스토에 의한 정책 대결의 선거 운동을 전개한다면 우리나라의 선거문화, 정치문화는 분명 한 단계 향상될 것이다.

1

위 글의 표제와 부제로 가장 적절한 것은?

① 매니페스토의 역사적 기원 – 매니페스토가 역사의 발전을 부른다
② 정당 중심의 선거 운동 매니페스토 – 작은 실천이 나라를 구한다
③ 선거를 통한 민주주의 혁명 매니페스토 – 후보자의 경력을 따져야 나라가 산다
④ 역사 속의 교훈, 매니페스토 – 뽑아 놓고 후회할 것인가, 뽑기 전에 살펴볼 것인가
⑤ 새로운 선거문화, 매니페스토 – 정책에 대한 꼼꼼한 비교와 검증으로 올바른 일꾼을 뽑는다

2

위 글의 논지 전개 방식으로 가장 적절한 것은?

① 대상을 특성에 따라 분류하여 설명하고 있다.
② 구체적 사례를 들어 독자의 이해를 돕고 있다.
③ 현상을 과학적으로 분석하여 논지를 강화하고 있다.
④ 전문가의 견해를 인용하여 글의 신뢰성을 높이고 있다.
⑤ 질문의 방식으로 현실에 대한 문제의식을 드러내고 있다.

(가) 과거에는 일반 시민들이 사회 문제에 관한 정보를 얻을 수 있는 수단이 거의 없었다. 따라서 일반 시민들은 신문과 같은 전통적 언론을 통해 정보를 얻었고, 전통적 언론은 주요 사회 문제에 대한 여론을 형성하는 데 강한 영향을 끼쳤다. 지금도 신문에서 물가 상승 문제를 반복해서 보도하면, 일반 시민들은 이를 중요하다고 생각하고 그와 관련된 여론도 활성화된다. 이처럼 전통적 언론이 여론을 형성하는 것을 '의제설정' 기능이라고 한다.

(나) 하지만 막강한 정보원으로 인터넷이 등장한 이후 전통적 언론의 영향력은 약화되고 있다. 그리고 인터넷을 통한 상호작용 매체인 소셜 네트워킹 서비스(이하 SNS)가 등장한 이후에는 그러한 경향이 더 강화되고 있다. 일반 시민들이 SNS를 통해 문제를 제기하고 많은 사람들이 그 문제에 대해 중요하다고 생각하면 역으로 전통적 언론에서 뒤늦게 그 문제에 대해 보도하는 현상이 생기게 된 것이다. 이러한 현상을 일반 시민이 의제설정을 주도한다는 점에서 '역의제설정' 현상이라고 한다.

(다) 전통적 언론은 사회 문제 중에서 일부만을 골라서 의제로 설정한다. 역의제설정 현상은 전통적 언론에 의해 주도되는 의제설정의 치우침, 즉 편향성을 보완할 수 있다는 점에서 사회적으로 중요한 의미가 있다. 일반 시민들이 SNS를 통해 전통적 언론에서 다루지 않은 문제에 대해 논의거리를 제기하고 그에 대해 다른 사람들의 호응을 얻어 사회적으로 의미 있는 여론을 형성할 수 있게 된 것이다.

(러) 하지만 역의제설정 현상이 긍정적인 면만 있는 것은 아니다. SNS에서는 진위 여부가 검증되지 못한 내용을 토대로 여론이 형성되는 경우도 있다. 이 때문에 SNS를 통해 형성되는 여론은 왜곡되거나 변형될 위험이 있다. SNS에서 때로 괴담과 같은 비합리적인 정보가 마치 사실처럼 간주되고 널리 확산되어 사회적 물의를 일으키는 것도 이 때문이다.

(마) SNS의 등장으로 모든 사람이 사회 문제에 관심을 가지고 그 문제에 대해 의견을 밝히면서 사회적으로 영향을 미칠 수 있게 되었다. 따라서 SNS 이용자는 정보의 수용자로서 선별력, 판단력을 갖추고 정보를 접해야 하며, 정보의 제공자로서 여론 형성에 대한 책임 의식을 가지고 신중하게 행동해야 한다.

1

위 글에 표제와 부제를 붙인다고 할 때, 가장 적절한 것은?

①SNS에 기반한 여론 형성 – '역의제설정' 현상을 중심으로

②전통적 언론과 SNS의 한계 – '역의제설정'의 부작용을 중심으로

③전통적 언론에서 SNS로의 변화 – '역의제설정' 현상의 변천사를 중심으로

④SNS와 전통적 언론의 상호 작용 – SNS를 이용한 정보 활용 방법을 중심으로

⑤전통적 언론이 SNS에 미치는 영향 – 전통적 언론에 의한 '의제설정' 과정을 중심으로

2

(라)와 (마)문단에 대한 독자의 반응으로 가장 적절한 것은?

①구성원 간의 상호작용은 여론의 질을 높이는군.

②여론은 전통적 언론에 의해 검증되어야 형성되는군.

③주목받는 의제라도 내용의 사실 여부를 따져봐야겠군.

④최근의 여론은 이전과는 달리 비밀스럽게 형성되는군.

⑤역의제설정 현상은 사회적 물의를 최소화할 수 있겠군.

공공선택론은 정치학의 영역인 공공 부문의 의사결정에 대해서 경제학적 원리와 방법론을 적용하여 설명하려는 연구이다. 공공선택론은 기존의 정치학과는 다르게 다음 세 가지 가정으로부터 출발한다.

첫 번째 가정은 방법론적 개인주의로, 모든 사회 현상의 분석 단위를 개인으로 삼는다는 것이다. 이 가정에서는 집단을 의사결정을 할 수 있는 유기체적 주체로 보지 않기 때문에 국가는 의사결정의 주체인 개인들의 집합체라고 본다. 따라서 정치 현상은 개인들의 의사결정을 집합적 결과로 보여 주는 것이다.

두 번째는 인간을 '경제 인간'으로 본다는 가정이다. 경제 인간은 자기애를 갖고 자신의 이익을 추구하는 합리적인 인간을 의미한다. 사람들은 자신의 이해관계를 최우선시하므로 구체적 목적을 달성하는 과정에서 비용을 최소화하고 편익을 극대화하려고 한다. 다만 비용, 편익, 효용은 사람마다 다르다.

마지막 가정은 수요와 공급의 관점에서 정치도 본질적으로 경제시장과 같은 선택의 문제이며 정치적 활동 역시 교환 행위로 본다는 것이다. 이 관점에서 정치는 정치시장으로, 정치인은 재화와 용역의 공급자로, 유권자는 수요자로 해석된다. 경제시장에서 사람들은 교환을 통해 이익을 얻을 수 있다고 판단한 경우에만 거래에 참여한다. 정치시장도 이와 마찬가지인데 기존의 경제학의 관점과는 달리, 거래의 결과가 거래 당사자들뿐만 아니라 거래에 참여하지 않은 사람들에게도 영향을 미친다.

이 세 가지 가정을 바탕으로 공공선택론에서는 공공 부문의 의사결정에서 발생하는 사회적 문제를 분석하는데 그 중 정치인과 유권자가 유발하는 문제를 분석하는 모형으로 중위투표자 정리 모형이 있다. 중위투표자 정리 모형은 단일 사안에 대해 유권자의 정치적 선호가 하나의 정점을 갖는 단일 선호일 경우, 경쟁하는 두 정당의 정치인들이 내거는 공약은 중위투표자가 선호하는 정책에 접근하게 된다는 이론이다. 이때 중위투표자란 정치적 선호에 따른 유권자 전체의 분포에서 한가운데에 위치한 유권자를 말한다. 이 모형은 몇 가지 가정을 전제로 하는데 정치적 선호에 따른 유권자들의 분포는 종 모양의 정규분포를 가지며 유권자는 자신의 선호 체계에 가장 가까운 공약을 제시하는 정치인에게 투표한다는 것이다. 이 경우 선거의 승리를 목적으로 하는 정치인의 정책은 그의 정치적 이념과 관계없이, 중위투표자의 선호를 반영하는 방향으로 수렴하는 경향이 생긴다. 결국 민주주의의 의사결정이 다수가 아닌 소수인 중위투표자에 의해 이루어지게 됨으로써 반민주적인 결과를 초래할 수 있다.

또 다른 모형으로는 합리적 무지 모형이 있다. 유권자는 자신의 선호를 반영할 수 있는 정치인이 누구인지 관심을 가지고 투표해야 하지만 일부 유권자들은 투표에 관심이 없다. 이러한 현상을 공공선택론은 합리적 무지 모형으로 설명한다. 합리적 무지 모형이란 자신의 효용 극대화를 추구하는 유권자는 정보를 습득하는 비용이 정보로부터 얻을 편익보다 클 경우 정보를 습득하지 않고 무지한 상태를 유지한다는 이론이다. 정치인은 자신을 지지하는 유권자의 이해관계를 반영하여 정치적 의사 결정을 하기 때문에 합리적 무지가 발생하면 공공재와 행정서비스는 특정 문제에 이해관계를 가지고 정치인과 결탁한 이익집단에만 집중되는 비효율적인 결과를 낳는다.

공공선택론자인 뷰캐넌은 사회의 이러한 비효율적 문제들의 근본적 원인과 해결책을 헌법 제도에서 찾아야 한다는 헌법정치경제학을 제시했다. 뷰캐넌은 헌법정치경제학에서 의사결정 구조를 두 가지 수준으로 구별하는데, 하나는 헌법 제정 이후 의사결정이 입법적 수준에서 결정되는 '일상적 정치'이고, 다른 하나는 일상적 정치에 대한 규칙을 결정하는 '헌법적 정치'이다. 헌법적 정치는 일상적 정치에 제약을 부과하는 헌법을 확립하는 정치 활동이고, 일상적 정치는 헌법 안에서 다양한 전략을 활용하는 정치 활동이다. 그는 헌법적 정치를 통해 집합적 의사 결정이 공정하게 이루어지는 규칙을 만들고 헌법 안에서 자신의 이익 추구를 위해 일상적 정치를 하는 개인의 자유를 최대한 보장하는 것을 목표로 삼았다. 이를 위해 헌법 체계의 근본을 개혁해야 한다고 주장했다. 헌법을 만드는 과정에서는 의사 결정 참여자 누구도 자신의 이익을 정확하게 산정하기 어렵기 때문에 제정된 헌법의 규칙 내에서 특정 목적을 위한 정책에 대해 합의하는 것과 달리 헌법 자체에 대해 합의하는 것이 모든 이에게 편익을 준다고 보고 헌법 개혁의 필요성을 주장했던 것이다.

1

위 글을 통해 답을 찾을 수 없는 질문은?

① 공공선택론이 기존의 정치학과 다른 점은 무엇인가?

② 공공선택론에서는 사회 현상을 분석하는 단위를 무엇으로 보는가?

③ 공공선택론에서는 경제시장과 정치시장이 어떤 차이가 있다고 보는가?

④ 공공선택론은 정치인과 유권자가 유발하는 사회적 문제를 어떤 이론으로 분석하는가?

⑤ 공공선택론이 사회적 문제를 해결하기 위해 정치인의 공약을 강조한 이유는 무엇인가?

2

공공선택론에 대한 설명으로 보기 어려운 것은?

① 정치인들이 생각하는 효용은 정치인 각자의 주관적 판단에 따라 다르다.

② 정치시장에서 정책적 목적을 달성하기 위해 의사결정을 하는 주체는 국가이다.

③ 의사결정의 주체들은 자신의 경제적 이해에 따라 효율적인 것을 선택하는 능력을 지니고 있다.

④ 정치인은 선거에 무관심한 유권자보다 특정 문제에 이해관계를 가지고 편익을 제공하는 이익집단에 유리한 정치적 의사 결정을 한다.

⑤ 유권자는 정치인의 정책 공약에 대한 정보를 습득하기 위한 비용이 이에 대한 이익보다 크면 정책 공약에 대한 정보를 습득하지 않는다.

국가는 자국의 힘이 외부의 군사적 위협을 견제하기에 충분치 않다고 판단할 때나, 역사와 전통 등의 가치가 위협받는다고 느낄 때 다른 나라와 동맹을 맺는다. 동맹결성의 핵심적인 이유는 동맹을 통해서 확보되는 이익이며 이는 동맹관계 유지의 근간이 된다.

동맹의 종류는 그 형태에 따라 방위조약, 중립조약, 협상으로 나눌 수 있다. 먼저 방위조약은 조약에 서명한 국가들 중 어느 한 국가가 침략을 당했을 경우, 다른 모든 서명국들이 공동방어를 위해서 참전하기를 약속하는 것이다. 다음으로 중립조약은 서명국들 중 한 국가가 제3국으로부터 침략을 받더라도, 서명국들 간에 전쟁을 선포하지 않고 중립을 지킬 것을 약속하는 것이다. 마지막으로 협상은 서명국들 중 한 국가가 제3국으로부터 침략을 당했을 경우, 서명국들 간에 공조체제를 유지할 것인지에 대해 차후에 협의할 것을 약속하는 것이다. 정리하면 세 가지 유형 중 방위조약의 경우는 동맹국의 전쟁에 개입해야 한다는 강제성이 있기에 동맹국 간의 정치·외교적 관계의 정도가 매우 가깝다. 또한 조약의 강제성으로 인해 전쟁 발발 시 동맹관계 속에서 국가가 펼칠 수 있는 정치·외교적 자율성은 매우 낮다. 즉 방위조약이 동맹국 간의 자율성이 가장 낮고, 다음으로 중립조약, 협상 순으로 자율성이 높아진다. 한 연구에 따르면, 1816년부터 1965년까지 약 150년 간 맺어진 148개의 군사동맹 중에서 73개는 방위조약, 39개는 중립조약, 36개는 협상의 형태인데, 평균 수명은 방위조약이 115개월, 중립조약이 94개월, 협상은 68개월 정도였다. 따라서 동맹관계가 가깝고 자율성이 낮을수록 그 수명이 연장되었음을 알 수 있다.

위와 같이 동맹관계는 고정되어 있지 않다. 그 이유에 대해 ㉠현실주의자들과 ㉡구성주의자들은 서로 다른 견해를 보이는데, 이는 국제 사회를 바라보는 시각의 차이에서 기인한다. 우선 현실주의자들은 국가는 이기적 존재이며 국제 사회의 유일하고 중요한 행위 주체라고 생각한다. 국제 사회는 국가 이상의 단위에서 작동하는 중앙정부와 같은 존재가 부재하는 일종의 무정부 상태이므로 개별 국가는 힘의 논리로부터 스스로를 지켜야 한다고 본다. 따라서 각 나라는 군사적 동맹을 통해 세력 균형을 이루어 패권 안정을 취하려 한다. 특정한 패권 국가가 출현하면 그 힘을 견제하기 위한 국가들 간의 동맹이 형성되기도 하고, 그 힘에 편승하는 동맹이 형성되기도 한다. 이렇듯 힘의 균형점이 이동함에 따라 세력의 균형을 끊임없이 찾는 과정에서 동맹관계는 변할 수 있다고 보는 것이다.

구성주의자들 역시 현실주의자들처럼 동맹관계가 고정된 약속이 아니라, 상황에 따라 변할 수 있는 약속이라고 본다. 구성주의자들은 무정부적 국제 사회를 힘의 분배와 균형 등의 요소로 분석할 수 없다고 비판하며, 관계에 주목한다. 구성주의자들은 국제 사회의 구성원들이 상호 작용을 하여 상호 간 역할과 가치를 형성하면서 국제 사회 환경의 변화를 만들어낸다고 본다. 상호 작용의 변화에 따라 동맹은 달라질 수 있는데, 타국이나 국제 사회에 대한 인식이 긍정적이고 국제 사회에서의 구성원들의 역할이 가치가 있다고 판단될 때, 긍정적인 동맹관계를 맺고 평화로울 수 있지만, 그렇지 않으면 동맹은 파기될 수 있다고 본 것이다.

1

위 글에 대한 이해로 적절하지 않은 것은?

① 국가는 동맹에 참여하여 자국의 이익을 확보할 수 있다.

② 협상은 전쟁 발발 이후의 공조체제 유지 여부를 사전에 결정하지 않는다.

③ 패권 국가가 출현하기 위해서는 그 힘에 편승한 세력들의 동맹이 필요하다.

④ 동맹은 국가가 전쟁 등의 위협에 대처하기 위해 맺는 국가 간의 약속이다.

⑤ 중립조약은 서명국이 속한 전쟁에 참가하지 않을 것을 합의하는 동맹이다.

2

㉠과 ㉡에 대한 설명으로 적절한 것은?

① 국제 사회의 문제를 ㉠은 힘의 관계에, ㉡은 상호 인식 관계에 주목하여 설명하였다.

② 국제 사회 혼란의 원인을 ㉠은 국가적 이기심, ㉡은 세력의 불균형 때문이라고 보았다.

③ 국제 사회의 안정을 유지하기 위해 ㉠은 상호 협력이, ㉡은 상호 견제가 필요하다고 보았다.

④ 동맹이 변화하는 이유를 ㉠은 패권 국가의 출현으로 인한 전쟁으로, ㉡은 구성원의 자국에 대한 인식의 부재로 보았다.

⑤ 국제 사회의 질서 유지를 위해 ㉠은 중앙정부와 같은 존재가, ㉡은 구성원 간의 고른 역할 분배가 필요하다고 보았다.

국가 간의 통상이나 외교 협상에서는 협상 당사국 사이의 이해관계뿐 아니라 국내 관련 집단도 고려해야 한다. 국가 간의 협상 결과는 국내의 비준을 받아야 하기 때문이다. 이 같은 측면을 고려하며 퍼트남은 '양면 게임 이론'을 발표하였다.

퍼트남의 양면 게임 이론에서 가장 핵심이 되는 개념은 '윈셋'이다. 윈셋은 국제 협상의 상황에서 국내적 비준을 얻을 수 있는 모든 합의의 집합이라 정의된다.

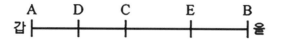

위 그림에서 선분 AB는 협상자 갑과 을의 합의에 따른 이익의 전체 크기를 나타낸다. 이익의 분배에 관한 합의가 점 C에서 이루어진다면 갑이 얻는 이익의 크기는 선분 AC, 을이 얻는 이익의 크기는 선분 BC가 된다. 여기서 D는 갑이, E는 을이 비준을 받을 수 있는 최후 협상 지점이라 하자. 그러면 갑은 B와 D 사이의 어느 지점에서 합의를 하든지 비준을 받을 수 있기 때문에 BD가 갑의 윈셋이 되며, 을은 A와 E 사이의 어느 지점에서 합의를 하든지 비준을 받을 수 있기 때문에 AE가 을의 윈셋이 된다. 이때 쌍방의 윈셋이 겹치는 D와 E 사이가 합의 가능 영역이 된다. 다른 조건이 같다면 윈셋이 클수록 합의의 가능성이 높아진다.

협상은 윈셋의 상대적 크기에 영향을 받기 때문에 ㉠윈셋의 크기를 조절하는 전략이 필요하다. 강경한 입장을 취하는 국내 집단에 공개적인 약속을 하거나 협상안을 정치 쟁점화하여 여론의 흐름을 강경한 쪽으로 유도하면 자국의 윈셋을 축소시킬 수도 있다.

그러나 윈셋의 크기는 상대적인 것이기 때문에 축소만을 고집할 수는 없다. 오히려 자국의 윈셋을 확대하여 협상 담당자의 재량권을 확대하는 것이, 총체적인 차원에서는 국가 이익을 위하여 바람직할 수 있다. 이러한 경우에는 협상 결과에 따른 이득을 재분배하거나 문제의 성격을 국가 안보에 중대한 것이라는 식으로 전환하여 자국의 윈셋을 확대할 수 있다.

상대국의 윈셋을 대상으로 한 전략도 있다. 상대국이 국내적 이유로 선호하고 있는 이슈를 자국이 원하는 이슈와 연계할 경우 가능하지 않았던 협상 결과가 국내적으로 수락되고 비준될 수도 있다. 또한 정책 결정자가 상대국 내 집단에 직접 호소하여 협상 사안에 대한 기대나 그 사안의 이미지를 바꿈으로써 상대국의 윈셋을 확대하는 방법도 가능하다.

1

위 글에 대한 설명으로 가장 적절한 것은?

① 양면 게임 이론의 핵심 개념을 설명한 후, 관련된 전략을 제시하고 있다.

② 양면 게임 이론의 핵심적 개념을 구체적 사례를 중심으로 분석하고 있다.

③ 양면 게임 이론에 대한 기존의 시각을 비판한 후, 핵심 개념을 설명하고 있다.

④ 양면 게임 이론을 바탕으로 핵심 개념의 형성 과정을 단계적으로 설명하고 있다.

⑤ 양면 게임 이론의 핵심 개념을 소개한 후, 그에 근거하여 기존 이론을 비판하고 있다.

2

위 글에서 확인할 수 있는 ㉠의 내용으로 보기 어려운 것은?

① 정책 결정자가 상대국 내 집단에 직접 호소한다.

② 자국과 상대국의 협상 전략을 비교하여 분석한다.

③ 국가 안전을 위해 필요한 협상이라는 점을 부각한다.

④ 상대국이 선호하는 이슈와 자국이 원하는 이슈를 연계한다.

⑤ 협상안을 정치 쟁점화하여 여론의 흐름을 강경한 쪽으로 유도한다.

　　니콜로 마키아벨리의 『군주론』은 지난 오백 년 동안 사람들 입에 수없이 많이 오르내린 책이다. 그 이유는 이 책이 진실을 말했기 때문이다. 무엇에 대한 진실을 말했는가? 그 답은 책의 제목에 있다. 바로 군주에 대한 진실을 말했다. 『군주론』의 핵심적 내용은 명확하다. 그것은 일반적인 위정자나 정치인에 대한 조언이 아니라, 책 제목 그대로 '군주'를 위한 조언이다. 다시 말해 공화정이나 민주주의 체제의 위정자를 위한 지침이 아니라, 독재와 전제 정치가 거리낌 없이 활용되는 군주 국가의 위정자를 위한 지침이다.

　　마키아벨리는 책의 시작부터 '군주국에 대해서만 논하겠다'고 분명히 밝히고 있다. 따라서 공화정을 비롯해 다른 어떤 형태의 국가를 이끄는 정치 지도자가 아니라, 세습 또는 찬탈에 의한 권력 획득이 필요하고 독재와 전제정의 방식으로 권력을 유지하는 반면 민의에 의한 선출이나 헌법에 의한 권력 감시가 존재하지 않는 군주국의 위정자에 대해서만 논한다는 말이다.

　　마키아벨리는 이 책에서 엄밀한 관찰과 성실한 탐구 정신으로 군주국과 군주의 구체적 현실을 보여주었다.

　　사자는 용맹하나 올가미로부터 자신을 지키지 못하고, 여우는 간교하나 늑대로부터 자신을 지키지 못한다. 따라서 올가미를 분간하기 위해서는 여우가 될 수 있어야 하고, 늑대를 쫓아 버리기 위해서는 사자가 될 수 있어야 한다. 오직 사자의 본성만을 취하는 군주는 자신의 역할을 제대로 해낼 수 없는 것이다. 사려 깊은 군주라면 신의를 지키는 것이 그에게 유해(有害)할 때와 서약(誓約) 당시의 조건이 이미 소멸(消滅)되었을 때는 신의를 지킬 수도 없겠지만 지켜서도 안 된다.

　　위의 인용문에서 보듯 마키아벨리는 군주국가의 군주는 권모술수적인 권력 탈취와 권력 유지가 불가피함을 말하고 있다. 이것은 당시 정치 상황에서 선택할 수 있는 현실적 방안이었다. 하지만 『군주론』의 해석자들은 그의 주장을 일반화하려는 욕구를 버리지 못했다. 그들은 마키아벨리가 '군주란 이렇다'라고 한 것을 '위정자란 이렇다'라고 보편화했다. 더 나아가 '정치란 이렇다'라고 해석하고 싶어 했다. 그래서 마키아벨리를 현실주의 정치 이론가라고 칭송하기도 했고, 마키아벨리즘의 창시자라고 혐오하기도 했다. 이렇게 지난 5세기 동안 매혹적이면서도 거부감을 불러일으키는 '군주론의 신화'는 지속되었다. 현실을 드러내 보이고자 했던 사상가의 말이 '현실주의 정치'라는 신화의 언어가 되어 버린 것이다.

　　그렇다면 『군주론』은 특별한 정치 체제를 이끄는 위정자인 군주는 '이렇다'는 것을 보여준 책 그 이상도 그 이하도 아니라는 말인가? 그렇지 않다. 마키아벨리의 정치 철학을 좀 더 깊이 있게 이해하려면 군주론을 뒤집어 볼 줄 알아야 한다. 그러면 다음과 같은 물음이 따라온다. '군주의 통치술을 위해 바치는 책이 국민에게는 도대체 무슨 의미가 있는가?'

역사 속에서 마키아벨리는 공화론자였다. 그는 자기의 조국이 공화정을 유지하면서도 당시의 어려운 정치 외교 상황을 헤쳐나갈 수 있기를 원했다. 하지만 국민이 공화제를 이룰 능력이 없고 상황이 허락하지 않는다면, 군주제를 받아들일 수밖에 없다는 것이다. 다만 군주제는 그가 책에서 설파했듯이 국민에게 고통, 희생, 기만의 굴욕을 감수하도록 요구한다. '군주의 잘못을 물을 법정은 없다.' 군주제 아래에서 국민은 그런 무소불위의 권력을 행사하는 군주를 받아들일 수밖에 없다는 것이다. 따라서 군주의 폭정에 의해 국민의 자유는 언제든지 억압당할 수 있음을 경고하는 것이다.

『군주론』은 양면의 거울이다. 군주에게는 조언이지만 국민에게는 경고이다. '그대들이 공화제를 이루지 못해, 군주제를 받아들일 수밖에 없다면, 똑똑히 보아라. 군주란 바로 이렇게 행동하는 위정자다.' 이것이 국민에게 하고 싶었던 마키아벨리의 말이었을 것이다. 다시 말해, 군주제의 필요성이 부각되는 상황은 —지정학적이고 국제 정치적인 이유도 있겠지만 — 무엇보다도 국민들이 제공한다는 것이다. '국민들이여, 그대들이 자유가 보장되는 정치 체제를 원한다면 그대들의 정치 의식 수준을 높여야 한다.' 이것이 마키아벨리의 가르침이며 오늘날까지도 유효할 수 있는 진정한 의미에서의 현실주의적 정치 철학인 것이다.

1

위 글을 통해서 알 수 있는 내용이 아닌 것은?

① 『군주론』은 특정 정치 체제의 위정자를 대상으로 쓴 책이다.
② 마키아벨리가 살던 당시 그의 조국은 정치 상황이 좋지 않았다.
③ 마키아벨리는 '국민의 자유는 국민이 책임져야 한다'고 생각했다.
④ 글쓴이는 『군주론』이 군주와 국민 모두에게 교훈을 준다고 생각하고 있다.
⑤ 『군주론』은 군주제와 공화제의 비교를 통해 군주제가 우월한 정치 체제라고 기술하고 있다.

2

위 글의 제목으로 가장 적절한 것은?

① 리더십 있는 군주를 위한 찬양의 노래
② 군주를 바라보는 국민들의 이중적 태도
③ 군주 통치술의 교과서, 뒤집어 바라보기
④ 마키아벨리의 정치 철학, 무엇이 문제인가
⑤ 권력 획득을 위한 길, 군주의 멀고 험한 길

2장

경제일반

경제학의 세계에서 삶을 영위하는 인간은 성직자나 철학자가 상대하는 인간이나 우리가 경험적으로 아는 인간과는 크게 다른 존재다. '경제인'(homo economicus)이라고 불리는 이 존재는 '자기의 쾌락을 극대화하는 데 삶의 초점을 맞추는 합리적인 인간'이다. 이는 '경제인'의 특징이 '합리성'에 있다는 것을 의미한다. 합리성은 경제학의 대상을 규정짓는 가장 강력한 기준일 뿐만 아니라 경제학에서 추구하는 '올바른 선택'의 전제 조건이기도 하다. 그렇다면 '합리적 인간'이 지닌 구체적 특성들은 무엇인가?

'합리적 인간'은 자기의 이익에 철저한 이기적인 인간이다. 그는 오직 두 개의 가치에만 관심을 기울이는데, 하나는 쾌락이요 다른 하나는 고통이다. '합리적 인간'은 언제나 자기의 쾌락을 추구하고 자기의 고통을 회피하려 한다. 무엇이 쾌락이고 무엇이 고통인지는 오로지 그 자신만 안다.

또 '합리적 인간'은 효율성을 추구한다. 여기서 효율성이란 최소의 비용으로 최대의 성과를 얻는 것을 의미한다. 이 때, '합리적 인간'의 태도는 윤리·도덕과는 아무 상관이 없다. 오로지 자기 자신의 행복에만 관심이 있고, 주어진 조건 아래서 언제나 최소의 비용으로 최대의 성과를 얻으려고 노력하는 사람, 이것이 바로 '합리적 경제인'이다. 그러므로 그의 이기적인 선택 또한 언제나 '합리적'이다.

현대의 경제학자들은 이와 같은 내용을 '효용함수'라는 것에 담아놓았다. 가장 단순하게는 $U=f(C)$로 표기하는 효용함수는 행복의 수준(U, utility)과 재화소비량(C, consumption) 사이의 관계를 수학적으로 표현한 것이다. 이를 공식대로 해석하면, 나의 재화 소비량이 증가하면 나의 행복이 증가하고 소비량이 감소하면 행복도 감소한다는 것으로, 나 아닌 다른 사람이 얼마만큼을 소비하느냐는 나의 행복에 전혀 영향을 미치지 않으며 나의 소비량 또한 다른 사람의 행복에 전혀 영향을 주지 않는다는 의미를 담고 있다. 그런데 과연 그럴까? 우리는 그렇지 않다는 것을 안다. 이는 일정한 양의 재화를 소비하는 데서 내가 얻는 만족이 다른 사람이 소비하는 재화의 양에 영향을 받는다는 것을 의미한다.

경제학 세계의 인간은 자기의 행복을 키우는 데 철두철미한, 이기적이고 고립된 존재다. 현실에는 자신을 희생하면서까지 남을 위하는 이타적 심성을 가진 사람이 많이 있지만 '합리적 경제인'의 관점에서 보면 그의 행동은 불합리한 것이 된다. 경제학자들은 이런 사람을 '이타주의적 효용함수'를 가진 사람으로 규정한다. 그의 행동이 아무리 감동적이라 할지라도 경제학은 이 예외적인 인간을 연구 대상으로 삼을 수는 없다. 경제학의 세계에서 인간은 이기적으로 생각하고 행동한다. 경제학자들이 만들어낸 수많은 정리 또는 이론들은 바로 '이기적 인간'을 토대로 삼아 엄정한 수학적 증명 과정을 거쳐 확립된 것이다. 그러므로 경제학을 이해하기 위한 가장 기본적인 태도는 ㉠경제인의 개념을 정확히 받아들이고 경제인 스스로 내리는 모든 종류의 경제적 선택은 '합리적'이라고 인정하는 것이다.

1

경제 관련 강연회에서 위 글의 내용을 활용하고자 한다. 강연회의 제목과 활용 방법으로 가장 적절한 것은?

① '경제적 성공의 길, 경제학에 있습니다.'
–경제적 성공을 원하는 사람들의 행동 지침으로 소개한다.
② '소비자, 현대 경제의 중심 코드입니다.'
–기업인들에게 소비자의 생리를 이해시키는 근거로 활용한다.
③ '경제학, 탄탄한 기본 위에서 출발해야 합니다.'
–경제학을 알고자 하는 사람들이 지녀야 할 기본적인 인식으로 제시한다.
④ '경제적 합리성, 당신이 가야 할 길입니다.'
–경제적 좌절을 겪은 사람들에게 재기의 가능성을 보여주는 예로 활용한다.
⑤ '경제적 행복, 나 혼자 이룰 수 없습니다.'
–이기적인 사람들에게 더불어 사는 삶을 통해 거둘 수 있는 이익의 예로 활용한다.

2

㉠의 관점에서 다음에 나타난 '나'의 행위를 해석한 것으로 적절하지 않은 것은?

> 상다리가 휘어지게 잘 차린 밥상을 받았을 때, 마침 우리 집 문간에 며칠을 굶은 사람이 힘들게 앉아 있는 모습이 떠올랐다. 마음이 불편해서 진수성찬이 자꾸만 목에 걸렸다. 결국 나는 밥상을 대문 앞의 걸인에게 내주었다. 그로 인해 나는 물과 밥과 김치만 먹었지만 마음은 편안해졌다.

① '나'는 이기적이고 합리적인 보통 사람이라면 하지 않았을 일을 했어.
② '나'는 평균적인 인간이 아니라 이타주의적 효용함수가 큰 인물이군.
③ '나'는 자신의 소비량을 줄이고 남의 소비량을 늘림으로써 더 행복해졌군.
④ '나'의 행복은 타인의 소비량과는 상관없이 자신의 소비량에 달려 있는 거야.
⑤ '나'의 물질적 소유량이 손실되었으므로 '나'의 행동은 비합리적이라 할 수 있어.

　㉠마르크스는 사물의 경제적 가치를 사용가치와 교환가치로 구분하면서 자본주의 사회에서는 경제적 가치가 교환가치에 의해 결정된다고 보았다. 사용가치는 사물의 기능적 가치를, 교환가치는 시장 거래를 통해 부여된 가치를 의미하는데 사물 자체의 유용성은 고정적이므로 시장에서의 수요와 공급에 의해서만 경제적 가치가 결정된다고 보았기 때문이다. 또한 그는 사물의 거래 가격은 결국 사물의 생산 비용에 의해 결정된다는 점에서 소비를 생산에 종속된 현상으로 보고 소비의 자율성을 인정하지 않았다.

　마르크스의 이러한 주장과 달리 ㉡보드리야르는 교환가치가 아닌 사용가치가 경제적 가치를 결정하며, 자본주의 사회는 소비 우위의 사회라고 주장했다. 이때 보드리야르가 제시한 사용가치는 사물 자체의 유용성에 대한 가치가 아니라 욕망의 대상으로서 기호(sign)가 지니는 기능적 가치, 즉 기호가치를 의미한다.

　기호는 어떤 대상을 지시하는 상징으로서 문자나 음성같이 감각으로 지각되는 기표와 의미 내용인 기의로 구성되는데, 기표와 기의의 관계는 자의적이다. 가령 '남성'이란 문자는 필연적으로 어떤 대상을 지시하는 것이 아니며 '여성'이란 기호와의 관계 속에서 의미 내용이 결정된다. 다시 말해, 어떤 기호의 의미 내용을 결정하는 것은 기표와 기의의 관계가 아니라 기호들 간의 관계, 즉 기호 체계 이다.

　보드리야르는 자본주의 사회에서 대량 생산 기술이 급속하게 발전하면서 소비자가 기호가치 때문에 사물을 소비한다고 보았다. 대량 생산 기술의 발전으로 수요를 충족하고 남을 만큼의 공급이 이루어져 사물 자체의 유용성은 더 이상 소비를 결정하는 요인으로 작용할 수 없기 때문이다. 예를 들어 소비자는 특정 계층 또는 집단의 일원이라는 상징을 얻기 위해 명품 가방을 소비한다. 이때 사물은 소비자가 속하고 싶은 집단과 다른 집단 간의 차이를 부각하는 기호로서 기능한다. 따라서 보드리야르에 따르면 자본주의 사회에서 소비의 원인은 사물이 상징하는 특정 사회적 지위에 대한 욕구이다.

　보드리야르는 현대인이 자연 발생적인 욕구에 따라 자유롭게 소비하는 것처럼 보이지만 사실은 강제된 욕구에 따르는 것에 불과하다고 보았다. 이는 기호가 다른 기호와의 관계 속에서 그 의미 내용이 결정되는 것과 관계된다. 특정 사물의 상징은 기호 체계, 즉 사회적 상징체계 속에서 유동적이며, 따라서 상징체계 변화에 따라 욕구도 유동적이다. 이때 대중매체는 사물의 기의에 영향을 미침으로써 욕구를 강제할 수 있다. 현실이 대중매체를 통해 전달될 때 현실은 현실 그 자체가 아니라 다른 기호와 조합될 수 있는 기호로서 추상화되기 때문이다. 가령 텔레비전 속 유명 연예인이 소비하는 사물은 유명 연예인이라는 기호에 의해 새로운 의미 내용이 부여된다. 요컨대 특정 사물에 대한 현대인의 욕망은 대중매체를 매개로 하여 자기도 모르는 사이에 강제된다.

　보드리야르는 기술 문명이 초래한 사물의 풍요 속에서 현대인의 일상생활이 사물의 기호가치와 이에 대한 소비에 의해 규정된다고 보고 자본주의 사회를 소비사회로 명명하였다. 그의 이론은 소비가 인간에 미치는 영향을 비판적으로 성찰해야 한다는 점을 시사한다.

1

'자본주의 사회'에 대한 ㉠, ㉡의 주장을 이해한 내용으로 가장 적절한 것은?

① ㉠ : 소비가 생산에 종속되므로 사용가치와 교환가치는 결국 동일하다.
② ㉠ : 사물 자체의 유용성은 변하지 않으므로 소비자의 욕구를 중심으로 분석해야 한다.
③ ㉡ : 소비자에게 소비의 자율성이 존재하므로 교환가치가 사용가치를 결정한다.
④ ㉡ : 개인에게 욕구가 강제되므로 소비를 통해 집단 간의 사회적 차이가 소멸한다.
⑤ ㉡ : 경제적 가치는 사회적 상징체계에 따라 결정되므로 기호 가치가 소비의 원인이다.

2

위 글의 '보드리야르'의 관점을 바탕으로 〈보기〉를 이해한 내용으로 적절하지 않은 것은?

〈보기〉

개성이란 타인과 구별되는 개인만의 고유한 특성으로, 현대 사회의 개인은 개성을 추구함으로써 자신의 고유함을 드러내려 한다. 이때 사물은 개성을 드러낼 수 있는 수단이다. 찢어진 청바지를 입는 것, 타투나 피어싱을 하는 것은 사물을 통한 개성 추구의 사례이다. 이런 점에서 '당신의 삶에 차이를 만듭니다'와 같은 광고 문구는 개성에 대한 현대인의 지향을 단적으로 드러낸 것이라 할 수 있다.

① 타인과 구별되는 개성이란 개인이 소속되길 바라는 집단의 차별화된 속성일 수 있겠군.
② 소비사회에서 사물을 통한 개성의 추구는 그 사물의 기호가치에 대한 욕구에서 비롯되겠군.
③ 찢어진 청바지는 개인만의 고유한 특성을 드러내는 수단이자 젊은 세대의 일원이라는 기호를 상징하는 것일 수 있겠군.
④ '당신의 삶에 차이를 만듭니다'라는 광고 문구는 그 광고의 상품을 소비함으로써 사회적 차이를 드러내고 싶다는 욕구를 강제하는 것일 수 있겠군.
⑤ 타투나 피어싱을 한 유명 연예인을 텔레비전에서 보고, 이를 따라하기 위해 돈을 지불하는 것은 대중매체를 매개로 하여 추상화된 기호를 소비하는 것일 수 있겠군.

자본주의 경제 체제는 이익을 추구하려는 인간의 욕구를 최대한 보장해 주고 있다. 기업 또한 이익 추구라는 목적에서 탄생하여, 생산의 주체로서 자본주의 체제의 핵심적 역할을 수행하고 있다. 곧 이익은 기업가로 하여금 사업을 시작하게 하는 동기가 된다.

이익에는 단기적으로 실현되는 이익과 장기간에 걸쳐 지속적으로 실현되는 이익이 있다. 기업이 장기적으로 존속, 성장하기 위해서는 단기 이익보다 장기 이익을 추구하는 것이 더 중요하다. 실제로 기업은 단기 이익의 극대화가 장기 이익의 극대화와 상충할 때에는 단기 이익을 과감히 포기하기도 한다. 하루 세 번 칫솔질할 것을 권장하는 치과 의사의 경우를 생각해 보자. 모두가 이처럼 이를 닦으면 사람들의 치아 상태가 좋아져서 치과 의사의 단기 이익은 줄어들 것이다. 하지만 많은 사람들이 치아를 오랫동안 보존하게 되므로 치과 의사로서는 장기적인 고객을 확보하는 셈이 된다. 반대로 칫솔질을 자주 하지 않으면 단기 이익은 증가하겠지만, 의치를 하는 사람들이 많아지면서 장기 이익은 오히려 감소하게 된다.

자본주의 초기에는 기업이 단기 이익과 장기 이익을 구별하여 추구할 필요가 없었다. 소자본끼리의 자유 경쟁 상태에서는 단기든 장기든 이익을 포기하는 순간에 경쟁에서 탈락하기 때문이다. 그에 따라 기업은 치열한 경쟁에서 살아남기 위해 주어진 자원을 최대한 효율적으로 활용하여 가장 저렴한 가격으로 상품을 공급하게 되었다. 이는 기업의 이익 추구가 결과적으로 사회 전체의 이익도 증진시켰다는 의미이다. 이 단계에서는 기업의 소유자가 곧 경영자였기 때문에 기업의 목적은 자본가의 이익을 추구하는 것으로 집중되었다.

그러나 기업의 규모가 점차 커지고 경영 활동이 복잡해지면서 전문적인 경영 능력을 갖춘 경영자가 필요하게 되었다. 이에 따라 소유와 경영이 분리되어 경영의 효율성이 높아졌지만, 동시에 기업이 단기 이익과 장기 이익 사이에서 갈등을 겪게 되는 일도 발생하였다. 주주의 대리인으로 경영을 위임받은 전문 경영인은 기업의 장기적 전망보다 단기 이익에 치중하여 경영 능력을 과시하려는 경향이 있기 때문이다. 주주는 경영자의 이러한 비효율적 경영 활동을 감시함으로써 자신의 이익은 물론 기업의 장기 이익을 극대화하고자 하였다.

오늘날의 기업은 경제적 이익뿐 아니라 사회적 이익도 포함된 다원적인 목적을 추구하는 것이 일반적이다. 현대 사회가 어떠한 집단도 독점적 권력을 행사할 수 없는 다원(多元) 사회로 변화하였기 때문이다. 이는 많은 이해 집단이 기업에게 상당한 압력을 행사하기 시작했다는 것을 의미한다. 기업 활동과 직·간접적 이해 관계에 있는 집단으로는 노동 조합, 소비자 단체, 환경 단체, 지역 사회, 정부 등을 들 수 있다. 기업이 이러한 다원 사회의 구성원이 되어 장기적으로 생존하기 위해서는, 주주의 이익을 극대화하는 것은 물론 다양한 이해 집단들의 요구도 모두 만족시켜야 한다. 그래야만 기업의 장기 이익이 보장되기 때문이다.

1

위 글의 내용과 일치하지 않는 것은?

① 기업은 자본주의 체제의 생산 주체이다.

② 기업은 단기적 손해를 감수하면 장기적 이익을 보장받는다.

③ 자본주의 초기에도 기업은 사회 전체의 이익을 증진시켰다.

④ 전문 경영인에 대한 적절한 감시가 없으면 기업의 장기 이익이 감소할 수도 있다.

⑤ 현대 사회에서 기업은 직·간접적으로 관계되는 이해 집단을 모두 만족시켜야 한다.

2

위 글에서 설명한 기업 목적의 성격 변화 과정과 유사한 것은?

① 관객이 늘어남에 따라 극장이 점차 대형화되었다.

② 과학이 발달함에 따라 우주의 신비가 점차 밝혀지게 되었다.

③ 생산 활동의 신속·정확성을 높이기 위해 자동화 설비가 도입되었다.

④ 인간은 자신의 생존만이 아니라 점차 환경과의 조화도 함께 고려하게 되었다.

⑤ 인류 역사의 초기에는 먹고 남은 음식을 버리다가 점차 미래를 위해 음식을 저장하게 되었다.

사회 후생의 관점에서 볼 때 독점 기업은 많은 부정적 측면을 지니고 있다. 그 중 하나는 독점 기업이 선택하는 생산량이 사회적으로 적절한 수준에 못 미치게 된다는 사실이다. 시장에 공급되는 상품의 양이 많아지면 가격은 떨어지게 마련이고, 이로 인해 이윤이 줄어드는 결과가 생길 수 있다. 그러므로 이윤 극대화를 추구하는 독점 기업은 생산량을 적당히 줄여 높은 가격을 받고 판매하는 전략을 사용하게 된다. 이에 따라 똑같은 조건하에 있는 시장이라도 독점화되어 있는 경우에는 완전 경쟁이 이루어지는 경우에 비해 상품 생산량이 더 낮은 수준에 머물게 된다.

완전 경쟁 시장은 효율적인 자원 분배를 가져다 준다는 점에서 이상적인 경쟁 형태라고 말할 수 있다. 이는 사회 후생의 관점에서 볼 때, 생산 수준은 완전 경쟁이 실현된 상태가 가장 바람직한 결과를 낳는다는 것을 말한다. 반면, 독점화되어 있는 시장에서는 생산량이 사회적으로 최적인 수준에 미치지 못하는 결과가 나타난다. 독점 기업이 이윤을 더 크게 만들기 위해 상품 생산량을 스스로 줄이기 때문이다. 상품 생산량이 최적에 이를 때 사회 후생이 가장 커질 수 있다면, 독점 체제하의 사회 후생은 이보다 더 작을 것이 분명하다. 이와 같이 상품 생산량이 최적 수준에 미치지 못해 사회 후생이 줄어드는 것을 독점이 가져다 주는 사회적 손실의 첫 번째 것으로 꼽을 수 있다.

또한 독점의 존재는 부(富)의 편중을 심화시키는 결과를 가져오기도 한다. 독점 체제 하에서는 비정상적으로 높은 독점 이윤이 발생하기 때문에, 자연히 부가 편중되는 결과가 나타나게 된다. 세계적으로 이름난 부호 가문의 재산 축적 과정을 보면 독점 이윤의 획득이 결정적인 역할을 했음을 발견할 수 있다. 우리나라의 경우에도 독과점 체제에서 나온 막대한 이윤이 재벌의 급속한 성장에 중요한 역할을 했다. 이와 같은 부의 편중은 사회적·정치적 권력의 집중으로 이어질 가능성이 크다. 우리가 정경유착이라고 부르는 사회적 병폐는 독점 시장을 그 배경으로 하는 경우가 많다.

어떤 사람은 독점 기업이 경쟁자의 등장을 막기 위해 진입 장벽을 구축하는 데 들어가는 낭비적 지출이 상당하다는 점도 지적한다. 독점 기업은 자신의 독점적 지위를 잃지 않으려고 높은 진입 장벽을 쌓아 잠재적인 경쟁자가 감히 진입할 엄두를 내지 못하게 만든다. 엄청난 돈을 써 이곳저곳에 광고를 한다거나, 관료들을 구워 삶기 위해 많은 돈과 노력을 로비 활동에 쏟아 붓는 것은 모두 진입 장벽을 견고하게 만들려는 시도의 일환이다. 그런 돈과 노력을 비용 절감이나 품질 개선 같은 유용한 목적에 쏟아 부었다면 훨씬 더 생산적이었을 것이다. 단순히 진입 장벽을 구축하려는 목적으로 낭비된 자원이 사회적 관점에서 볼 때 부정적인 것임은 두말할 나위가 없다.

나아가 독점 기업은 경쟁의 압력이 없기 때문에 최대한의 효율성을 추구할 동기를 갖기 어렵다는 점도 고려해야 한다. 치열한 경쟁이 벌어져 기업이 존망의 기로에 서 있다면, 기업은 마지막 남은 효율성까지 추구하려고 노력할 것이다. 그러나 독점적 지위 덕분에 충분한 이윤이 확보되어 있는 상황에서는 경영자나 근로자 모두 열심히 일해야 할 이유를 찾지 못한다. 다시 말하면 독점 체제는 효율성의 측면에서 문제를 가질 수 있다는 것이다. 경쟁자도 없이 마음대로 시장을 요리할 수 있는 독점 기업의 경우에는 아무래도 최대한의 효율성을 발휘하기 힘들 것이다.

1

위 글의 내용과 일치하지 않는 것은?

① 독점 기업은 생산량의 조절로 이윤을 추구한다.

② 상품 생산량이 많을수록 사회 후생이 높아진다.

③ 독점 체제가 가져온 부의 편중은 정경 유착으로 이어질 수 있다.

④ 완전 경쟁 체제가 기업의 생산성을 증가시키는 데 효율적이다.

⑤ 기업이 독점 지위를 유지하기 위해 지출하는 비용은 낭비적 측면이 강하다.

2

위 글의 설명 방식으로 가장 적절한 것은?

① 주장을 절충하여 새로운 대안을 보여주고 있다.

② 예상되는 반론을 반박하면서 주장을 강조하고 있다.

③ 사례의 비교를 통해 문제 해결 방안을 제시하고 있다.

④ 대상의 개념을 정의하고 논의의 범위를 확장하고 있다.

⑤ 대상의 문제점을 분석하여 부정적 측면을 부각시키고 있다.

소득 분배 불평등도 측정법

시장 경제 체제에서 사람들은 타고난 능력이나 자신에게 주어지는 기회가 다르기 때문에 소득에서 차이가 날 수밖에 없다. 그렇다면 한 사회에서 소득의 분배가 얼마나 불평등한지를 측정하는 방법에는 무엇이 있을까? 일반적으로 소득 분배의 불평등 정도를 측정하기 위해 '10분위 분배율', '로렌츠 곡선', '지니계수' 등을 사용하고 있다.

㉠10분위 분배율이란 가장 가난한 사람들로부터 가장 부유한 사람들까지 일렬로 배열하여 10개의 계층으로 나눈 후, 하위 소득 계층 40%의 소득 점유율을 상위 소득 계층 20%의 소득 점유율로 나눈 것을 말한다. 이 때 나온 값이 작을수록 불평등한 소득 분배를 의미한다. 10분위 분배율은 측정이 간단하면서도 소득 분배 정책의 주 대상이 되는 하위 40% 소득 계층의 소득 분배 상태를 직접 나타낼 수 있고, 이를 상위 계층의 소득 분배 상태와 비교할 수 있다는 장점이 있다. 이 때문에 10분위 분배율은 소득 분배 측정 방법 가운데 가장 널리 사용된다.

계층별 소득 분배를 측정하는 또 다른 지표로는 ㉡로렌츠곡선을 들 수 있다. 로렌츠곡선은 정사각형 상자의 가로축에는 인구누적비율을, 세로축에는 소득누적점유율을 표시한다. 만약 모든 사람들이 똑같은 소득을 얻고 있다면 로렌츠곡선은 그림의 점선과 같이 대각선으로 나타나게 된다. 그러나 실제로는 소득의 불평등으로 인해 로렌츠곡선은 대각선보다 오른쪽 아래에 있는 것이 보통이다. 일반적으로 로렌츠곡선이 평평하여 대각선에 가까울수록 평등한 소득 분배를, 많이 구부러져 직각에 가까울수록 불평등한 소득 분배를 나타낸다.

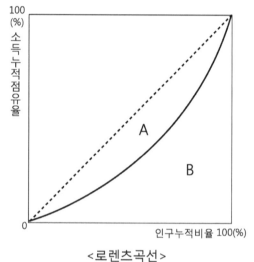

<로렌츠곡선>

로렌츠곡선은 소득 분배의 불평등 정도를 그림으로 나타내 한눈에 쉽게 파악할 수 있는 장점을 지니고 있다. 예를 들어 우리나라의 로렌츠곡선이 미국의 그것보다 더 대각선에 가깝게 나타난다면, 우리나라의 소득 분배가 미국보다 평등하다는 의미이다. 그러나 여러 나라를 비교할 때는 나라의 수만큼 곡선을 그려야 한다는 불편한 점이 있다. 또한 한 좌표 안에 여러 나라의 로렌츠곡선을 그리다 보면 서로 엇갈리면서 교차하는 경우가 나타날 수 있는데, 이 때는 나라별 소득 분배 상태를 비교하기가 어렵게 된다.

로렌츠곡선의 단점을 보완하여 사용되는 지표가 바로 ㉢지니계수이다. 위의 그림처럼 대각선 아래의 삼각형은 로렌츠곡선을 기준으로 A와 B로 나누어진다. 지니계수는 A의 넓이를 A와 B를 합한 넓이로 나눈 값이다. 지니계수는 로렌츠곡선이 대각선에 가까울수록 영(0)에 가까운 값을, 대각선에서 멀어질수록 1에 가까운 값을 갖지만, 10분위 분배율과는 반대로 그 값이 클수록 더욱 불평등한 소득 분배 상태를 나타낸다. 이렇듯 지니계수는 소득 분배 상태를 숫자로 간단하게 나타낼 수 있는 장점이 있는 반면 특정 소득 계층의 소득 분배 상태를 나타내지 못한다는 한계를 가진다.

1

위 글에 대한 설명으로 가장 적절한 것은?

① 대상을 구분하여 각각의 특성을 설명하고 있다.

② 전문가의 견해를 인용하여 신뢰성을 높이고 있다.

③ 이론의 변천 과정을 시대별로 정리하여 전개하고 있다.

④ 대립되는 이론을 절충하여 새로운 이론을 도출하고 있다.

⑤ 현상의 원인을 분석하여 실질적인 해결책을 제안하고 있다.

2

㉠~㉢에 대한 설명으로 적절한 것은?

① ㉠은 ㉡과 달리 소득 분배의 불평등 정도를 그림으로 단순하게 나타낼 수 있다.

② ㉠은 ㉢과 달리 특정 계층의 소득 점유율을 알 수 있다.

③ ㉡이 ㉢보다 여러 나라의 소득 분배 상태를 수치로 비교하기에 유리하다.

④ ㉢이 ㉠보다 소득 분배를 측정하는 보편적인 방법이다.

⑤ ㉠의 값이 커질수록 ㉡과 ㉢의 값도 커진다.

경제학자들은 사람들이 자신에게 필요하며 효용성 있는 물건들을 가장 적절한 가격에 구입하여 소비한다고 가정하고 있다. 즉, 합리적 소비자로서의 인간관이 전제되어 있다. 그러나 소비 행위는 단지 실용적인 목적을 충족하기 위해서만이 아니고 소비를 통해 어떤 의미를 느끼고, 표현하고, 전달하고자 하는 것도 포함하고 있는 것이다. 이는 소비가 행해지는 사회적 맥락과 그것에 부여되는 문화적 의미 등을 고려해 보면 제대로 이해될 수 있는데, 이런 측면을 잘 보여주는 것이 바로 '과시적 소비'이다.

사치와 소비에 관한 문제는 자연스럽게 계층의 문제와 연관된다. 사회적으로 지위가 높고 경제적으로 부유한 계층은 과시적 소비를 통해 그들의 명성과 체면을 유지하고자 한다. 즉, 산업화와 자본주의의 영향으로 계층 간의 유동성이 증대되고 경계가 불분명해지면서, 상류층은 더욱 다양한 방법의 과시적 소비를 통해 다른 계층과 차별되기를 원한다. 반면 중하류 계층은 상류층이 구입한 동일한 상품을 취득함으로써 사회적으로나 문화적으로 그들과 동일한 지위를 얻을 수 있을 것으로 기대한다. 이는 사물 그 자체를 소비하는 것이 아니라 자신을 타인과 구별 짓는 기호로서 사물을 조작하는 것을 의미하는 것이다.

이것은 예전의 사치품이 필수품이 되는 과정을 살피면 이해하기 쉽다. 가령, 보급 초기에는 상류층의 전유물이었던 텔레비전, 전화, 자동차가 다른 계층들의 모방으로 사회의 각 계층에 빠르게 확산되어 갔다. 즉, 단지 소수 사람들의 사치품이었던 것들이 점차적으로 대중화되면서 사치품이 필수품으로 전환되는 것이다. 이처럼 사치품은 사회적 맥락에서 모방 동기를 제공하여 결과적으로 소비를 진작시키는 효과를 가지고 있다.

과시적 소비는 특수한 사회적 기능을 담당하기도 한다. 예를 들면, 캐나다 서부에 거주하는 인디언 부족은 '포틀래치'라고 부르는 큰 잔치를 여는데, 이때 그들은 자신들의 지위를 지탱하기 위하거나 자신들의 가치를 확인하기 위해서 값비싼 물건들을 불태우거나 바다에 던져 버리기도 한다. 이들의 소비는 소모(消耗)를 의미한다. 즉, 이는 자신의 계층을 공고히 하기 위한 수단으로서 소비 행위가 이루어지는 것을 뜻한다.

인간의 문화 양상이 다양화됨에 따라, 소비는 기본적 생활 유지를 위한 경제 행위를 넘어서서 자신이 맺고 있는 현재의 사회적 관계를 만들고 유지하는 행위로 변화해 왔다. 즉, 우리가 보기에 비합리적이라고 여겨지는 과시적 소비도 자신이 소유하고 있는 부를 과시함으로써 경쟁자들을 압도하려는 의도가 깔려 있는 것이다.

1

'소비'에 대한 글쓴이의 중심 생각으로 가장 적절한 것은?

① 인간 자신의 필요뿐 아니라 욕구까지 충족시키는 행위이다.

② 경제적 합리성에 바탕을 둔 인간의 의사결정 방식 중 하나이다.

③ 자본주의 발달의 원동력으로서 사회적 기능을 수행하는 것이다.

④ 화폐라는 동일한 척도에 의해 자유롭게 교환되는 경제의 일부이다.

⑤ 제한된 자원을 효율적으로 사용하여 최대의 이윤을 얻으려는 활동이다.

2

위 글을 바탕으로 〈보기〉를 이해한 내용 중, 적절하지 않은 것은?

〈보기〉

18세기 이전까지 영국에서 설탕은 열대 지방에서 수입한 향신료이자 약품으로 귀족층만이 향유할 수 있는 사치품이었다. 대부분의 영국인들은 상류층과 같이 설탕을 사용하고 싶어 했지만 그 가격이 워낙 비싸 사용하기가 어려웠다. 그러자 영국 정부는 식민지에 대규모 설탕 농장을 만들어 설탕을 대량으로 수입하였다. 그럼으로써 영국의 설탕 소비는 중산층과 노동자 계층까지 확대되었고 그 결과 설탕은 대중적인 물건으로 자리 잡게 되었다.

① 영국 사회에서 '설탕'이 일상품이 된 것은 상류층의 소비를 모방한 결과이군.

② 영국 사회에서 '설탕'의 소비 확대는 '포틀래치'에서의 소비 행위와 같은 경우이군.

③ 영국 사회 귀족층의 '설탕' 소비는 자신이 속한 집단 정체성을 표현한 것이겠군.

④ 영국 정부의 '설탕' 수입으로 인해 귀족층은 과시적 소비를 하는 방법을 달리했겠군.

⑤ 영국 사회 귀족층의 '설탕' 소비는 중하류 계층의 '설탕' 소비를 늘리는 결과를 가져왔군.

‘어느 정도 소비하는 것이 좋은가’가 고민이라면 역사학자 토머스 플러는 “오늘의 달걀보다 내일의 닭이 더 좋다.”라고 대답할 것이고, 작가인 사무엘 존슨은 “당신이 무엇을 가지고 있든, 적게 소비하라.”라고 주장할 것이다. 그렇다면 경제학자는 어떻게 대답할까?

돈을 버는 목적은 부자가 되려는 것이 아니다. 돈을 기반으로 한 소비와 그 소비를 통한 만족을 느끼기 위해서이다. 인간의 궁극적 만족이 소비를 통한 즐거움을 얻는 것이기 때문에 ‘얼마나 돈을 벌까’라는 고민은 ‘얼마나 소비할까’라는 걱정과 다르지 않다. 만약 평생 벌 수 있는 수입을 알 수 있다면, 죽는 순간에는 번 돈을 다 쓰고 남기지 않는 것이 합리적이다. 애초에 다 쓰지 못할 재산을 벌 이유가 없기 때문이다. 그런데 여기서 끝이 아니다. 앞의 ‘토머스 플러’와 ‘사무엘 존슨’의 언급을 구체적으로 해결해야 합리적 소비가 된다. 즉 ‘현재와 미래에 얼마만큼 소비해야 합리적인가’의 문제를 해결해야 한다.

그래서 현재소비와 미래소비를 결정하려면 개인이 평생 벌 수 있는 소득을 계산해야 한다. 가령, 직장을 얻기 전에는 소득이 없거나 적을 것이다. 직장에 들어가면 평균 근속 기간 및 연봉을 알 수 있고 매년 오르는 급여를 계산할 수 있다. 이를 바탕으로 평생 소득을 예상할 수 있다. 이제 현재와 미래의 최적 소비량을 생각해 보도록 하자. 우선 현재소비와 미래소비 사이에 상충 관계가 있다는 사실을 이해해야 한다. 평생 소득은 주어져 있는데 현재 많이 소비하면 미래에는 조금밖에 소비할 수 없다. 만약 미래를 위해 현재 소비할 양의 일부를 남겨 둔다면, 그 금액만큼 저축할 수 있다. 이것은 시간이 지나면서 원금은 물론이고 이자라는 추가 수입을 가져다준다. 미래에는 원금에 이자의 증가분만큼 더 많은 소비가 가능해진다.

그러나 현재소비를 줄이는 데 고통이 따른다. 왜냐하면 같은 조건이라면 사람들은 먼 미래에 벌어질 사건보다 현재 눈앞의 사건에 더 큰 만족을 느끼기 때문이다. 예를 들어 발렌타인데이에 초콜릿을 건네면서 “오늘 줄까, 내일 줄까?”라고 물어보는 상황을 상상해보자. 대부분은 ‘오늘 달라.’고 할 것이다. 심지어 “매도 먼저 맞는 것이 낫다.”라는 말에서 보듯이 고통도 먼저 경험하려고 한다. 이처럼 사람들이 현재를 미래보다 더 선호하는 것을 ‘시간선호’라고 부른다. 따라서 ㉠현재소비를 줄이고 저축을 늘리면 미래를 위해 이자 수입이라는 수익을 올리는 반면, 시간선호에 따른 현재소비의 즐거움은 포기해야 한다.

여기에 장기적으로 이자 수입과 시간선호의 효과가 상쇄된다면, 현재와 미래의 소비가 주는 각각의 만족만 생각해 최적 소비량을 결정하면 된다. 결국 평생을 고려한 합리적 소비란 오늘과 내일, 그리고 모레 모두 같은 양을 소비하는 것이다. 쉽게 말해 평생 동안 소비를 고르게 나눠서 하는 것이 젊은 시절 너무 많이 소비하거나 너무 적게 소비하는 것보다 합리적이란 이야기인데, 잘 생각해보면 고개가 끄덕여진다.

1

㉠을 설명할 수 있는 사례로 가장 적절한 것은?

① 김 사장은 소유하고 있던 회사 주식을 팔아 직원의 건강을 위해 체력 단련실을 만들었다.

② 최 이장은 재작년에 좋은 가격을 받은 고추를 올해 더 많이 심어서 소득을 올릴 계획이다.

③ 정 과장은 5년 후에 새 아파트를 장만할 요량으로 월급을 쪼개어 주택 마련 적금을 붓고 있다.

④ 주식 투자에 관심이 많은 박 부장은 신문에서 경제 관련 기사를 스크랩하며 투자할 기업을 늘 살펴본다.

⑤ 이 과장은 결혼 10년을 맞이하여 모아둔 동전을 무료 급식소에 기탁하고 하루 동안 급식 봉사 활동을 하였다.

2

위 글에 대한 비판적 반응으로 적절하지 않은 것은?

① 언제 발생할지 모르는 자연 재해나 질병 등을 대비한 비용에 대해서는 고려하지 않고 있어.

② 미래소비의 가치를 고려하여 현재소비를 줄이라는 것은 현재소비의 부정적 측면만을 강조한 거야.

③ 소비할 상품이나 서비스의 가격이 심하게 변할 때도 많은데, 매일 같은 양을 소비하는 것은 불가능해.

④ 직장을 중간에 그만두거나 사업이 망하는 경우, 평생에 벌 수 있는 소득을 계산하기는 어려울 거야.

⑤ 이자율이 변하는 현실을 생각하면, 미래의 이자 수익이 시간선호의 효과를 상쇄시킬 수 없는 경우도 있을 거야.

18세기 산업혁명으로 시작된 생산 혁명은 19세기 백화점이 일으킨 유통 혁명을 통해 소비 혁명으로 이어졌다. 대량 소비 시대가 되자 사람들의 소비 형태도 바뀌었다. 무엇을 소유했는지 여부에 따라 사람을 판단하면서 사람들은 주위를 의식하며 자기를 나타내기 위한 상품을 고르게 되었다. 소비를 결정하는 요인이 '필요'가 아니라 '자기 과시'로 옮겨간 것이다.

이와 같은 현상에 주목한 베블런은 자신의 책 『유한계급 이론』을 통해 개별 소비자의 소비 형태는 독립적으로 이루어지지 않고 다른 소비자의 영향을 받는다고 주장했다. 그는 '나는 보통 사람들과 신분이 다르다'는 점을 과시하는 부유층이나 이를 모방하려는 계층이 과시적 소비를 한다고 말했다. 과시적 소비가 일어나면 저렴한 상품 대신 고가의 상품에 대한 수요가 증가해 가격이 오르는데도 수요가 줄어들지 않고 오히려 증가하는 현상이 일어난다. 이렇게 과시적 소비로 인해 가격이 올라도 수요가 늘어나는 현상을 '베블런 효과'라고 한다. 그리고 이러한 과시적 소비의 대상이 되는 상품을 '베블런 재(財)'라고 한다.

라이벤스타인은 이와 같은 현상을 보다 깊이 있게 다루어 '밴드왜건 효과'와 '스놉 효과'를 발표하였다. 과시적 소비는 일부 상류층과 신흥 부유층을 중심으로 일어나는 것이 보통이지만 주위 사람들이 이를 흉내 내면서 사회 전체로 퍼져나가는 현상을 밴드왜건 효과라고 이름 붙인 것이다. 밴드왜건은 행진할 때 대열의 선두에서 행렬을 이끄는 악대차를 의미하는데 악단이 지나가면 사람들이 영문도 모르고 무작정 뒤따르면서 군중들이 더욱더 불어나는 것에 비유한 것으로 밴드왜건 효과는 '모방 효과'라고도 부른다.

그런데 모방 효과가 널리 퍼져 더 이상 과시적 소비가 차별 효용*을 상실하게 될 때 일부 사람들은 평범한 사람들이 접근할 수 있는 상품 대신 더욱 진귀한 물건을 찾는다. 이로 인해 기존 상품의 수요가 줄어들게 되는데 이를 '스놉 효과'라고 한다. 즉 모방 효과와는 반대로 특정 제품에 대한 소비가 증가하게 되면 그 제품의 수요가 줄어들고 새로운 상품의 수요로 옮겨 가는 현상이다. 보통 가격이 비싸서 쉽게 구매하기 어려운 고가의 명품 등이 이에 해당되는데, 명품이라 알려진 제품이 대대적인 판촉 행사를 한 후 단골 고객이 줄어드는 현상으로 설명할 수 있다. 이는 '남보다 돋보여야 한다'는 속물근성에 기반을 두고 있어 '속물 효과'라고도 부른다.

이와 같이 베블런은 재화의 가격이 하락하면 소비량이 증가한다는 기존의 경제 이론과는 다른 관점에서 현실의 소비 형태를 설명했고, 라이벤스타인은 현대인들이 주위 사람들의 소비 형태에 따라 자신의 소비 형태를 결정하는 두 가지 모습을 이론으로 나타내었다. 그들의 연구는 소비 형태로 계층을 판단하는 현대 자본주의 사회의 모습을 설명할 수 있다는 점에서 의의가 있다.

*차별 효용: 어떤 물건에 대해, 남과 다르게 보인다고 판단하는 개인의 주관적인 만족감.

1

위 글의 내용 전개 방식으로 적절한 것은?

① 다양한 사례를 분류하여 나열하고 있다.

② 하나의 개념을 다양한 각도에서 살피고 있다.

③ 이론의 특징을 요약하고 그 의의를 밝히고 있다.

④ 시간의 흐름에 따른 이론의 변천 과정을 제시하고 있다.

⑤ 상반되는 학설을 제시하여 상대적 우위를 가리고 있다.

2

'스놉 효과'를 노린 광고 문구로 가장 적절한 것은?

① 하루에 필요한 모든 영양, 이 한 알에 모두 넣었습니다.

② 아무나 가질 수 있다면 특별할 수 없습니다.

③ 지금까지는 너만 썼지? 이제는 나도 쓴다!

④ 공부해 본 선배들이 추천한 으뜸 문제집

⑤ 기술은 뛰어나게, 가격은 실속 있게

　　행동경제학은 기존의 경제학과 다른 시선으로 인간을 바라본다. 기존의 경제학은 인간을 철저하게 합리적이고 이기적인 존재로 상정(想定)하여, 인간은 시간과 공간에 관계없이 일관된 선호를 보이며 효용을 극대화하는 방향으로 선택을 한다고 본다. 그래서 기존의 경제학자들은 인간의 행동이 예측 가능하다는 것을 전제(前提)로 경제 이론을 발전시켜 왔다. 반면 행동경제학에서는 인간이 제한적으로 합리적이며 감성적인 존재라고 보며, 처한 상황에 따라 선호가 바뀌기 때문에 그 행동을 예측하기 어렵다고 생각한다. 또한 인간은 효용을 극대화하기보다는 어느 정도 만족하는 선에서 선택을 한다고 본다. 행동경제학은 기존의 경제학이 가정하는 인간관을 지나치게 이상적이고 비현실적이라고 비판한다. 그래서 행동경제학은 인간이 때로는 이타적인 행동을 하고 비합리적인 행동을 하는 존재라는 점을 인정하며, 현실에 실재(實在)하는 인간을 연구 대상으로 한다.

　　행동경제학에서 사용하는 용어인 '휴리스틱'은 인간의 제한된 합리성을 잘 보여준다. 휴리스틱은 사람들이 판단을 내리거나 결정을 할 때 사용하는 주먹구구식의 어림짐작을 말한다. 휴리스틱에는 다양한 종류가 있는데, 그 중 하나가 ㉠기준점 휴리스틱이다. 이것은 외부에서 기준점이 제시되면 사람들은 그것을 중심으로 제한된 판단을 하게 되는 것을 뜻한다. 가령 '폭탄 세일! 단, 1인당 5개 이내'라는 광고 문구를 내세워 한 사람의 구입 한도를 5개로 제한하면 1개를 사려고 했던 소비자도 충동구매를 하게 되는 경우가 많다. 이것은 5라는 숫자가 기준점으로 작용했기 때문이다. 감정 휴리스틱은 이성이 아닌 감성이 선택에 영향을 미치는 경향을 뜻한다. 수많은 제품에 'new, gold, 프리미엄'과 같은 수식어를 붙이는 이유는, 사람들의 감성을 자극하는 감정 휴리스틱을 활용한 마케팅과 관련이 있다.

　　사람들은 불확실한 일에 대해 의사 결정을 할 때 대개 위험을 회피하려는 경향을 보인다. 행동경제학에서는 이를 '손실 회피성'으로 설명한다. 손실 회피성은 사람들이 이익과 손실의 크기가 같더라도, 이익에서 얻는 효용보다 손실에서 느끼는 비효용을 더 크게 생각하여 손실을 피하려고 하는 성향을 말한다. 예를 들어 천 원이 오르거나 내릴 확률이 비슷한 주식이 있을 경우, 많은 사람들은 이것을 사려 하지 않는다고 한다. 천 원을 얻는 만족보다 천 원을 잃는 고통을 더 크게 느끼기 때문이다. 이런 심리로 인해 사람들은 손실을 능가하는 충분한 이익이 없는 한, 현재 상태를 유지하는 쪽으로 편향(偏向)된 선택을 한다고 한다. 실험 결과에 따르면, 사람들이 손실에서 느끼는 불만족은 이익에서 얻는 만족보다 2배 이상 크다고 한다.

　　행동경제학자들의 연구는 심리학적 관점에서 인간의 경제 행위를 분석함으로써, 인간의 본성을 거스르지 않는 의사 결정을 하게 하는 좋은 단서(端緒)를 제공할 수 있을 것으로 기대된다.

1

위 글의 내용에 대한 이해로 적절하지 않은 것은?

① 사람들은 불확실한 일에 대해 의사 결정을 할 때 손실 회피성을 보인다.

② 휴리스틱은 인간의 경제 행위를 예측하기 어렵게 만드는 요인 중 하나이다.

③ 사람들은 손실보다 이익이 크지 않으면 현재 상태를 유지하려는 경향을 보인다.

④ 행동경제학은 심리학과 경제학을 접목하여 현실에 실재하는 인간을 연구하는 학문이다.

⑤ 사람들은 이익과 손실의 크기가 같더라도 손실보다 이익을 2배 이상 크게 생각하는 성향이 있다.

2

㉠을 활용한 사례로 적절한 것은?

① 신제품에 기존의 제품과 유사한 상표명을 사용하여 소비자가 쉽게 제품을 연상하게 하는 경우

② 친숙하고 호감도가 높은 유명 연예인을 내세운 광고로 소비자가 그 제품을 쉽게 수용하게 하는 경우

③ 시장에 일찍 진입하여 인지도가 높은 제품을 소비자가 그 업종을 대표하는 제품이라고 인식하게 하는 경우

④ 정가와 판매가격을 같이 제시하여 소비자가 제품을 정가에 비해 상대적으로 싼 판매가격으로 샀다고 느끼게 하는 경우

⑤ 제품을 구입할 의사가 없던 소비자에게 일정 기간 동안 사용할 기회를 준 다음에 제품의 구입 여부를 선택하게 하는 경우

경제는 생산과 소비가 균형을 이룰 때 발전이 촉진된다. 속담에 '절약만 하고 쓸 줄 모르면 친척도 배반한다.'는 말이 있다. 이는 돈을 버는 것도 중요하지만 그것이 적절하게 쓰일 때 진정한 가치를 발휘한다는 의미로, 생산과 소비의 상호 작용을 염두에 둔 표현이라고 할 수 있다. 소비가 없는 생산이 지속되면 경기가 급격하게 침체되어 공황으로 이어질 수 있다. 소비는 '유효수요(effective demand)'가 있을 때 발생하는데, 이 때 유효수요란 돈을 주고 물건을 살 수 있는 구매력이 뒷받침된 수요를 말한다. 유효수요는 경제 발전을 위해 반드시 필요한 요소이다.

유효수요의 중요성은 영국의 경제학자 케인스(J. M. Keynes)가 1930년대 경제 대공황의 해결책으로 제시한 유효수요 이론에서 처음 제기되었다. 당시 현실을 무시하고 학문적 세계에만 빠져 있던 ㉠고전파 경제학자들은 실업이나 공황은 일시적 현상에 지나지 않으며, 시장 경제의 자동 조절 작용에 의해 경기가 곧 회복될 것이라고 주장했다. 그들은 '공급은 스스로 수요를 창출한다.'는 세이(J. B. Say)의 법칙에 입각하여, 생산된 상품이 판매되지 않아서 기업이 도산하고 그로 인해 실업이 발생하는 사태는 이론상 벌어질 수 없다고 확신했다. 하지만 고전파 경제학자들의 이러한 예측은 빗나갔고 그들은 공황을 해결할 아무런 대책도 세우지 못했다. 게다가 그들은 아담 스미스(A. Smith)가 강조한 '완전한 자유 경쟁'과 '자유방임주의'를 중요하게 여겼기 때문에 시장에 대한 정부의 개입은 있을 수 없는 일로 생각했다.

그러나 현실 경제에 밝았던 ㉡케인스는 고전파 경제학자들의 주장을 부정하고 유효수요 이론이라는 새로운 법칙을 만들어냈다. 이 이론의 핵심은 기업의 생산량은 투자와 소비를 합한 유효수요의 크기에 의해 결정된다는 것이었다. 케인스는 1930년대의 대공황도 결국은 유효수요의 감소로 생겨난 것이라고 분석했다. 기술 발전으로 기업의 생산성은 크게 향상되었지만 그에 상응할 만큼 근로자들의 실질소득이 늘어나지 않았고, 그 결과 생산은 크게 늘었지만 이를 구매할 만큼 소득은 증가하지 못하여 과잉 생산, 과소 소비 현상으로 나타났다는 것이다. 이에 케인스는 공황을 극복하기 위한 방법으로 유효수요의 창출을 주장했다. 이를 위해 정부가 적자 재정을 감수하고 과감하게 투자할 것과 은행 예금이 기업의 투자 자금으로 쉽게 전환될 수 있도록 이자율을 낮출 것을 요구했다. 정부가 신규 투자를 활성화시켜 실업자를 구제하면 유효수요가 창출돼 가계 소비가 증가하고, 그렇게 되면 기업의 생산 활동이 촉진되면서 경기가 회복될 것이라고 생각했던 것이다.

다만 케인스는 일시적인 유효수요의 창출로는 경기 회복을 보장할 수 없고, 경기를 지속적으로 활성화시키기 위해서는 끊임없이 유효수요를 창출해야 한다고 생각했다. 그러면서 그는 이른바 '절약의 역설(paradox of thrift)'을 강조했다. 케인스는 필요한 물건을 형편에 맞게 구입하는 건전한 소비는 그 자체가 유효수요이고 한 나라의 경제력을 창출하는 원동력이므로 소비 자체가 비난의 대상이 되어서는 안 된다고 주장했다. 사치와 낭비는 자제되어야 하지만 근검 절약해야 한다는 도덕률에 빠져 필요한 소비마저 억제하는 지나친 검소는 오히려 경제 활성화에 도움이 되지 않는다는 것이다. 소비의 원리를 정확히 운영하는 것이 경제를 발전시키는 핵심임을 직시한 케인스의 주장은 당시 공황을 해결하는 최적의 해법이 되었다.

1

위 글의 서술상 특징으로 적절한 것은?

① 가설을 제시한 다음 구체적 자료로 이를 검증하고 있다.

② 사례들의 공통점을 추출하여 보편적 원리를 도출하고 있다.

③ 대립되는 두 주장을 제시한 다음 절충하여 마무리하고 있다.

④ 문제 현상을 비판하고 그에 대한 대응 방안을 제시하고 있다.

⑤ 다른 이론과의 대비를 통해 한 이론의 특징을 부각시키고 있다.

2

㉠, ㉡에 대한 설명으로 적절한 것은?

① ㉠과 ㉡은 둘 다 소득의 공정한 배분을 중시했다.

② ㉠은 기존 관점을 따랐고, ㉡은 새로운 관점을 제시했다.

③ ㉠과 달리 ㉡은 시장 경제의 자동 조절 작용을 강조했다.

④ ㉠은 수요가 공급을, ㉡은 공급이 수요를 결정한다고 보았다.

⑤ ㉠은 생산 증대를, ㉡은 소비 증대를 공황의 해법으로 제시했다.

3장

거시경제

한 나라의 경제 활동 또는 경제적 성과를 알아보기 위해서는 생산과 관련된 여러 지표들을 비교해 보아야 한다. 이러한 지표들은 한 국가의 경제 규모뿐만 아니라 경제의 특성, 장·단기적 발전 가능성 등을 보여주기 때문이다. 비교 가능한 지표들 중 한 국가의 생산량을 잘 보여주는 것이 국내총생산, 국내순생산, 국민총생산이다.

'국내총생산(GDP, gross domestic product)'은 일정 기간 동안 한 나라 안에서 생산된 재화 및 용역의 금전적 가치를 합한 것으로, 기간은 보통 1년으로 한다. 국내총생산의 '생산(P, product)'이란 생산량의 '부가 가치'의 총합을 말한다. 부가 가치란 각 생산자의 최종 생산량에서 중간에 쓰인 투입량을 뺀 가치이다. 빵을 파는 제과점의 1년 매출액이 3,000만 원이라고 가정해 보자. 이때 빵을 만들기 위해서는 밀가루, 달걀 등 각종 재료와 연료, 전기 등이 필요하다. 이러한 중간 투입물을 사는 데에 2,000만 원이 들었다면 제과점은 결국 1,000만 원의 가치만 부가적으로 생산한 것이다. 중간 투입물의 가치를 빼지 않고 각 생산자의 최종 생산량을 더하면 어떤 부분은 중복 계산되어 실제 생산량이 크게 부풀려진다. 제과점 주인이 방앗간에서 생산한 밀가루를 샀으므로 제과점과 방앗간의 생산량을 그대로 더하면 밀가루 가격이 두 번 계산되는 셈이다. 또 방앗간 주인이 농부에게서 밀을 샀으므로 제과점, 방앗간의 생산량에 농부의 생산량까지 보태면 밀의 가격은 세 번 계산된다. 그래서 부가된 가치만을 더해야 제대로 된 생산량이 나오는 것이다.

국내총생산의 '총(G, gross)'은 무슨 뜻일까? 생산량을 계산할 때, 생산하는 과정에서 자본재가 소비되면서 하락한 가치까지 모두 포함하고 있다는 의미다. 다시 제과점을 예로 들면 오븐, 반죽기 등이 자본재에 해당되는데, 이러한 기계는 밀가루와 달리 생산물에 직접 들어가지는 않지만 계속 사용함에 따라 마모되어 경제적 가치가 떨어진다. 이를 가리켜 감가상각이라 한다. 국내총생산에서 자본재의 감가상각을 뺀 것을 '국내순생산(NDP, net domestic product)'이라고 부른다. 국내순생산은 생산에 필요한 중간 투입물과 감가상각을 모두 빼고 계산한 수치이기 때문에 한 나라의 경제적 성과를 국내총생산보다 더 정확하게 알려준다. 그러나 보통 국내순생산보다 국내총생산을 더 많이 쓰는 이유는 감가상각을 계산하는 방법에 대한 의견 일치가 이루어지지 않았기 때문이다.

그렇다면 국내총생산의 '국내(D, domestic)'는 무슨 뜻일까? 여기서 국내는 한 나라의 국경 안을 의미한다. 그런데 한 나라의 국경 안에 있는 생산자가 그 나라의 국민이나 기업이 아닐 수도 있다. 뒤집어 생각하면 모든 생산자가 자국에서 생산 활동을 하는 것은 아니라는 의미도 된다. 외국에 공장을 지어 생산하는 기업도 많고, 외국에서 일자리를 얻어 일하는 사람도 많다. 한 나라의 국경 안에서 나오는 생산량이 아니라, 한 나라의 국민과 그 나라의 기업이 생산한 생산량 전체는 '국민총생산(GNP, gross national product)'이라고 한다. 예를 들어, 외국 기업이 많이 들어와 있지만 자국 기업은 외국에 많이 진출하지 않은 캐나다, 브라질, 인도의 경우는 국내총생산이 국민총생산보다 더 크다. 반면 국내에서 영업하는 외국 기업보다 외국에 진출한 자국 기업이 더 많은 스웨덴, 스위스는 국민총생산이 국내총생산보다 더 크다.

보통 국내총생산(GDP)이 국민총생산(GNP)보다 더 자주 쓰인다. 단기적으로 볼 때 한 나라 안의 생산 활동 수준을 더 정확히 알려 주는 지표이기 때문이다. 그러나 한 나라의 경제가 갖는 장기적 저력을 측정하기에는 국민총생산이 더 효과적이다. 자국민과 자국 기업의 생산량이 그 나라의 지속적인 생산 능력을 나타내기 때문이다. 그런데 어떤 나라가 이웃 나라보다 국민총생산이나 국내총생산이 더 크다고 할 때, 단순히 인구가 더 많기 때문에 그러한 결과가 나타날 수도 있다. 따라서 한 나라의 경제가 얼마나 생산적인지를 알고 싶다면 국내총생산이나 국민총생산을 1인당 생산량으로 환산하여 살펴보는 것이 더 정확할 것이다.

그런데 국내총생산과 국민총생산은 일부의 생산량을 포함하지 못한다는 한계가 있다. ㉠시장에서 거래되지 않거나 돈으로 계산하기 어려운 재화나 용역은 제외될 수밖에 없다는 것이다. 개발도상국의 영세한 자급농이나 주부의 가사 노동이 그 사례에 해당한다. 개발도상국의 영세한 자급농은 자기가 생산한 농산물 대부분을 자체 소비하고 시장에 내다팔지 않아서 그들의 농산물은 총생산량에 포함되지 않는다. 또한 주부의 가사 노동은 시장 밖에서 생산될 뿐만 아니라 돈으로 계산하기도 어렵기 때문에 국내총생산이나 국민총생산 어디에도 포함되지 않는다. 그래서 최근에는 이러한 부분도 반영하여 경제 활동을 살피려는 움직임을 보이고 있다.

1

위 글에서 확인할 수 없는 내용은?

① '감가상각'을 산출하는 다양한 방법

② '국민 1인당 생산량'을 살펴야 하는 이유

③ '국내총생산(GDP)'에서 '생산'의 구체적 의미

④ '국민총생산(GNP)'과 '국내총생산(GDP)'의 한계

⑤ '국민총생산(GNP)'과 '국내총생산(GDP)'의 차이점

2

문맥을 고려할 때, ㉠의 이유로 가장 적절한 것은?

① 생산물을 소비할 수 있는 시장이 한정되어 있기 때문에

② 생산량의 가치는 시장 가격으로만 계산하기 때문에

③ 생산량이 일정하지 않고 수시로 변하기 때문에

④ 생산물이 거래되는 구조가 복잡하기 때문에

⑤ 생산량이 매우 미미한 수준이기 때문에

경제 성장은 장기적인 관점에서 국내 총생산(GDP)이 지속적으로 증가하는 것이다. 그러나 경제가 꾸준히 성장하는 국가라 하더라도, 경기는 좋을 때도 있고 나쁠 때도 있다. 경기 변동은 실질 GDP* 의 추세를 장기적으로 보여 주는 선에서 단기적으로 그 선을 이탈하여 상승과 하락을 보여 주는 현상을 말한다. 경기 변동을 촉발하는 주원인에 대해서는 여러 견해가 있다.

1970년대까지는 경기 변동이 일어나는 주원인이 민간 기업의 투자 지출 변화에 의한 총수요* 측면의 충격에 있다는 견해가 우세했다. 민간 기업이 미래에 대해 갖는 기대에 따라 투자 지출이 변함으로써 경기 변동이 촉발된다는 것이다. 따라서 정부가 총수요 충격에 대응하여 적절한 총수요 관리 정책을 실시하면 경기 변동을 억제할 수 있다고 보았다. 그러나 1970년대 이후 총수요가 변해도 총생산은 변하지 않을 수 있다는 비판이 제기되자, 이에 따라 금융 당국의 자의적인 통화량 조절이 경기 변동의 원인으로 작용한다는 주장이 제기되었다.

이후 루카스는 경제 주체들이 항상 '합리적 기대'를 한다고 보고, 이들이 불완전한 정보로 인해 잘못된 판단을 하여 경기 변동이 발생한다는 '화폐적 경기 변동 이론'을 주장하였다. 합리적 기대란 어떤 정보가 새로 들어왔을 때 경제 주체들이 이를 적절히 이용하여 미래에 대한 기대를 형성한다는 것이다. 그러나 경제 주체들에게 주어지는 정보가 불완전하기 때문에 그들은 잘못 판단할 수 있으며, 이로 인해 경기 변동이 발생하게 된다. 루카스는 가상의 사례를 들어 이를 설명하고 있다.

일정 기간 오직 자신의 상품 가격만을 아는 한 기업이 있다고 하자. 이 기업의 상품 가격이 상승했다면, 그것은 통화량의 증가로 전반적인 물가 수준이 상승한 결과일 수도 있고, 이 상품에 대한 소비자들의 선호도 변화 때문일 수도 있다. 전반적인 물가 상승에 의한 것이라면 기업은 생산량을 늘릴 이유가 없다. 하지만 일정 기간 자신의 상품 가격만을 아는 기업에서는 아무리 합리적 기대를 한다 해도 가격 상승의 원인을 정확히 판단할 수 없다. 따라서 전반적인 물가 수준이 상승한 경우에도 그것이 선호도 변화에서 온 것으로 판단하여 상품 생산량을 늘릴 수 있다. 이렇게 되면 근로자의 임금은 상승하고 경기 역시 상승하게 된다. 그러나 일정 시간이 지나 가격 상승이 전반적인 물가 수준의 상승에 의한 것임을 알게 되면, 기업은 자신이 잘못 판단했음을 깨닫고 생산량을 줄이게 된다.

그러나 이러한 루카스의 견해로는 대규모의 경기 변동을 모두 설명하기 어렵다는 비판이 제기되었다. 이에 따라 일부 학자들은 경기 변동의 주원인을 기술 혁신, 유가 상승과 같은 실물적 요인에서 찾게 되었는데, 이를 '실물적 경기 변동 이론'이라고 한다. 이들에 의하면 기업에서 생산성을 향상시킬 수 있는 기술 혁신이 발생하면 기업들은 더 많은 근로자를 고용하려 할 것이다. 그 결과 고용량과 생산량이 증가하여 경기가 상승하게 된다. 반면 유가가 상승하면 기업은 생산 과정에서 에너지를 덜 쓰게 되므로 고용량과 생산량은 줄어들게 된다.

최근 일부 학자들은 한 나라의 경기 변동을 설명하는 중요한 요소로 해외 부문을 거론하고 있다.

이들은 세계 각국의 경제적 협력이 밀접해지면서 각국의 경기 변동이 서로 높은 상관관계를 가진다고 보고, 그에 따라 경기 변동이 국제적으로 전파될 수 있다고 생각한다.

*실질 GDP: 물가 변동에 의한 생산액의 증감분을 제거한 GDP.
*총수요: 국민 경제의 모든 경제 주체들이 소비, 투자 등의 목적으로 사려고 하는 재화와 용역의 합.

1

위 글에 대한 설명으로 가장 적절한 것은?

① 경기 변동의 주원인에 대한 여러 견해를 순차적으로 소개하고 있다.
② 경기 변동의 과정에서 경제 주체들이 대응하는 방식을 대조하고 있다.
③ 경기 변동으로 인해 나타나는 현상의 장점과 단점을 분석하고 있다.
④ 경기 변동의 원인에 따라 달라지는 경제 주체들의 생활 양상을 보여 주고 있다.
⑤ 경기 변동으로 인한 생산량의 변화가 초래할 수 있는 상황에 대해 예측하고 있다.

2

위 글의 내용과 일치하지 않는 것은?

① 경제가 장기적으로 성장하는 국가에서도 실질 GDP가 단기적으로 하락하는 기간이 있을 수 있다.
② 민간 기업의 투자 지출 변화에서 오는 충격을 경기 변동의 주원인으로 보는 입장에서는 정부의 적절한 총수요 관리 정책을 통해 경기 변동을 억제할 수 있다고 본다.
③ 실물적 경기 변동 이론에서는 유가 상승이 생산 과정에서 쓰이는 에너지를 감소시켜서 생산량을 늘리는 실물적 요인으로 작용한다고 본다.
④ 실물적 경기 변동 이론에서는 대규모로 일어나는 경기 변동을 설명하기 어렵다는 점을 들어 화폐적 경기 변동 이론을 비판한다.
⑤ 경제적 협력이 밀접한 두 국가 사이에서 한 국가의 경기 변동이 다른 국가의 경기 변동에 영향을 미칠 수 있다고 보는 입장이 있다.

1930년대 세계는 대공황이라 부르는 극심한 경기 침체 상태에 빠져 큰 고통을 겪고 있었다. 이에 대해 당시 경제학계의 주류를 이루고 있던 고전파 경제학자들은 모든 경제적 흐름이 수요와 공급의 법칙에 따라 자율적으로 조절되므로 경기는 자연적으로 회복될 것이라고 믿었다. 인위적인 시장 개입은 오히려 상황을 악화시킬 것이라고 생각했던 것이다. 그러나 케인스의 생각은 달랐다. 케인스는 만성적 경기 침체의 원인이 소득 감소로 인한 '수요의 부족'에 있다고 생각했다. 이에 따라 케인스는, 정부가 조세를 감면하고 지출을 늘려 국민소득과 투자를 증가시키는 인위적인 수요팽창정책을 써야 한다는 '유효수요이론'을 주창했다.

설명의 편의를 위해 가계와 기업, 금융시장만으로 구성된 단순한 경제를 상정하기로 하자. 기업은 상품 생산을 위한 노동력을 필요로 하고 가계는 이를 제공하는데, 그 과정에서 소득이 가계로 흘러 들어간다. 그리고 가계는 그 소득을 필요한 물건을 구입하기 위해 소비하게 된다. 만일 가계가 벌어들인 돈을 전부 물건 구입에 사용한다면 소득은 항상 소비와 일치하게 된다. 그러나 현실 세계에서 가계는 벌어들인 소득 전부를 즉각 소비하지는 않는다. 가계의 소득 중 소비되지 않은 부분은 저축되기 마련이며, 이렇게 저축된 부분은 소득과 소비의 순환 흐름에서 빠져나간다. 물론, 저축으로 누출된 돈이 가정의 이불이나 베개 밑에서 잠자는 것은 아니다. 가계는 저축한 돈을 금융시장에 맡겨 두고, 기업은 이를 투자 받아 생산요소를 구입한다.

이때, 저축의 크기보다 투자의 크기가 작은 상황이 지속되면 경기가 만성적인 침체 상태에 빠지게 된다는 것이 케인스의 생각이었다. 사람들이 저축을 늘리고 소비를 줄이면 기업의 생산 활동이 위축되고 이는 가계의 소득을 감소시킨다. 소득이 감소하면 사람들은 미래에 대한 불안을 느낀 나머지 소비를 최대한 줄이고 저축을 늘리며, 이는 다시 가계의 소득을 더욱 감소시키는 악순환으로 이어진다. 따라서 국민경제 전체의 관점에서 보면 저축은 총수요를 감소시켜 불황을 심화시키는 악영향을 미친다는 것이다. 케인스는 이와 같은 관점에서 ㉠'소비는 미덕, 저축은 악덕'이라는 유명한 말을 남겼다.

그러나 고전파 경제학자들은 이런 경우에도 수요와 공급의 법칙에 따라 '이자율'이 신축적으로 조정되므로 자연적으로 문제가 해결될 것으로 믿었다. 저축이 투자보다 커지면 수요와 공급의 법칙에 의해 이자율이 떨어지고, 이자율이 떨어지면 저축은 줄어들고 투자는 늘어나게 된다는 것이다. 따라서 저축의 크기와 투자의 크기는 일치하게 된다는 것이 고전파 경제학자들의 생각이었다.

그렇지만 케인스는 저축과 투자의 크기가 이자율의 조정만으로 일치하게 될 것이라고 생각하지는 않았다. 저축과 투자는 이자율뿐 아니라 미래의 경기, 정치 상황, 기술 개발 등에 더욱 민감하게 반응한다는 점을 지적하며, 경기 회복을 위해서는 정부의 인위적인 수요팽창정책이 필요함을 역설한 것이다.

1

위 글을 통해 알 수 있는 내용으로 적절한 것은?

① 유효수요이론에서는 정부의 역할을 중요하게 여기고 있다.

② 케인스는 대공황이 자연적으로 해소될 것이라고 낙관했다.

③ 고전파 경제학자들은 경기의 자연적인 회복에 비관적이다.

④ 케인스는 세금을 올리는 것이 투자를 증가시킨다고 보았다.

⑤ 고전파 경제학자들은 수요팽창정책을 적극적으로 지지했다.

2

〈보기〉의 관점에서 ㉠에 대해 보일 반응으로 가장 적절한 것은?

〈보기〉

저축은 총수요를 감소시켜 경제 불황을 유발하기도 한다. 그러나 경우에 따라 저축은 전혀 다른 모습으로 나타날 수도 있다. 특히, 투자 기회와 투자 수요가 많고 자본이 만성적으로 부족한 개발도상국에서는 저축을 통한 자본 축적이 경제 성장을 위한 긍정적인 요소로 작용한다.

① 다수의 의견임을 내세워 자신의 주장을 강요하고 있군.

② 논리적 근거를 제시하지 않고 감정에만 호소하고 있군.

③ 다른 상황이 있을 수 있음을 간과하고 대상을 지나치게 일반화하고 있군.

④ 단순히 시간상으로 선후 관계에 있는 것을 인과관계인 것으로 착각하고 있군.

⑤ 자신의 주장을 정당화하기 위해 논지와 관계없는 권위자의 견해에만 의존하고 있군.

　　정부는 경기변동의 진폭을 완화시켜 좀 더 빨리 균형을 찾아가도록 여러 가지 안정화 정책을 사용한다. 정부가 사용하는 대표적인 안정화 정책에는 통화정책과 재정정책이 있다.

　　통화정책은 정부가 화폐 공급량이나 기준금리 등을 조절하여 경제의 안정성을 유지하려는 정책이다. 예를 들어 경기가 불황에 빠져 있을 때, 정부가 화폐 공급량을 늘리면 이자율이 낮아져 시중에 풍부한 자금이 공급되어 소비자들의 소비지출과 기업들의 투자지출이 늘어나면 총수요*에 영향을 주어 경제가 활성화된다. 재정정책은 정부가 지출이나 조세징수액을 변화시킴으로써 총수요에 영향을 주려는 정책이다. 재정정책에는 경기의 변동에 따라 자동적으로 작동되는 자동안정화장치와 정부의 의사결정과 국회의 동의 절차에 따라 이루어지는 재량적 재정정책이 있다.

　　이러한 안정화 정책의 효과는 다소간의 시차를 두고 나타나는데 이를 정책시차라고 한다. ㉠정책시차는 내부시차와 외부시차로 구분된다. 내부시차는 정부가 경제에 발생한 문제를 인식하고 실제로 정책을 수립·집행하는 시점까지의 시간을, 외부시차는 시행된 정책이 경제에 영향을 끼쳐 그에 따른 효과가 나타나는 데까지 걸리는 시간을 의미한다.

　　재량적 재정정책의 경우 추경예산*을 편성하거나 조세제도를 변경해야 할 때 입법과정과 국회의 동의 절차를 거쳐야하기 때문에 내부시차가 길다. 이에 비해 통화정책은 별도의 입법 절차를 거칠 필요 없이 정부의 의지만으로 수립·집행될 수 있기 때문에 내부시차가 짧다. 또한 재량적 재정정책은 외부시차가 짧다. 예를 들어 경기 불황에 의해 실업률이 급격하게 증가할 때 정부는 공공근로사업 등에 대한 지출을 늘려 일자리를 창출하는데 이는 비교적 짧은 시간 안에 소비지출의 변화에 의해 총수요를 변화시킬 수 있다. 반면 통화정책은 정부가 이자율을 변화시켰다 하더라도 소비지출 및 투자지출의 변화가 즉각적으로 나타나지 않기 때문에 외부시차가 길다. 한편 자동안정화장치는 경기의 상황에 따라 재정지출이나 조세 징수액이 자동적으로 조절될 수 있도록 미리 재정제도 안에 마련된 재정정책이다. 따라서 재량적 재정정책과 마찬가지로 외부시차가 짧을 뿐만 아니라, 재량적 재정정책과는 달리 내부시차가 없어 경제 상황의 변화에 신속하게 대응할 수 있다는 장점이 있다. 이러한 자동안정화장치의 대표적인 예로는 누진적소득세와 실업보험제도가 있다.

　　누진적소득세는 납세자의 소득 금액에 따른 과세의 비율을 미리 정하여 소득이 커질수록 높은 세율을 적용하도록 정한 제도이다. 경기가 활성화되어 국민소득이 늘어날 경우 경기가 지나치게 과열될 우려가 있는데, 이때 소득 수준이 높을수록 더 높은 세율을 적용받게 되므로 전반적 소득 증가와 더불어 세금이 자동적으로 늘어나게 된다. 이는 소비지출의 억제로 이어져 경기가 심하게 과열되지 않도록 진정하는 효과를 얻게 된다. 한편 실업보험제도는 실업상태에 놓인 근로자의 생활안정을 목적으로 하는 것으로 보험금의 일부분을 정부가 지원해 준다. 경기 불황으로 실업 인구가 늘어나게 되면 총수요가 줄어들게 되어 경기가 더욱 침체될 수 있다. 이때 정부는 실업수당을 지급하여 총수요가 줄어드는 것을 억제하여 경기를 자동적으로 안정시켜 주는 효과를 얻게 된다.

　그러나 경기가 불황에서 벗어나 회복국면에 들어서 있을 때, 일반적으로 총수요가 빠른 속도로 팽창해야만 짧은 기간 안에 정상적인 상태로 돌아올 수 있는데, 오히려 자동안정화장치는 조세 징수액을 늘려 경기회복을 더디게 만들 수도 있다는 단점이 있다.

*총수요: 한 나라의 경제 주체들이 일정 기간 동안 소비와 투자를 위해 사려고 하는 재화와 서비스의 총합.
*추경예산: 예산을 집행하다 수입(세입)이 줄거나 예기치 못한 지출요인이 생길 때 고치는 예산.

1

위 글을 통해 알 수 없는 것은?

① 통화정책의 정의
② 정책시차의 하위 개념
③ 자동안정화장치의 장점
④ 재량적 재정정책의 사례
⑤ 안정화 정책의 변화 과정

2

㉠에 대한 설명으로 적절하지 않은 것은?

① 통화정책과 달리 자동안정화장치는 내부시차가 없다.
② 재량적 재정정책은 통화정책에 비해 외부시차가 짧다.
③ 자동안정화장치는 재량적 재정정책보다 정책시차가 짧다.
④ 재량적 재정정책과 통화정책의 내부 시차는 입법 절차의 유무에 의해 차이가 발생한다.
⑤ 재정정책과 통화정책의 외부시차는 실제로 정책을 수립하는 시점에 의해 차이가 있다.

경기 침체가 지속되면 정부는 지출을 늘리거나 조세를 감면해 주는 등의 인위적인 정책을 실시한다. 정부가 보다 적극적인 역할을 하고자 할 때에는 정부 지출을 늘리는 정책을 추진하게 되는데, 이로 인해 '승수효과'가 발생한다.

예를 들어 정부가 K사에 10억 원 상당의 제품을 주문한다고 하자. 이 주문으로 인해 K사에서 생산하는 제품에 대한 수요가 정부 지출액만큼 증가하므로, 이 회사는 근로자를 더 고용하고 생산을 늘릴 것이다. K사도 우리 경제 주체의 일부이므로 이 회사가 생산하는 제품에 대한 수요가 증가하면 총수요도 그만큼 증가하게 된다.

정부가 K사로부터 제품을 구입하면 그 효과는 다른 부분에 파급된다. 정부가 K사에 지출한 10억 원이 그 제품을 생산한 근로자들에게 임금으로 지급되면 이들의 소비지출이 증가하게 된다. 이때 이들이 소비재를 구입하는 데 사용한 비용은 그 소비재를 생산하는 데 참여한 사람의 소득이 되고 이것은 다시 소비지출로 연결된다. 따라서 정부가 K사로부터 재화를 구입하면 다른 기업들이 생산하는 여러 가지 다른 재화와 서비스에 대한 수요도 추가적으로 증가하게 되는 것이다. 이처럼 정부지출 증가로 인해 소비가 늘어나 총수요가 추가적으로 증가하는 현상을 '승수효과'라고 한다.

정부가 정책을 효율적으로 실시하기 위해서는 이러한 승수효과를 충분히 고려해야 한다. '승수효과가 얼마나 발생하느냐'에 따라 '정부지출을 어느 정도 증가시켜야 하느냐'가 결정되기 때문이다. 그런데 현실에서 보게 되는 승수효과는 정부가 예상한 크기보다 작을 수 있다. 정부지출로 소득이 증가하면 소득세로 납부하는 금액이 더 커져 소비의 증가폭이 작아질 수 있기 때문이다. 또한 물가 변동으로 오히려 소비가 위축될 수도 있고, 사람들의 소비가 국내의 소득 증가로 이어지지 않을 수도 있기 때문이다. 따라서 정부는 이 문제를 효과적으로 해결하기 위해 정부지출을 증가시키는 동시에 중앙은행을 통해 화폐 공급량을 조절하는 정책을 적절히 혼합해 사용한다.

1

위 글에서 언급된 내용이 아닌 것은?

① 정부지출 증가로 인한 효과

② 승수효과가 경제에 미치는 영향

③ 화폐의 공급량을 조절하는 방법

④ 경기침체에 대한 정부의 대응 방법

⑤ 승수효과가 예상보다 작게 나타나는 이유

2

위 글에 대한 설명으로 적절한 것은?

① 과정을 중심으로 하여 현상의 의미를 밝히고 있다.

② 여러 이론을 바탕으로 현상의 문제점을 도출하고 있다.

③ 객관적인 자료를 제시하여 현상의 의의를 밝히고 있다.

④ 전문가의 견해를 바탕으로 현상의 효과를 분석하고 있다.

⑤ 국내외의 사례를 활용하여 현상의 장단점을 제시하고 있다.

　　정부는 조세를 부과해 재정 사업을 위한 재원을 마련한다. 그런데 조세 정책의 원칙 중 하나가 공평 과세, 즉 조세 부담의 공평한 분배이기 때문에 누구에게 얼마의 조세를 부과할 것인가는 매우 중요하다. 정부는 특정 조세에 대한 납부자를 결정하게 되면 조세법을 통해 납부 의무를 지운다. 그러나 실제로는 납부자의 조세 부담이 타인에게 전가되는 현상이 흔히 발생하는데, 이를 '조세전가(租稅轉嫁)'라고 한다.

　　정부가 볼펜에 자루당 100원의 물품세를 생산자에게 부과한다고 하자. 세금 부과 전에 자루당 1,500원에 100만 자루가 거래되고 있었다면 생산자는 총 1억 원의 세금을 납부해야 할 것이다. 이로 인해 손실을 입게 될 생산자는 1,500원이라는 가격에 불만을 갖게 되므로 가격을 100원 더 올리려고 한다. 생산자가 불만을 갖게 되면 가격이 상승하기 시작한다. 그러나 가격이 한없이 올라가는 것은 아니다. 가격 상승으로 생산자의 불만이 누그러지지만 반대로 소비자의 불만이 증가하기 때문이다. 결국 시장의 가격 조정 과정을 통해 양측의 상반된 힘이 균형을 이루는 지점에 이르게 되며, 1,500원~1,600원 사이에서 새로운 가격이 형성된다. 즉 생산자는 법적 납부자로서 모든 세금을 납부하겠지만 가격이 상승하기 때문에 자루당 실제 부담하는 세금을 그만큼 줄이게 되는 셈이다. 반면에 소비자는 더 높은 가격을 지불하게 되므로 가격이 상승한 만큼 세금을 부담하는 셈이 된다.

　　한편, 조세전가가 한 방향으로만 발생하는 것은 아니다. 동일한 세금을 소비자에게 부과한다고 하자. 소비자는 자루당 1,500원을 생산자에게 지불해야 하므로 실제로는 1,600원을 지출해야 한다. 이에 대해 소비자는 불만을 가질 수밖에 없다. 소비자의 불만이 시장에 반영되면 시장의 가격 조정 기능이 작동하여 가격이 하락하게 되며, 최종적으로 소비자는 가격 하락 폭만큼 세금 부담을 덜 수 있게 된다. 즉 정부가 소비자에게 세금을 부과한다 해도 생산자에게 조세가 전가된다.

　　그렇다면 양측의 실제 부담 비중은 어떻게 결정될까? 이는 소비자나 생산자가 제품 가격의 변화에 어떤 반응을 보이는가에 따라 달라진다. 예를 들어 가격 변화에도 불구하고 소비자가 구입량을 크게 바꾸지 못하는 경우, 어느 측에 세금을 부과하든 ㉠소비자가 더 많은 세금을 부담하게 된다. 생산자에게 세금을 부과할 때에는 가격 상승 요구가 더욱 강하게 반영되어 새로운 가격은 원래보다 훨씬 높은 수준에서 형성될 것이다. 즉 생산자의 세금이 소비자에게 많이 전가된다. 그러나 소비자에게 세금을 부과할 때에는 가격 하락 요구가 잘 반영되지 않아 가격이 크게 떨어지지 않는다. 그로 인해 소비자가 대부분의 세금을 부담하게 된다. 한편, 가격 변화에도 불구하고 생산자가 생산량을 크게 바꾸지 못하는 경우에는 누구에게 세금이 부과되든 ㉡생산자가 더 많은 세금을 부담하게 될 것이다. 이러한 조세전가 현상으로 인해 정부는 누가 진정한 조세 부담자인지를 파악하는 데 어려움을 겪을 수밖에 없다.

1

'조세전가'에 대해 이해한 내용으로 적절한 것은?

① 소비자나 생산자가 제품 가격의 변화에 어떤 반응을 보이는가에 따라 조세 부담 비중이 달라진다.

② 누구에게 세금이 부과되든 소비자와 생산자가 동시에 조세전가의 혜택을 누린다.

③ 조세전가가 발생하면 그에 따라 물품세의 단위당 조세액이 달라질 수밖에 없다.

④ 생산자에게 조세가 부과될 경우 결국 소비자가 세금을 전액 부담하게 된다.

⑤ 조세전가가 발생하면 시장의 가격 조정 기능이 상실된다.

2

㉠, ㉡에 해당하는 사례로 가장 적절한 것은?

① ㉠ : 바나나 가격이 오르면 곧 오렌지를 구매하는 소비자

② ㉠ : 커피 가격이 오르면 커피 구입을 쉽게 줄이는 소비자

③ ㉠ : 상표와 상관없이 가장 저렴한 샴푸를 구매하는 소비자

④ ㉡ : 사과를 오래 보관할 수 있는 시설을 소유한 농장주

⑤ ㉡ : 유행이 바뀌어 재고를 처분해야 하는 액세서리 생산자

일반적으로 환율의 상승은 경상수지*를 개선하는 것으로 알려져있다. 이를테면 국내 기업은 수출에서 벌어들인 외화를 국내로 들여와 원화로 바꾸기 때문에, 환율이 상승한 경우에는 외국에서 우리 상품의 외화 표시 가격을 다소 낮추어도 수출량이 늘어나면 수출액이 증가한다. 동시에 수입 상품의 원화 표시 가격은 상승하여 수입품을 덜 소비하므로 수입액은 감소한다. 그런데 이와 같이 환율 상승이 항상 경상 수지를 개선할 것 같지만 반드시 그런 것은 아니다.

환율이 올라도 단기적으로는 경상 수지가 오히려 악화되었다가 점차 개선되는 현상이 있는데, 이를 그래프로 표현하면 J자 형태가 되므로 'J커브 현상'이라 한다. J커브 현상에서 경상 수지가 악화되는 원인 중 하나로, 환율이 오른 비율만큼 수입 상품의 가격이 오르지 않는 것을 꼽을 수 있다. 이는 환율 상승 후 상당 기간 동안 외국 기업이 매출 감소를 우려해 상품의 원화 표시 가격을 바로 올리지 않기 때문이다. 또한 소비자들의 수입 상품 소비가 가격 변화에 따라 줄어들기까지는 상당 기간이 소요된다. 그뿐만 아니라 국내 기업이 수출 상품의 외화 표시 가격을 낮추더라도 외국 소비자가 이를 인식하고 소비를 늘리기까지는 다소 시간이 걸린다. 그러나 J커브의 형태가 보여주듯이, 당초에 올랐던 환율이 지속되는 상황에서 어느 정도 시간이 지나 상품의 가격 및 물량의 조정이 제대로 이루어진다면 경상 수지가 개선된다.

한편, J커브 현상과는 별도로 환율 상승 후에 얼마의 기간이 지나더라도 경상 수지의 개선을 이루지 못하는 경우도 있다. 첫째, 상품의 가격 조정이 일어나도 국내외의 상품 수요가 가격에 어떻게 반응하는가 하는 수요 구조에 따라 경상수지는 개선되지 못하기도 한다. 수출량이 증가하고 수입량이 감소하더라도, ㉠경상 수지가 그다지 개선되지 않거나 오히려 악화될 수도 있다는 것이다. 둘째, 장기적인 차원에서 수출 기업이 환율 상승에만 의존하여 품질 개선이나 원가 절감 등의 노력을 계속하지 않는다면 경쟁력을 잃어 경상 수지를 악화시킬 수도 있다.

우리나라의 경우 환율은 외환 시장에서 결정되나, 정책 당국이 필요에 따라 간접적으로 외환 시장에 개입하는 환율 정책을 구사한다. 경상 수지가 적자 상태라면 일반적으로 고환율 정책이 선호된다. 그러나 이상에서 언급한 환율과 경상수지 간의 복잡한 관계 때문에 환율 정책은 신중하게 검토되어야 한다.

*경상수지: 상품(재화와 서비스 포함)의 수출액에서 수입액을 뺀 결과. 수출액이 수입액보다 클 때는 흑자, 작을 때는 적자로 구분함.

1

위 글에서 다루지 않은 내용은?

① 환율 상승에 따르는 수입 상품의 가격 변화

② 경상 수지 개선을 위한 고환율 정책의 필연성

③ 가격 변화에 대한 외국 소비자의 지체된 반응

④ 국내외 수요 구조가 경상 수지에 미치는 영향

⑤ 환율 상승이 경상 수지에 미치는 영향에 대한 일반적인 기대

2

㉠의 이유로 가장 적절한 것은?

① 환율이 상승하면 국내외 상품의 수요 구조에 따라 수출 상품의 가격 조정이 선행될 수 있다.

② 환율이 상승하더라도 국내외 기업은 환율이 얼마나 안정적인지 관찰한 후 가격을 조정한다.

③ 환율이 상승하더라도 경우에 따라서는 국내외 상품 수요가 가격에 민감하지 않을 수 있다.

④ 가격의 조정이 신속하게 이루어질수록 국내외 상품 수요는 가격에 민감하게 반응한다.

⑤ 국내외 상품 수요가 가격에 얼마나 민감한지는 경상 수지의 개선 여부와는 무관하다.

돈의 총량을 뜻하는 통화량이 과도하게 많거나 적으면 심한 물가 변동이 일어날 수 있으며, 실업률, 이자율 등에도 영향을 미칠 수 있다. 따라서 통화량을 파악하여 적절한 수준으로 조절하는 통화 정책의 중요성이 갈수록 커지고 있다. 문제는 통화량의 파악이 쉽지 않다는 것이다. 현금뿐 아니라, 현금으로 바뀔 수 있는 성질인 유동성을 가진 금융상품까지 통화에 포함되기 때문이다.

통화량 파악이 복잡한 이유를 통화 형성 과정을 통해 더 자세히 살펴보자. 통화는 중앙은행이 화폐를 발행하여 개인과 기업 등의 경제 주체들에게 공급함으로써 창출된다. 이때 중앙은행이 발행한 화폐를 본원통화라고 한다. 본원통화의 일부는 현금으로 유통되고, 일부는 은행에 예금된다. 예금은 경제 주체가 금융기관에 돈을 맡겨 놓는 것이므로 이들의 요구가 있으면 현금으로 바뀔 수 있는 유동성이 있어 통화에 포함된다. 그런데 이 예금 중 일정 비율만 예금자의 인출에 대비해 지급준비금으로 남고 나머지는 대출된다. 예금의 일부가 대출되면 대출액만큼의 통화가 새로 만들어지는데, 이를 신용창조라고 한다. 예를 들어 은행에 예금되어 있는 1만 원이 시중에 대출될 때, 예금액 1만 원은 그대로 통화량에 포함되어 있는 채 대출된 1만 원이 통화량에 새로 추가되는 것이다. 이러한 신용창조의 과정이 반복되면서 본원통화보다 몇 배 많은 통화량이 형성되는데 그 증가된 배수를 통화승수라고 한다. 다만 시중에 유통되던 현금이 은행에 예금되더라도 그 예금액만큼 시중의 현금은 줄어들기 때문에 이런 경우에는 통화량에 변화가 없다.

그런데 금융기관의 금융상품마다 유동성의 정도가 달라 모두 동일한 통화로 취급하기 어려운 까닭에 통화량 파악이 복잡해진다. 그래서 각 나라의 중앙은행은 다양한 통화 지표를 만들어 통화량을 파악하고 있다. 우리나라의 통화 지표는 2003년을 기점으로 양분된다. 앞 시기에는 '통화', '총통화', '총유동성'이라는 통화 지표를 사용했다. '통화'와 '총통화'에는 현금과 예금은행의 금융상품들이 포함되었고, '총유동성'에는 여기에다 비은행금융기관의 금융상품들이 추가되었다. 2003년 이후에는 ⊙ IMF의 통화금융통계매뉴얼에 따라 '협의통화', '광의통화', 'Lf(금융기관 유동성)'라는 지표가 사용되었다. 협의통화에는 현금뿐 아니라 예금을 취급하는 모든 금융기관의 요구불예금 및 수시입출식 저축성 예금이 포함된다. 요구불예금과 수시입출식 저축성 예금은 고객의 요구가 있으면 즉시 현금으로 바뀔 수 있기에 유동성이 매우 높다고 판단되어 현금과 같은 지표에 묶였다. 광의통화는 협의통화에, 예금을 취급하는 모든 금융기관의 예금 상품 중 이자 소득을 포기해야만 현금화할 수 있어 유동성이 낮은 상품들까지 추가한 것이다. 여기에는 정기예금 등 만기 2년 미만의 금융상품들이 해당된다. 다만 이전 지표의 '총통화'에 포함되었던 만기 2년 이상의 저축성 예금은 유동성이 매우 낮다는 이유로 제외했다. Lf는 만기 2년 이상의 저축성 예금 등 광의통화에 포함되지 않았던 모든 금융기관의 금융상품까지 포괄한다.

보통 광의통화는 시중의 통화량을 가장 잘 드러내는 지표로 인정받고, 통화승수 역시 광의통화를 기반으로 한다. 그리고 협의통화는 단기금융시장의 규모를 파악하는 데, Lf는 실물경제의 규모를 파악하는 데 더 적합하다. 이렇게 통화 지표는 통화량을 다층적으로 파악하게 하여 효율적인 통화정책 운용에 기여할 수 있다.

1

위 글에서 언급한 내용이 아닌 것은?

① 유동성의 의미

② 지급준비금의 용도

③ 통화량 파악의 필요성

④ 국가별 통화 지표의 종류

⑤ 우리나라 통화 지표의 변화

2

㉠에서 강조했을 내용으로 가장 적절한 것은?

① 통화 지표에 맞도록 금융상품의 만기와 이자율 등을 재정비할 필요가 있다.

② 통화 지표를 변경하여 예금 상품들이 가지고 있는 유동성을 조절할 필요가 있다.

③ 금융기관의 유형보다는 유동성의 정도를 기준으로 통화 지표를 편제할 필요가 있다.

④ 현금과 예금 상품을 분리한 통화 지표를 만들어 새로운 통화정책을 시행할 필요가 있다.

⑤ 경제 주체의 다양한 특성을 반영할 수 있도록 통화 지표를 다양하게 분류할 필요가 있다.

가격의 변화가 인간의 주관성에 좌우되지 않고 객관적인 근거를 갖는다는 가설이 정통 경제 이론의 핵심이다. 이러한 정통 경제 이론의 입장에서 증권시장을 설명하는 기본 모델은 주가가 기업의 내재적 가치를 반영한다는 가설로부터 출발한다. 기본 모델에서는 기업이 존재하는 동안 이익을 창출할 수 있는 역량, 즉 기업의 내재적 가치를 자본의 가격으로 본다. 기업가는 이 내재적 가치를 보고 투자를 결정한다. 그런데 투자를 통해 거두어들일 수 있는 총 이익, 즉 기본 가치를 측정하는 일은 매우 어렵다. 따라서 이익의 크기를 예측할 때 신뢰할 만한 계산과 정확한 판단이 중요하다.

증권시장은 바로 이 기본 가치에 대한 믿을 만한 예측을 제시할 수 있기 때문에 사회적 유용성을 갖는다. 증권시장은 주가를 통해 경제계에 필요한 정보를 제공하며 자본의 효율적인 배분을 가능하게 한다. 즉, 투자를 유익한 방향으로 유도해 자본이라는 소중한 자원을 낭비하지 않도록 하기 때문에 경제 전체의 효율성까지 높여 준다. 이런 측면에서 볼 때 증권시장은 실물경제의 충실한 반영일 뿐 어떤 자율성도 갖지 않는다.

이러한 기본 모델의 관점은 대단히 논리적이지만 증권시장을 효율적으로 운영하는 방법에 대한 적절한 분석까지 제공하지는 못한다. 실제로 증권시장에서는 주식의 가격과 그 기업의 기본 가치가 현격하게 차이가 나는 '투기적 거품 현상'이 발생하는 것을 볼 수 있는데, 이러한 현상은 기본 모델로는 설명할 수 없다. 실제로 증권시장에 종사하는 관계자들은 기본 모델이 이러한 가격 변화를 설명해 주지 못하기 때문에 무엇보다 증권시장 자체에 관심을 기울이고 증권시장을 절대적인 기준으로 삼는다는 것이다.

여기에서 우리는 자기참조 모델을 생각해 볼 수 있다. 자기참조 모델의 중심 내용은, 사람들이 기업의 미래 가치를 읽을 목적으로 실물 경제보다 증권시장에 주목하며 증권시장의 여론 변화를 예측하는 데 초점을 맞춘다는 것이다. 기본 모델에서 가격은 증권시장 밖의 객관적인 기준, 즉 기본 가치를 근거로 하여 결정되는 반면에 자기참조 모델에서 가격은 증권시장에 참여한 사람들의 여론에 의해 결정된다. 따라서 투자자들은 증권시장 밖의 객관적인 기준을 분석하기보다는 다른 사람들의 생각을 꿰뚫어 보려고 안간힘을 다할 뿐이다. 기본 가치를 분석했을 때는 주가가 상승할 객관적인 근거가 없어도 투자자들은 증권시장의 여론에 따라 주식을 사는 것이 합리적이라고 생각한다. 이러한 이상한 합리성을 '모방'이라고 한다. 이런 모방 때문에 주가가 변덕스런 등락을 보이기 쉽다.

그런데 하나의 의견이 투자자 전체의 관심을 꾸준히 끌 수 있는 기준적 해석으로 부각되면 이 '모방'도 안정을 유지할 수 있다. 모방을 통해서 합리적이라 인정되는 다수의 비전, 즉 '묵계'가 제시되어, 객관적 기준의 결여라는 단점을 극복한다. 따라서 사람들은 묵계를 통해 미래를 예측하며, 증권시장은 이러한 묵계를 조성하고 유지해 가면서, 단순히 실물 경제를 반영하는 것이 아니라 경제를 자율적으로 평가할 수 있는 힘을 가질 수 있다.

1

위 글의 논지 전개상 특징으로 가장 적절한 것은?

① 기업과 증권시장의 관계를 분석하고 있다.

② 증권시장의 개념을 단계적으로 규명하고 있다.

③ 사례 분석을 통해 정통 경제 이론의 한계를 지적하고 있다.

④ 주가 변화의 원리를 중심으로 상이한 관점을 대비하고 있다.

⑤ 증권시장의 기능을 설명한 후 구체적 사례에 적용하고 있다.

2

위 글의 내용과 일치하지 않는 것은?

① 증권시장은 객관적인 기준이 인간의 주관성보다 합리적임을 입증한다.

② 정통 경제 이론에서는 가격의 변화가 객관적인 근거를 갖는다고 본다.

③ 기본 모델의 관점은 주가가 자본의 효율적인 배분을 가능하게 한다고 본다.

④ 증권시장의 여론을 모방하려는 경향으로 인해 주가가 변덕스런 등락을 보이기도 한다.

⑤ 기본 모델은 주가를 예측하기 위해 기업의 내재적 가치에 주목하지만 자기참조 모델은 증권시장의 여론에 주목한다.

두 나라가 자발적으로 무역을 하기 위해서는 두 나라 모두 이익을 얻을 수 있어야 한다. 만일 무역 당사국이 이익을 전혀 얻지 못하거나 손실을 본다면, 이 나라는 무역을 하지 않을 것이기 때문이다. 그러면 무역을 통해 이익이 발생할 수 있는 이유는 무엇일까? 또 무역에서 수출입 재화는 각각 어떻게 결정될까?

A국과 B국에서 자동차와 신발을 생산하는 상황을 가정해 보자. 아래 〈그림〉과 같이 A국은 이용 가능한 생산요소*를 모두 투입하여 최대 자동차 10대 혹은 신발 1,000켤레를 만들 수 있다. 한편, B국에서는 동일한 조건하에 자동차 3대 또는 신발 600켤레를 생산할 수 있다.

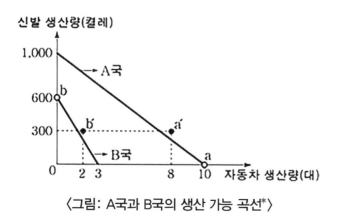

〈그림: A국과 B국의 생산 가능 곡선*〉

이때 국가 간 비교 우위 산업의 차이에 의해서 무역의 이익이 발생할 수 있다. 비교 우위란 어떤 재화 생산의 기회비용이 다른 나라보다 작은 경우를 의미하며, 이때 기회비용이란 그 재화 생산으로 인해 포기해야 하는 다른 재화의 가치를 말한다. 위의 상황에서 A국이 자동차를 1대 더 생산하기 위해서는 신발 생산을 100켤레 줄여야 한다. 즉, A국 입장에서 자동차 1대 생산의 기회비용은 신발 100켤레와 같다. 한편, B국은 자동차 1대 생산의 기회비용이 신발 200켤레가 된다. 이 경우 A국의 자동차 생산의 기회비용이 B국의 그것보다 작으므로, A국이 자동차 생산에 있어 비교 우위를 갖고 있다. 반면, B국은 신발 생산에 있어 비교 우위를 갖게 된다.

따라서 A국이 자동차를 특화해 B국에 수출하고, B국은 신발을 특화해 A국에 수출하면 무역을 하지 않을 때에 비해 양국 모두 이익을 얻을 수 있다. 위 〈그림〉에서 A국이 자동차만 10대 생산(a)하고 B국이 신발만 600켤레를 생산(b)해서 양국이 무역을 한다고 하자. 이때 A국이 자동차 2대를 수출하고 그 대신 B국으로부터 신발 300켤레를 수입한다면, A국은 자동차 8대와 신발 300켤레의 조합(a′)을, B국은 자동차 2대와 신발 300켤레의 조합(b′)을 소비할 수 있다. 즉 무역을 통해 양국은 무역 이전에는 생산할 수 없었던 재화량의 조합을 생산하는 것과 같은 효과를 갖게 되어 무역을 통한 이익을 얻을 수 있다.

이처럼 각국의 비교 우위 산업이 존재하는 이유에 대해 20세기 초의 경제학자 헥셔는 국가 간 생산요소 부존량*의 상대적 차이가 비교 우위를 낳는다고 보았다. 그에 따르면, 각국은 타국에 비해 상대적으로 풍부한 생산요소를 집약적으로 사용하는 재화의 생산에 비교 우위를 갖는다. 즉 재화마다 각 생산요소들이 투입되는 비율이 다르기 마련인데, 어떤 재화 생산에 특정 생산요소가 집약적으로 사용된다면 그 생산요소를 다른 나라들에 비해 풍부하게 보유하고 있는 국가가 해당 재화의 생산에 비교 우위를 갖게 된다는 것이다. 예를 들어, 어떤 국가가 자동차·선박 등 자본 집약재의 수출국이고 신발·의류 등 노동 집약재의 수입국이라면, 그 국가는 타국에 비해 자본은 상대적으로 풍부하고 노동은 그렇지 않다고 판단할 수 있다.

각국의 비교 우위 산업은 국가 간 생산요소 부존량의 상대적 차이가 변화함에 따라 바뀔 수도 있다. 우리나라도 과거 경공업 위주의 노동 집약적 산업에서 자본 집약적인 중화학 공업, 최근의 지식 집약적인 IT 산업까지 주요 산업 및 수출품이 변화해 왔다. 이는 경제 성장에 따라 각 생산요소들의 부존 비율이 변화함으로써 우리나라의 비교 우위 산업이 변화해 왔기 때문이다.

*생산요소: 재화를 생산하기 위해 필요한 노동, 자본 등의 투입 요소.
*생산 가능 곡선: 한 경제의 이용 가능한 생산요소들을 가장 효율적으로 투입하여 생산할 수 있는 각 재화 생산량의 조합을 나타낸 선.
*생산요소 부존량: 한 경제 내에 존재하고 있는 생산요소의 양.

1

위 글에 대한 설명으로 적절하지 않은 것은?

① 단계적인 순서에 따라 이론의 한계를 지적하고 있다.
② 권위자의 견해를 들어 현상의 원인을 설명하고 있다.
③ 질문을 던짐으로써 독자의 관심을 유도하고 있다.
④ 핵심 개념을 설명하여 독자의 이해를 돕고 있다.
⑤ 가상적 상황을 예로 들어 현상을 설명하고 있다.

2

위 글을 통해 답할 수 없는 질문은?

① 각국의 비교 우위 산업이 변할 수 있는 이유는 무엇인가?
② 자발적인 무역이 한 나라의 각 재화 생산에 어떤 영향을 미칠 수 있는가?
③ 어떤 재화 생산에 투입되는 각 생산요소의 비율은 어떻게 결정되는가?
④ 자발적인 무역에서 어떤 재화가 수출품이 되고 어떤 재화가 수입품이 되는가?
⑤ 국가 간 생산요소 부존량의 상대적 차이가 자발적인 무역에 미치는 영향은 무엇인가?

4장

미시경제

수요의 법칙에 따르면 어떤 상품의 가격 변화에 따라 그 상품의 수요량은 변화한다. 수요의 가격탄력성은 가격이 변할 때 수요량이 변하는 정도를 나타내는 지표다. 가격 변화에 따른 수요량의 변화가 민감하면 탄력적이라 하고, 가격 변화에 따른 수요량의 변화가 민감하지 않으면 비탄력적이라고 한다.

수요의 가격탄력성에 영향을 주는 대표적인 요인에는 세 가지가 있다. 첫째, 대체재의 존재 여부이다. 어떤 상품에 밀접한 대체재가 있으면, 소비자들은 그 상품 대신에 대체재를 사용할 수 있으므로 그 상품 수요의 가격탄력성은 탄력적이다. 예를 들어 버터는 마가린이라는 밀접한 대체재가 있기 때문에 버터 가격이 오르면 버터의 수요량은 크게 감소하므로 버터 수요의 가격탄력성은 탄력적이다. 반면에 달걀은 마땅한 대체재가 없으므로, 달걀 수요의 가격탄력성은 비탄력적이다. 둘째, 필요성의 정도이다. 필수재 수요의 가격탄력성은 대체로 비탄력적인 반면에, 사치재 수요의 가격탄력성은 대체로 탄력적이다. 예를 들어 필수재인 휴지의 가격이 오르면 아껴 쓰기는 하겠지만 그 수요량이 급격하게 줄어들지는 않는다. 그러나 사치재인 보석의 가격이 상승하면 그 수요량이 감소한다. 셋째, 소득에서 지출이 차지하는 비중이다. 해당 상품을 구매하기 위한 지출이 소득에서 차지하는 비중이 높을수록 수요의 가격탄력성은 커진다. 소득에서 차지하는 비중이 큰 상품의 가격이 인상되면 개인의 소비 생활에 지장을 초래할 수 있으므로 그만큼 가격 변화에 민감하게 반응할 수밖에 없다.

그렇다면 수요의 가격탄력성은 어떻게 계산할 수 있을까? 수요의 가격탄력성은 수요량의 변화율을 가격의 변화율로 나눈 값이다.

$$\text{수요의 가격탄력성} = \frac{\text{수요량의 변화율}}{\text{가격의 변화율}} = \frac{\text{수요량 변화분/기존 수요량}}{\text{가격 변화분/기존 가격}}$$

예를 들어 아이스크림 가격이 10% 인상되었는데, 아이스크림 수요량이 20% 감소했다고 하자. 이 경우 수요량의 변화율이 가격 변화율의 2배에 해당하므로 수요의 가격탄력성은 2가 된다. 일반적으로 수요의 가격탄력성이 1보다 크면 탄력적, 1보다 작으면 비탄력적이라 하고, 수요의 가격탄력성이 1이면 단위탄력적이라 한다.

수요의 가격탄력성은 총수입에 큰 영향을 미친다. 총수입은 상품 판매자의 판매 수입이며 동시에 상품에 대한 소비자의 지출액인데, 이는 상품의 가격에 거래량을 곱한 수치로 산출할 수 있다. 일반적으로 수요의 가격탄력성이 비탄력적인 경우 가격이 상승하면 총수입도 증가하지만, 수요의 가격탄력성이 탄력적인 경우 가격이 상승하면 총수입은 감소한다. 예를 들어 어느 상품의 가격이 500원에서 600원으로 20% 상승할 때 수요량이 100개에서 90개로 10% 감소했다면, 이 상품 수요의 가격탄력성은 비탄력적이다. 이때 총수입은 상품의 가격에 거래량을 곱한 수치이므로 가격 인상 전 50,000원에서 인상 후 54,000원으로 4,000원 증가하게 되는 것이다. 그러므로 ㉠수요의 가격탄력성을 파악하는 것은 판매자에게 매우 중요한 일이다.

1

위 글을 통해 알 수 있는 내용으로 적절하지 않은 것은?

① 수요의 가격탄력성 개념
② 수요의 가격탄력성 산출 방법
③ 상품 판매자의 판매 수입 산출 방법
④ 대체재의 유무가 수요의 가격탄력성에 미치는 영향
⑤ 수요의 가격탄력성에 영향을 주는 요인들 간의 관계

2

㉠의 이유로 가장 적절한 것은?

① 수요의 가격탄력성으로 소비자의 소득 규모를 판단할 수 있기 때문에
② 수요의 가격탄력성으로 판매 상품의 문제점을 파악할 수 있기 때문에
③ 수요의 가격탄력성이 판매 상품의 생산 단가를 예측 가능하게 하기 때문에
④ 수요의 가격탄력성이 판매자의 총수입 증가 여부에 영향을 미칠 수 있기 때문에
⑤ 수요의 가격탄력성으로 판매자의 판매 수입과 소비자의 지출액 차이를 파악할 수 있기 때문에

콩나물의 가격 변화에 따라 콩나물의 수요량이 변하는 것은 일반적인 현상이다. 그러나 콩나물 가격은 변하지 않는데도 콩나물의 수요량이 변할 수 있다. 시금치 가격이 상승하면 소비자들은 시금치를 콩나물로 대체한다. 그러면 콩나물 가격은 변하지 않는데도 시금치 가격의 상승으로 인해 콩나물의 수요량이 증가할 수 있다. 또는 콩나물이 몸에 좋다는 내용의 방송이 나가면 콩나물 가격은 변하지 않았음에도 불구하고 콩나물의 수요량이 급증한다. 이와 같이 특정한 상품의 가격은 변하지 않는데도 다른 요인으로 인하여 그 상품의 수요량이 변하는 현상을 '수요의 변화'라고 한다.

수요의 변화는 소비자의 소득 변화에 의해서도 발생한다. 예를 들어 스마트폰 가격에 변동이 없음에도 불구하고 소득이 증가하면 스마트폰에 대한 수요량이 증가한다. 반대로 소득이 감소하면 수요량이 감소한다. 이처럼 소득의 증가에 따라 수요량이 증가하는 재화를 '정상재'라고 한다. 우리 주위에 있는 대부분의 재화들은 정상재이다. 그러나 소득이 증가하면 오히려 수요량이 감소하는 재화가 있는데 이를 '열등재'라고 한다. 예를 들어 용돈을 받아 쓰던 학생 때는 버스를 이용하다 취직해서 소득이 증가하여 자가용을 타게 되면 버스에 대한 수요는 감소한다. 이 경우 버스는 열등재라고 할 수 있다.

정상재와 열등재는 수요의 소득탄력성으로도 설명할 수 있다. 수요의 소득탄력성이란 소득이 1% 변할 때 수요량이 변하는 정도를 말한다. 수요의 소득탄력성이 양수인 재화는 소득이 증가할 때 수요량도 증가하므로 정상재이다. 반대로 수요의 소득탄력성이 음수인 재화는 소득이 증가할 때 수요량이 감소하므로 열등재이다. 정상재이면서 소득탄력성이 1보다 큰, 즉 소득이 증가하는 것보다 수요량이 더 크게 증가하는 경우가 있다. 경제학에서는 이를 '사치재'라고 한다. 반면에 정상재이면서 소득탄력성이 1보다 작은 재화를 '필수재'라고 한다.

정상재와 열등재는 가격이나 선호도 등 다른 모든 조건이 변하지 않는 상태에서 소득만 변했을 때 재화의 수요가 어떻게 변했는지를 분석한 개념이다. 하지만 특정 재화를 명확하게 정상재나 열등재로 구별하기는 어렵다. 동일한 재화가 소득 수준이나 생활환경에 따라 열등재가 되기도 하고 정상재가 되기도 하기 때문이다. 패스트푸드점의 햄버거는 일반적으로 정상재로 볼 수 있지만 소득이 아주 높아져서 취향이 달라지면 햄버거에 대한 수요가 줄어들어 열등재가 될 수도 있다. 이처럼 재화의 수요 변화는 재화의 가격뿐만 아니라 그 재화를 대체하거나 보완하는 다른 재화의 가격, 소비자의 소득, 취향, 장래에 대한 예상 등의 여러 요인에 의하여 결정된다.

1

위 글을 통해 답을 확인할 수 없는 것은?

① 사치재는 수요의 소득탄력성으로 설명할 수 있는가?

② 사치재와 필수재의 예로는 어떤 것이 있는가?

③ 수요의 변화가 발생하는 이유는 무엇인가?

④ 정상재와 열등재의 차이점은 무엇인가?

⑤ 수요의 변화란 무엇인가?

2

위 글을 읽은 학생이 〈보기〉에 대해 보인 반응으로 적절한 것은?

> 〈보기〉
>
> 갑은 지하철 요금이 1,000원이고 한 달 용돈이 20,000원일 때 지하철을 20번 탔고 용돈이 40,000원일 때 40번 탔다. 그런데 이번 달에 20,000원의 용돈을 받았지만 지하철 요금이 500원으로 내려서 40번 탈 수 있게 되었다.

① 지하철은 갑의 소득이 높아지면 정상재에서 열등재가 되는군.

② 지하철에 대한 수요 변화는 지하철에 대한 갑의 선호도로 결정되었군.

③ 지하철에 대한 수요의 소득탄력성 변화로 지하철 이용 횟수가 증가했군.

④ 지하철 요금의 인하는 갑의 소득이 증가한 것과 같은 효과를 유발하는군.

⑤ 지하철 요금과 갑의 소득 수준이 변하더라도 지하철에 대한 수요량은 변화할 수 없겠군.

　　양면시장은 플랫폼 사업자가 서로 구분되는 두 개의 이용자 집단에 플랫폼을 제공하고 이용자들은 플랫폼을 통해 상대 집단과 거래하면서 경제적 가치나 편익을 창출하는 시장을 의미한다. 이때 플랫폼이란 양쪽 이용자 집단의 연결 고리 역할을 하는 물리적, 가상적, 제도적 환경을 일컫는다. 이용자 집단은 플랫폼을 통해 거래가 이루어지기까지의 시간이나 노력 등과 같은 거래비용을 절감하여 상대 집단과 거래하게 된다. 대표적인 플랫폼으로 신용 카드 회사가 제공하는 카드 결제 시스템을 들 수 있다. 플랫폼의 한쪽에는 카드로 결제하는 회원들이 있고, 플랫폼의 반대쪽에는 그것을 지불 수단으로 받는 가맹점들이 있다. 플랫폼 사업자인 신용 카드 회사 입장에서는 양쪽 이용자 집단인 카드 회원들과 가맹점들 모두가 고객이 된다.

　　플랫폼을 통해 연결되는 양쪽 이용자 집단의 관계는 '네트워크 외부성'을 통해 설명할 수 있다. 네트워크 외부성은 어떤 제품이나 서비스를 사용하는 이용자의 규모가 이용자의 효용에 영향을 미치는 것으로 직접 네트워크 외부성과 간접 네트워크 외부성으로 구분된다. 직접 네트워크 외부성이란 동일 집단 내에서 발생하는 것으로, 동일 집단에 속한 이용자의 규모가 커지면 집단 내 개별 이용자의 효용이 증가하는 특성이다. 이와 달리 간접 네트워크 외부성이란 서로 다른 집단 간에 발생하는 것으로, 한쪽 이용자 집단의 규모가 커지면 반대쪽 이용자 집단의 효용이 증가하고, 한쪽 이용자 집단의 규모가 작아지면 반대쪽 이용자 집단의 효용이 감소하게 된다. 양면시장에서는 간접 네트워크 외부성이 필수적으로 작용하므로 양쪽 이용자 집단이 서로 긴밀하게 영향을 주고받는다.

　　이를 바탕으로 플랫폼 사업자는 플랫폼 이용료를 통해 수익을 창출하기 때문에 양쪽 이용자 집단 모두를 플랫폼에 참여하도록 유도할 수 있는 ㉠가격구조를 결정하게 된다. 이때 가격구조란 플랫폼 이용료를 각각의 이용자 집단에 어떻게 부과하느냐를 의미한다. 플랫폼 사업자는 수익을 극대화할 수 있는 전략으로 양쪽 이용자 집단에 차별적인 가격을 부과하는 것이 일반적인데, 한쪽 이용자 집단의 플랫폼 이용료를 아주 낮게 책정하거나 한쪽 이용자 집단에 보조금을 지급하는 경우도 있다.

　　위에서 언급된 카드 결제 시스템을 바탕으로 간접 네트워크 외부성이 가격구조에 미치는 영향을 살펴보면 다음과 같다. 카드 회원들이 가맹점에 미치는 간접 네트워크 외부성이 클수록, 카드 회사는 카드 회원 수를 늘리기 위해 낮은 연회비를 부과할 수 있다. 이에 따라 카드 회원 수가 늘어나면 가맹점들의 효용이 증가하기 때문에 가맹점은 높은 결제 건당 수수료를 지불하더라도 카드 결제 시스템을 이용하게 된다. 이는 가맹점이 카드 회원들에게 미치는 간접 네트워크 외부성이 큰 경우에도 마찬가지로 적용된다.

　　한편 가격구조는 수요의 가격탄력성에도 영향을 받는다. 수요의 가격탄력성이란 가격이 오르거나 내릴 때 수요량이 얼마나 변동하느냐를 의미하는 것으로, 양면시장에서 양쪽 이용자 집단 각각은 플랫폼 이용료의 변동에 따라 이용자 수나 서비스 이용량과 같은 수요량에 영향을 받게 된다. 카드 회원의 수요의 가격탄력성이 높은 경우에는 연회비가 오를 때 카드 회원 수가 크게 감소하고, 수요의 가격탄력성이 낮은 경우에는 변동이 크지 않다. 따라서 플랫폼 사업자는 자신의 수익을 극대화하기 위해 양쪽 이용자 집단의 특성을 파악하여 각 집단에 최적의 이용료를 부과하게 된다. 일반적으로 플랫폼 사업자는 수요의 가격탄력성이 높은 집단에 낮은 이용료를 부과하여 해당 집단의 이용자 수를 늘리려고 한다.

플랫폼 사업자가 수익을 창출하기 위해 사용하는 대표적인 전략으로 공짜 미끼와 프리미엄(free-mium) 등이 있다. 공짜 미끼 전략은 무료 서비스를 통해 한쪽 집단의 이용자 수를 늘리면서 반대쪽 집단 이용자의 플랫폼 참여를 유인하는 것이다. 프리미엄 전략은 기본적 기능은 무료로 제공하지만 추가적인 기능은 유료로 제공하는 것으로, 무료에서 유료로 전환한 이용자의 긍정적 경험이 무료 이용자에게 전파되어 그 중 일부가 유료 이용자로 전환되도록 하는 것이다.

1

위 글을 이해한 내용으로 적절하지 않은 것은?

① 카드 결제 시스템은 카드 회원들과 카드 가맹점을 연결하는 플랫폼이다.

② 양면시장에서는 신용 카드 회사와 카드 회원 모두가 가맹점의 고객이 된다.

③ 플랫폼 사업자는 이용자 집단이 플랫폼에 참여하도록 보조금을 지급할 수 있다.

④ 플랫폼 사업자는 플랫폼 이용자들에게 경제적 가치를 창출하는 환경을 제공한다.

⑤ 프리미엄 전략은 유료로 전환한 이용자들이 무료 이용자들의 유료화에 영향을 미치는 것이다.

2

㉠에 대한 설명으로 가장 적절한 것은?

① 플랫폼 사업자가 수익을 극대화하기 위해 고려하는 것이다.

② 양쪽 이용자 집단의 이용료 지불 수단을 결정하는 방법이다.

③ 양쪽 이용자 집단에 동일한 이용료를 부과하기 위한 원칙이다.

④ 양쪽 이용자 집단의 규모가 항상 고정되어 있음을 전제로 하는 것이다.

⑤ 플랫폼 사업자가 규모가 큰 이용자 집단에는 이용료를 부과하지 못한다.

시장에서 독점적 지위를 가지고 있는 판매자가 동일한 상품에 대해 소비자에 따라 다른 가격을 책정하여 판매하기도 하는데, 이를 '가격 차별'이라 한다. 가격 차별이 성립하기 위해서는 첫째, 판매자가 시장 지배력을 가지고 있어야 한다. 시장 지배력이란 판매자가 시장 가격을 임의의 수준으로 결정할 수 있는 힘을 말한다. 둘째, 시장이 분리 가능해야 한다. 즉, 상품의 판매 단위나 구매자의 특성에 따라 시장을 구분할 수 있어야 한다. 셋째, 시장 간에 상품의 재판매가 불가능해야 한다. 만약 가격이 낮은 시장에서 상품을 구입하여 가격이 높은 시장에 되팔 수 있다면 매매 차익을 노리는 구매자들로 인해 가격 차별이 이루어지기 어렵기 때문이다.

가격 차별은 '1급 가격 차별', '2급 가격 차별', '3급 가격 차별'로 나눌 수 있는데, 1급 가격 차별은 개별 구매자들의 선호도를 모두 알고 있어 구매자 별로 최대 지불 용의 가격을 매기는 것이다. 그림

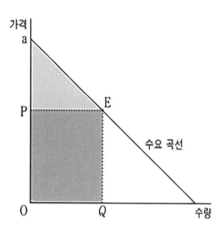

에서 가격 차별을 실시하지 않는다면 판매자가 얻는 수입은 판매 가격($\overline{OP}$)×판매량($\overline{OQ}$)으로 사각형OPEQ가 된다. 그러나 1급 가격 차별을 실시하면 각 구매자의 최대 지불 용의 가격인 수요 곡선을 따라 상품 가격을 결정하므로 총수입은 사다리꼴OaEQ로 늘어나게 된다. '완전 가격 차별'이라고도 하는 1급 가격 차별은 판매자의 총수입을 극대화할 수 있지만 모든 구매자들의 선호도를 정확히 알 수 없기 때문에 현실에서는 찾아보기 어렵다.

2급 가격 차별은 상품 수량을 몇 개의 구간으로 나누고 각 구간에 대해 서로 다른 가격을 매기는 것이다. '구간 가격 설정 방식'이라고도 하는 2급 가격 차별은 소량 구입을 하는 고객에게는 높은 가격을 매기고 대량 구입을 하는 고객에게는 가격을 낮추어 주는 방식이다. 예를 들어 판매자가 16개의 라면을 생산하여 1개, 5개, 10개 단위로 각각 1,000원, 4,700원, 8,000원에 파는 것이다.

3급 가격 차별은 가격 변동에 따른 수요의 민감도를 나타내는 '수요의 가격 탄력성'을 기준으로 구매자를 두 개 이상의 그룹으로 구분한 다음, 각 그룹에 대하여 서로 다른 가격을 결정하는 것이다. 가격 변동에 민감해서 수요의 가격 탄력성이 큰 그룹에는 상대적으로 낮은 가격을, 가격 변동에 덜 민감해서 수요의 가격 탄력성이 작은 그룹에는 상대적으로 높은 가격을 매긴다. 예를 들어 청소년이나 노인 그룹에 일반인보다 할인된 가격을 적용하는 것이다.

독점 시장에서는 일반적으로 판매자가 사회적으로 바람직한 수준보다 생산량을 적게 하고 높은 가격을 매겨, 자원 배분의 효율성이 감소하는 문제점이 발생한다. 하지만 ㉠가격 차별이 이루어지면 생산량이 증대되어 자원 배분의 효율성이 증가할 수 있다.

1

위 글에서 언급하지 않은 것은?

① 가격 차별의 개념
② 가격 차별의 유형
③ 가격 차별의 성립 조건
④ 독점 시장에서 발생할 수 있는 문제점
⑤ 상품 특성에 따른 수요의 가격 탄력성 차이

2

㉠처럼 말할 수 있는 근거를 추리했을 때, 가장 적절한 것은?

① 낮은 가격 때문에 구매가 많이 이루어지던 상품의 판매량이 감소할 것이다.
② 낮은 가격으로 상품을 소비하려는 구매자들이 다른 시장을 통해 가격 차별을 무력화시킬 것이다.
③ 낮은 가격으로 상품을 소비하려는 구매자들의 가격 부담이 줄어들지 않아 상품을 소비하지 못할 것이다.
④ 높은 가격으로 상품을 소비했던 구매자들에게 더 높은 가격으로 상품을 판매하기 위해 생산량을 줄일 것이다.
⑤ 높은 가격 때문에 소비하지 않던 구매자들에게 낮은 가격으로 상품을 판매하기 위하여 생산량을 늘릴 것이다.

가격 결정을 자유 시장 기구에 맡기는 자본주의 시장 경제에서도 때로는 특정 상품에 대하여 그 시장 가격을 인위적으로 정하고 유지하기 위해 정부가 노력을 기울이는 수가 있다. 이렇게 정부가 어떤 특수한 목적을 달성하기 위해 직접적으로 가격 형성에 개입하는 것을 가격 통제라고 한다. 조세 부과가 시장 기구의 정상적인 작동을 바탕으로 정부가 수요나 공급에 영향을 미쳐 가격과 거래량을 변동시키는 간접적인 규제라면, 가격 통제는 시장 기구의 정상적인 작동 자체를 막으면서 정부가 가격과 거래량에 영향을 미치는 직접적인 규제이다. 이런 가격 통제의 대표적인 방법으로 최고 가격제와 최저 가격제가 있다.

상품 부족으로 물가가 치솟을 때 정부는 소비자를 보호할 목적으로 ㉠가격의 상한선을 설정하는데, 이 제도를 최고 가격제라 하고 이때 정한 가격을 최고 가격이라 한다. 최고 가격은 수요와 공급에 의해 시장에서 형성되는 균형 가격이 너무 높을 때 설정하는 가격이기 때문에 균형 가격보다 낮다. 하지만 그렇기 때문에 시장에서는 공급 부족이 생겨 소비자들은 상품을 원하는 만큼 구입할 수 없다. 최고 가격과 균형 가격의 차이가 커질수록 공급 부족 현상은 심화된다. 이런 상태에서는 소비자들이 최고 가격보다 높은 가격을 지불하고서라도 상품을 구입하려 하기 때문에 암시장이 형성되는 문제가 야기된다. 한편 최고 가격제와는 반대로 정부가 최저 가격을 설정하고 그 이하로 가격이 내려가지 못하게 통제하는 제도를 최저 가격제라 한다. 최저 가격제를 설정하는 취지는 생산자의 이익을 보호하기 위한 것인데, 농산물 가격 지지 제도 등이 그 예이다. 하지만 최저 가격은 시장에서 형성될 균형 가격보다 높게 설정되기 때문에 초과 공급이 발생하는 문제가 야기된다.

최고 가격제하에서 생기는 문제를 해결하기 위해서 인위적인 배분 방식을 사용할 수 있는데 그 대표적인 방법이 선착순 방식과 배급제이다. 선착순 방식은 먼저 오는 소비자에게 순서대로 상품이 떨어질 때까지 판매하는 방식이고, 배급제는 각 소비자에게 배급표를 나누어 주고 그 배급표만큼 상품을 살 수 있게 하는 제도이다. 실제에 있어서는 선착순 방식과 배급제를 같이 사용하는데, 그 이유는 시간이 흘러감에 따라 공급이 줄어들기 때문이다. 공급이 줄어드는 이유는 가격이 인위적으로 낮게 묶여 있어 시간이 흐름에 따라 일부 생산자들이 그 상품의 생산을 포기하는 경우가 발생하기 때문이다.

최저 가격제하에서 생기는 문제를 해소하기 위해서 두 가지 방안을 쓸 수 있다. 첫 번째는 수요를 증가시키는 방안이고, 두 번째는 공급을 감소시키는 방안이다. 첫 번째 방안의 예로는 정부가 상품에 대한 비축 기금을 이용하여 초과 공급량을 전부 사들이거나, 정부가 빈곤층에게 초과 공급된 상품과 교환할 수 있는 상품권을 무상으로 교부하는 방법 등이 있다. 그리고 두 번째 방안의 예로는 상품 생산자에게 상품 생산량을 줄이도록 권장하면서 가동하지 않은 설비에서 생산될 상품의 가치만큼만 보장하는 방법이 있다.

1

위 글을 읽은 독자가 〈보기〉에 대해 보인 반응으로 적절하지 않은 것은?

〈보기〉

최저 임금은 도시 근로자의 평균 임금보다 매우 낮은 수준이기 때문에, 실질적으로 최저 임금 제는 낮은 임금을 받는 근로자의 생활을 보장하기 위한 제도로 인식되고 있다. 그런데 경영이 악화된 일부 기업이 최저 임금이 상승하여 인건비에 부담을 느끼자 신규 채용을 줄이고 있다. 이로 인해 낮은 임금을 받는 미숙련 근로자의 취업률이 크게 줄었다.

① 최저 임금이 높아질수록 근로자들은 기업에 취직하려고 더욱 노력하겠군.

② 최저 임금제는 근로자를 위해 정부가 설정해 놓은 최저 가격제의 일종이라고 할 수 있겠군.

③ 최저 임금제는 높은 임금을 받는 숙련 근로자보다는 낮은 임금을 받는 미숙련 근로자들과 주로 관 련이 있는 제도겠군.

④ 최저 임금제를 시행하면 근로자가 적극적으로 노동 시장에 참여하기 때문에 근로자에 대한 기업 의 고용량은 증가하겠군.

⑤ 최저 임금제로 인해 생기는 문제를 해결하기 위해 정부가 신규 채용을 하는 기업에게 혜택을 주는 방안을 사용하는 것도 괜찮겠군.

2

㉠으로 발생할 수 있는 문제 상황에 대해 정부가 사용할 수 있는 방안으로 가장 적절한 것은?

① 특정 상품이 필요한 소비자에게 배급표를 나누어 주고 그 표만큼 상품을 살 수 있게 한다.

② 특정 상품을 비싼 가격으로 구입한 후 국민들이 그 상품을 싼 가격으로 구입할 수 있게 한다.

③ 특정 상품의 생산자에게 생산량을 줄이도록 권장하면서 그 손실만큼 보상받을 수 있게 한다.

④ 특정 상품에 더 많은 세금을 부과하여 생산자로 하여금 더 많은 비용이 들어가게 한다.

⑤ 특정 상품에 대한 비축 기금을 마련하여 그 상품을 모두 사 들인 후 빈곤층에게 상품권을 주어서 구입하게 한다.

경제학에서는 한 재화나 서비스 등의 공급이 기업에 집중되는 양상에 따라 시장 구조를 크게 독점시장, 과점시장, 경쟁시장으로 구분하고 있다. 소수의 기업이 공급의 대부분을 차지할수록 독점시장에 가까워지고, 다수의 기업이 공급을 나누어 가질수록 경쟁시장에 가까워진다. 이렇게 시장 구조를 구분하기 위해서 사용하는 지표 중의 하나가 바로 '시장집중률'이다.

시장집중률을 이해하기 위해서는 먼저 '시장점유율'에 대한 이해가 있어야 한다. ㉠시장점유율이란 시장 안에서 특정 기업이 차지하고 있는 비중을 의미하는데, 생산량, 매출액 등을 기준으로 측정할 수 있다. Y기업의 시장점유율을 생산량 기준으로 측정한다면 '(Y기업의 생산량/시장 내 모든 기업의 생산량의 총합)×100'으로 나타낼 수 있다.

시장점유율이 시장 내 한 기업의 비중을 나타내 주는 수치라면, ㉡시장집중률은 시장 내 일정 수의 상위 기업들이 차지하는 비중을 나타내 주는 수치, 즉 일정 수의 상위 기업의 시장점유율을 합한 값이다. 몇 개의 상위 기업을 기준으로 삼느냐는 나라마다 자율적으로 결정하고 있는데, 우리나라에서는 상위 3대 기업의 시장점유율을 합한 값을, 미국에서는 상위 4대 기업의 시장점유율을 합한 값을 시장집중률로 채택하여 사용하고 있다. 이렇게 산출된 시장집중률을 통해 시장 구조를 구분해 볼 수 있는데, 시장집중률이 높으면 그 시장은 공급이 소수의 기업에 집중되어 있는 독점시장으로 구분하고, 시장집중률이 낮으면 공급이 다수의 기업에 의해 분산되어 있는 경쟁시장으로 구분한다. 한국개발연구원에서는 어떤 산업에서의 시장집중률이 80% 이상이면 독점시장, 60% 이상 80% 미만이면 과점시장, 60% 미만이면 경쟁시장으로 구분하고 있다.

시장집중률을 측정하는 기준에는 여러 가지가 있기 때문에 어느 것을 기준으로 삼느냐에 따라 측정 결과에 차이가 생기며 이에 대한 경제학적인 해석도 달라진다. 어느 시장의 시장집중률을 '생산량' 기준으로 측정했을 때 A, B, C 기업이 상위 3대 기업이고 시장집중률이 80%로 측정되었다고 하더라도, '매출액' 기준으로 측정했을 때는 D, E, F 기업이 상위 3대 기업이 되고 시장집중률이 60%가 될 수도 있다.

이처럼 시장집중률은 시장 구조를 구분하는 데 매우 유용한 지표이며, 이를 통해 시장 내의 공급이 기업에 집중되는 양상을 파악해 볼 수 있다.

1

위 글의 중심 화제로 가장 적절한 것은?

① 시장 구조의 변천사

② 시장집중률의 개념과 의의

③ 독점시장과 경쟁시장의 비교

④ 우리나라 시장점유율의 특성

⑤ 시장집중률을 확대하기 위한 방안

2

㉠과 ㉡에 대한 설명으로 가장 적절한 것은?

① ㉠을 통해 ㉡의 불확실성이 보완된다.

② ㉠은 ㉡을 산출하기 위해 필요하다.

③ ㉠은 ㉡을 분류하는 기준이 된다.

④ ㉠은 ㉡의 상위 개념이 된다.

⑤ ㉠은 ㉡을 합산한 결과이다.

경제 주체들은 시장을 통해 필요한 재화를 얻거나 제공하며, 재화가 자신들에게 유리하게 배분되도록 노력한다. 그러나 시장을 통한 재화의 배분이 어렵거나 시장 자체가 존재하지 않는 경우도 있다. 이 때, 시장 제도를 적절히 설계하면 경제 주체들의 이익을 최대한 충족시키면서 재화를 효율적으로 배분할 수 있는데, 이를 '시장 설계'라고 한다.

㉠시장 설계의 방법은 양방향 매칭(two-sided matching)과 단방향 매칭(one-sided matching)이 있다. 양방향 매칭은 두 집합의 경제 주체들을 서로에 대해 갖고 있는 선호도를 최대한 배려하여 쌍으로 맺어주는 것이다. 그리고 단방향 매칭은 경제 주체들이 지니고 있는 재화를 재분배하여 더 선호하는 재화를 선택할 수 있는 방법을 찾는 것이다. 결국 양방향 매칭은 경제 주체들 간의 매칭을, 단방향 매칭은 경제 주체에게 재화를 배분하는 매칭을 찾는 것이라고 할 수 있다.

양방향 매칭에서는 잠정 수락 알고리즘을 사용하여 시장을 설계한다. 그 과정을 구체적으로 살펴보면, 처음 제안자는 자신이 가장 선호하는 수락자에게 제안을 한다. 이 때, 1명에게만 제안을 받은 수락자는 무조건 그 제안자와 잠정적으로 매칭이 되고, 2명 이상으로부터 제안을 받은 수락자는 자신이 가장 선호하는 제안자를 선택하여 잠정적으로 매칭이 된다. 그리고 잠정적으로 매칭이 되지 않은 제안자는 자신이 제안하지 않은 수락자 중에서 가장 선호하는 사람에게 제안을 한다. 한편 각 수락자는 잠정적으로 매칭이 되었던 제안자와 새롭게 제안한 제안자 중에서 가장 선호하는 사람을 골라 잠정적으로 매칭이 된다. 제안자 집합의 구성원들이 수락자 집합의 구성원들과 일대일로 모두 매칭이 될 때까지 이 과정이 반복되며, 매칭에 참가한 구성원은 임의로 매칭을 종료할 수 없다.

이와 달리 단방향 매칭에서는 선순위 거래 순환 알고리즘을 사용하여 재화를 배분한다. 알고리즘에 참가하는 경제 주체는 자신이 선호하는 재화를 선택하고, 매칭이 이루어지면 다른 제안자의 매칭 결과와 상관없이 알고리즘이 종료된다. 이 방법은 매칭이 이루어진 경제 주체가 더 이상 알고리즘의 다음 단계에 참가할 필요가 없다는 점에서 잠정 수락 알고리즘보다 효율적인 방법이라고 할 수 있다.

그러나 실제로 현실에서 시장을 설계할 때 양방향과 단방향 매칭의 구분이 명확하지 않은 경우도 있는데, 이 때에는 두 매칭을 함께 적용하기도 한다. 이러한 시장 설계 이론은 장기 교환 이식 제도, 주택 청약 제도 등에 활용되고 있어, 경제학이 현실 문제를 해결하는 데 유용하다는 것을 보여준다.

1

위 글의 제목으로 가장 적절한 것은?

① 시장 제도의 장점과 한계
② 시장 설계의 방법과 특징
③ 시대에 따른 시장 설계의 특징
④ 시장의 성격에 따른 재화 배분 과정
⑤ 시장의 범위에 따른 알고리즘의 종류

2

㉠을 적용한 사례로 보기 어려운 것은?

① 결혼 정보 회사 : 결혼 상대자를 구하는 남녀를 짝지어 줌.
② 인력 정보 시장 : 구직자와 인력을 필요로 하는 고용자를 이어줌.
③ 창업 정보 회사 : 식당을 창업하려는 창업주에게 식자재를 공급하는 업체를 연결해 줌.
④ 사회 복지 기관 : 봉사 활동을 원하는 학생에게 자원 봉사를 필요로 하는 단체에 대한 정보를 줌.
⑤ 중고품 판매 사이트 : 중고 물품을 판매하려는 판매자와 구매하려는 사람을 연결해 줌.

㉠가격분산(price dispersion)이란 동일 시점에 동일 제품에 대해 상점마다 가격 차이가 나는 현상을 말한다. 가격분산이 존재하면 소비자는 특정 품질에 대해 비용을 더 많이 지불할 가능성이 있고 그 결과 구매력은 그만큼 저하되고, 경제적 복지수준도 낮아지게 된다. 또한 가격분산이 존재할 때 가격은 품질에 대한 지표가 될 수 없으므로, 만약 소비자가 가격을 품질의 지표로 사용한다면 많은 경제적 위험이 따르게 된다.

가격분산이 발생하는 원인은 크게 판매자의 경제적인 이유에 의한 요인, 소비자 시장구조에 의한 요인, 재화의 특성에 따른 요인, 소비자에 의한 요인으로 구분할 수 있다.

첫째, 판매자 측의 경제적인 이유로는 소매상점의 규모에 따른 판매 비용의 차이와 소매상인들의 가격 차별화 전략의 두 가지를 들 수 있다. 상점의 규모가 클수록 대량으로 제품을 구매할 수 있으므로 판매 비용이 절감되어 보다 낮은 가격에 제품을 판매할 수 있다. 가격 차별화 전략은 소비자의 지불 가능성에 맞추어 그때그때 최고 가격을 제시함으로써 이윤을 극대화하는 전략을 말한다.

둘째, 소비자 시장구조에 의한 요인으로 소비자 시장의 불완전성과 시장 규모의 차이에서 기인하는 것이다. 새로운 판매자가 시장에 진입하거나 퇴거할 때 각종 가격 세일을 실시하는 것과 소비자의 수가 많고 적음에 따라 가격을 다르게 정할 수 있는 것을 예로 들 수 있다.

셋째, 재화의 특성에 따른 요인으로 하나의 재화가 얼마나 다른 재화와 밀접하게 관련되어 있느냐에 관한 것, 즉 보완재의 여부에 따라 가격분산을 가져올 수 있다.

넷째, 소비자에 의한 요인으로 가격과 품질에 대한 소비자의 그릇된 인지를 들 수 있다. 소비자가 가격분산의 정도를 잘못 파악하거나 가격분산을 과소평가하게 되면 정보 탐색을 적게 하고 이는 시장의 규율을 늦춤으로써 가격분산을 지속시키는 데 기여하게 되는 것이다.

결론적으로 소비자 시장에서 가격분산의 발생은 필연적이고 구조적인 것이라 할 수 있다. 이는 소비자가 가격 정보 탐색을 통해 구매 이득을 얻을 수도 있지만 동시에 충분한 정보를 가지고 있지 않은 소비자들은 손실을 볼 수도 있음을 시사한다.

그러면 정보 탐색을 어느 정도 하는 것이 좋은가? 일반적으로 탐색을 함으로써 얻는 총이득이 탐색을 함으로써 소요되는 총비용을 능가할 때까지, 즉 순이득이 보장될 때까지 탐색을 하는 것이 좋다. 이렇게 할 때 가격분산에 따른 소비자의 피해를 막아 효율적인 소비를 할 수 있게 될 것이다.

1

위 글을 통해 추측한 내용으로 적절하지 않은 것은?

① 가격분산이 큰 제품일수록 가격에 대한 신뢰도는 낮을 것이다.

② 대체할 재화의 유무에 따라 가격분산이 발생할 수 있을 것이다.

③ 정부의 엄격한 규제가 있으면 가격분산을 막을 수 있을 것이다.

④ 정보력의 부재는 가격분산에 따른 소비자의 피해를 키우는 원인이 될 것이다.

⑤ 소비자들은 충실한 정보 탐색을 통해 가격분산에 따른 구매이득을 얻을 수 있을 것이다.

2

㉠에 따른 합리적 소비 행위의 예로 적절한 것은?

① A문방구에서 점포 정리를 한다는 소식을 듣고 B문방구보다 300원 더 싸게 색연필을 샀다.

② 요금이 5,000원인 A미용실 대신 사은품도 함께 주는 B미용실에서 10,000원에 머리를 잘랐다.

③ 며칠 전 개업해서 라면 한 개당 50원을 싸게 파는 가게가 있었지만 그냥 친구 어머니가 하시는 단골 가게에서 샀다.

④ USB 저장장치를 사려 했으나 가격이 너무 비싸 망설이다가 신제품의 개발로 인해 가격이 떨어진 후 제품을 구입하였다.

⑤ 대리점과 인터넷을 비교하였더니 두 곳의 가격이 같아서 당장 물건을 받을 수 있는 대리점에서 전자 사전을 구입하였다.

특정 산업에서 선발 기업이 후발 기업보다 기술력이나 마케팅 능력 면에서 더 뛰어나다는 점을 고려하면, 선발 기업이 산업의 주도권을 유지하는 것이 자연스러워 보인다. 그런데 오늘날의 국제 경제 환경에서는 후발 기업이 선발 기업을 따라잡아 산업의 주도권이 선발 기업에서 후발 기업으로 이동하는 현상이 종종 관찰된다. 이러한 현상을 설명하는 이론으로 추격 사이클 이론이 있다.

산업의 주도권 이동과 관련하여 기업에는 세 가지 기회의 창이 열릴 수 있다. 첫 번째는 새로운 기술의 등장이다. 기존에 없었던 새로운 기술이 등장하는 경우에 선발 기업과 후발 기업은 비교적 동등한 출발점에 서게 된다. 선발 기업이 자신들의 기존 기술을 최대한 활용하고 싶은 미련을 버리지 못해 새로운 기술의 도입을 주저할 때 후발 기업이 새로운 기술을 도입한다면 선발 기업보다 유리한 상황에 놓일 수 있다. 두 번째는 시장의 갑작스러운 변화이다. 경기 순환 또는 새로운 소비자층의 등장과 같은 변화가 여기에 속하는데, 이는 새로운 기술의 등장과 마찬가지로 반복해서 발생한다. 특히 불황기에 일부 선발 기업은 적자로 인해 자원을 방출하기도 하는데, 이때 후발 기업은 이런 자원을 적은 비용으로 이용할 수 있다. 또 불황기에는 기술 이전과 지식 획득이 쉬워지고 비용도 저렴해질 수 있는데, 이 역시 후발 기업에게 이득이 될 수 있다. 세 번째는 정부의 규제 혹은 직접적인 지원이다. 이를 통해 선발 기업과 후발 기업의 비대칭적인 환경이 조성될 때 선발 기업은 시장에서 불리한 위치에 놓이게 된다. 이때 비대칭적인 환경의 의미는 정부가 산업 진입 허가 또는 보조금 등을 통해 선발 기업을 자국 시장에서 불리한 위치에 놓이게 한다는 것이다. 이는 후발 기업이 시장에 진입하면서 생기는 불리함을 상쇄할 수 있는 계기로 작용한다.

이런 기회의 창과 관련해 산업의 주도권 이동은 '정상 사이클', '중도 실패 사이클', '슈퍼 사이클'이라는 세 가지 종류의 추격 사이클로 설명이 가능하다. 이 중 정상 사이클은 다음의 네 단계를 모두 경험하는 경우이다. 제1단계는 진입 단계이다. 국영 기업 혹은 정부의 지원을 받는 민간 기업이 후발 기업으로 나타날 때, 이들은 보조금 등의 이점으로 선발 기업에 비해 일정한 비용 우위를 누린다. 제2단계는 점진적 추격 단계이다. 이 단계에서 후발 기업들은 점차 투자를 위한 이윤을 확보해 시장 점유율을 높여 간다. 투자를 위한 이윤의 확보는 선발 기업보다 후발 기업에서 일어날 가능성이 높다. 왜냐하면 선발 기업의 주주들은 투자를 위한 이윤의 확보보다는 배당을 더 선호하는 경향이 있지만 후발 기업의 주주들은 상대적으로 반대의 경향을 보이기 때문이다. 그러나 점진적 추격 단계에 도달한 후발 기업이 저부가 가치 제품 시장에서 고부가 가치 제품 시장으로 이동하지 못하면 다음 단계로 넘어가지 못할 가능성이 높은데, 이 경우를 중도 실패 사이클이라 한다. 제3단계는 추월 단계이다.

이 단계에서 후발 기업은 확보된 이윤을 새로운 기술과 같은 기회에 신속하고 과감하게 투자하고 채택하여 산업 주도권에 갑작스럽고 큰 변화를 일으킨다. 그 결과 선발 기업은 후발 기업에 밀려 추락을 경험하게 된다. 제4단계는 추락 단계이다. 새롭게 리더가 된 후발 기업이 새 기술 및 소비 패턴의 변화를 놓친다면 이 단계에서 다른 도전자에 밀려 추락하게 된다. 그런데 제3단계에서 선발 기업을 추월한 후발 기업이 기술, 시장, 또는 규제의 변화 등에 민첩하게 대응하는 경우 산업의 주도권을 오랫동안 유지할 가능성이 높은데, 이 경우를 슈퍼 사이클이라고 한다.

결국 기업의 추격 사이클은 기회의 창들에 대한 기업의 전략적 선택에 따른 결과라고 할 수 있다. 이런 관점에서 추격 사이클 이론은 특정 요소 결정론적이기보다는 외부적 요인과 주체적 요인을 모두 중시한다고 할 수 있다.

1

다음은 위 글에 대한 한 줄 평이다. 주제를 고려할 때 밑줄 친 부분에 들어갈 내용으로 가장 적절한 것은?

_____가 궁금한 분에게 추천합니다.

① 추격 사이클 이론에 대한 비판의 쟁점이 무엇인지
② 기업의 전략적 선택이 정부 정책에 미치는 영향이 무엇인지
③ 산업의 주도권 이동이 초래한 국제 경제의 위기는 무엇인지
④ 산업의 주도권 이동이 기업들 사이에서 어떻게 이루어지는지
⑤ 산업의 주도권을 가진 기업이 각종 경제 규제를 어떻게 극복하는지

2

위 글의 내용과 일치하지 않는 것은?
① 산업 진입 허가와 관련된 정부의 규제를 통해 선발 기업이 자국 시장에서 불리해질 수 있다.
② 새로운 기술은 선발 기업과 후발 기업이 비교적 동등한 출발점에서 경쟁을 할 수 있게 해 준다.
③ 시장의 갑작스러운 변화 중에는 기술 이전과 지식 획득이 쉬워지는 상황이 조성되는 경우가 있다.
④ 국영 기업은 후발 기업으로 나타날 때 선발 기업에 대한 정부의 보조금으로 비용 우위를 누리기 어렵다.
⑤ 경기 순환에 따른 불황기에는 선발 기업의 적자로 인해 방출되는 자원을 후발 기업이 활용하기 용이해진다.

　희소성 높은 최고급 커피의 생두 가격은 어떻게 결정 될까? 그것은 바로 경매이다. 경매를 통한 가격 결정 방식은 수요자들이 해당 재화의 가치를 서로 다르게 평가하고 있거나, 해당 재화의 가치를 정확히 가늠할 수 없을 때 주로 사용된다. 커피나무는 환경에 민감한 식물로, 일조량과 온도와 토질에 따라서 생두의 맛과 품질이 천차만별이다. 그래서 같은 지역이라 하더라도 매년 커피 생두의 품질이 달라지는 것이다. 이처럼 생두의 품질이 매년 다양한 이유로 달라지는 상황에서 해당 커피 생두의 가치를 결정하는 가장 수월한 방법은 단연 경매라 할 수 있다.

　경매를 통한 가격 결정 방식을 사용하는 또 다른 이유는 구매자와 판매자의 숫자가 극단적으로 불일치할 때 가격을 결정하는 유용한 방법이기 때문이다. 특정 재화의 판매자가 한 명인데, 이를 구매하고자 하는 사람이 여러 명이라면 경매를 통해 가장 높은 가격을 지불하고자 하는 사람에게 판매할 수 있다. 최고급 커피 생두 역시 이러한 이유에서 경매로 가격을 결정한다. 이 밖에도 골동품, 미술품 등은 현재 동일한 이유로 경매를 통해 가격을 결정하고 있다. 이와는 반대로 특정 재화의 구매자는 한 명인데, 이를 판매하고자 하는 사람이 여러 명일 경우에도 경매는 유용한 방식이다. 가장 저렴한 가격을 제시한 사람에게서 구매하면 되기 때문이다. 현재 전투기와 같이 정부만이 유일한 구매자라 할 수 있는 국방 관련 물품이 일종의 경매인 경쟁 입찰로 결정된다.

　경매는 입찰* 방식의 공개 여부에 따라 공개 구두 경매와 밀봉 입찰 경매로 구분할 수 있다. 먼저 공개 구두 경매는 경매에 참여하는 사람들을 모두 한 자리에 모아 놓고 누가 어떠한 조건으로 경매에 응하는지를 공개적으로 진행하는 방식을 말한다. 이러한 공개 구두 경매는 다시 영국식 경매와 네덜란드식 경매로 구분할 수 있다. ㉠영국식 경매는 오름 경매 방식으로, 우리가 가장 흔히 접하는 낮은 가격부터 시작해서 가장 높은 가격을 제시한 사람이 낙찰자*가 되는 방식을 말한다. 이러한 영국식 경매를 통해 가격을 결정하고 있는 대표적인 품목으로는 와인과 앞서 소개한 최고급 생두가 여기에 해당한다.

　이와는 반대로 판매자가 높은 가격부터 제시해 가격을 점점 낮추면서 가장 먼저 응찰*한 사람을 낙찰자로 정하는 방식이 ㉡네덜란드식 경매다. 이것이 내림 경매 방식이다. 내림 경매 방식은 튤립 재배로 유명한 네덜란드에서 오래 전부터 이용해오던 방식이며, 국내에서도 수산물 도매시장에서 생선 가격을 결정할 때 이 방식을 통해 가격을 결정한다.

　공개적으로 진행되는 경매와는 달리 경매 참여자들이 서로 어떠한 가격에 응찰했는지를 확인할 수 없는 밀봉 입찰 경매가 있다. 밀봉 입찰 경매는 낙찰자가 지불하는 금액을 어떻게 결정하느냐에 따라 최고가 밀봉 경매와 차가 밀봉 경매로 구분된다. 최고가 밀봉 경매는 응찰자 중 가장 높은 가격을 적어 냈을 때 낙찰이 되는 것으로 낙찰자는 자신이 적어 낸 금액을 지불한다. 차가 밀봉 경매의 낙찰자 결정 방식은 최고가 밀봉 경매와 동일하다. 그러나 낙찰자가 지불하는 금액은 자신이 적어 낸 금액이 아니라 응찰자가 적어 낸 금액 중 두 번째로 높은 금액이다.

*입찰: 경매 참가자에게 각자의 희망 가격을 제시하게 하는 일.
*낙찰자: 경매나 경쟁 입찰 따위에서 물건이나 일을 받기로 결정된 사람.
*응찰: 입찰에 참가함.

1

위 글의 '경매'에 대한 설명으로 적절하지 않은 것은?

① 재화의 가치를 정확하게 평가할 수 없을 때 주로 쓴다.

② 오름 경매 방식에서는 최고가를 제시한 사람에게 낙찰된다.

③ 수요자가 재화의 가치를 서로 다르게 평가할 때 주로 쓴다.

④ 구매자와 판매자의 수가 극단적으로 불일치할 때 유용하다.

⑤ 내림 경매 방식은 구매자가 입찰금액을 제시해 경매가 시작된다.

2

㉠과 ㉡에 대한 이해로 적절하지 않은 것은?

① ㉠은 경매에 참여한 사람이 경쟁자가 제시한 입찰 금액을 알 수 있다.

② 희소성이 있는 최고급 생두는 ㉠의 방식을 통해 가격을 결정하는 대표적 품목이다.

③ ㉡ 방식에서 낙찰 가격은 경매에서 최초로 제시된 금액보다 높아질 수 없다.

④ ㉠과 ㉡ 모두 경매에 나온 재화의 낙찰 가격을 알 수 있다.

⑤ 경매에 참가한 사람이 다수일 경우 ㉠과 ㉡ 모두 가장 먼저 응찰한 사람이 낙찰자가 된다.

5장

경영

　　주식회사는 오늘날 회사 기업의 전형이라고 할 수 있다. 이는 주식회사가 다른 유형의 회사보다 뛰어난 자본 조달력을 가지고 있기 때문인데, 주식회사의 자본 조달은 자본금, 주식, 유한책임이라는 주식회사의 본질적 요소와 관련된다.

　　주식회사의 자본금은 회사 설립의 기초가 되는 것으로, 주식 발행을 통해 조성된다. 현행 상법에서는 주식회사를 설립할 때 최저 자본금에 대한 제한을 두지 않고 있으며, 자본금을 정관*의 기재사항으로도 규정하지 않고 있다. 대신 수권주식총수를 정관에 기재하게 하여 자본금의 최대한도를 표시하도록 하고 있다. 수권주식총수란 회사가 발행할 주식총수로, 수권주식총수를 통해 자본금의 최대한도인 수권자본금을 알 수 있다. 주식회사를 설립할 때는 수권주식총수 중 일부의 주식만을 발행해도 되는데, 발행하는 주식은 모두 인수되어야 한다. 여기서 주식을 인수한다는 것은 출자자를 누구로 하는지, 그 출자자가 인수하려는 주식이 몇 주인지를 확정하는 것을 말한다. 회사가 발행하는 주식을 출자자가 인수하고 해당 금액을 납입하면, 그 금액의 총합이 바로 주식회사의 자본금이 된다. 회사가 수권주식총수 가운데 아직 발행하지 않은 주식은 추후 이사회의 결의만으로 발행할 수 있는데, 이는 주식회사가 필요에 따라 자본금을 쉽게 조달할 수 있도록 하기 위한 것이다.

　　주식은 자본금을 구성하는 단위로, 주식회사는 주식 발행을 통해 다수의 사람들로부터 대량의 자금을 끌어모을 수 있다. 주식은 주식시장에서 자유롭게 양도되는데, 1주의 액면주식은 둘 이상으로 나뉘어 타인에게 양도될 수 없다. 주식회사가 액면가액을 표시한 액면주식을 발행할 때, 액면주식은 그 금액이 균일하여야 하며 1주의 금액은 100원 이상이어야 한다. 주식회사가 발행한 액면주식의 총액은 주식회사 설립 시에 출자자가 주식을 인수하여 납입한 금액의 총합과 같다.

　　주식의 소유주인 주주는 자기가 보유하고 있는 주식 금액의 비율에 따라 이익배당 등의 권리를 가지면서 회사에 대해 유한책임을 진다. 유한책임이란 주주가 회사에 대하여 주식의 인수가액을 한도로 하는 유한의 출자 의무를 부담하고 회사 채권자에 대해서는 직접적으로 아무런 책임도 부담하지 않는 것을 말한다. 주주의 유한책임은 정관이나 주주총회의 결의로도 가중시킬 수 없다. 이 때문에 주식회사에서는 회사가 현재 보유하고 있는 재산만이 회사 채권자를 위한 유일한 담보가 된다.

　　주식회사는 자본금, 주식, 유한책임이라는 본질적 요소로 말미암아 자본 조달력을 가지기도 하지만 경제적 폐해를 초래하는 경우도 있다. 자본금이 큰 회사이지만 실제 회사가 보유하고 있는 재산이 터무니없이 적은 경우에 자본금의 크기로는 회사의 신용도를 제대로 파악할 수 없으며, 대주주가 권한을 남용하여 사익을 추구하고도 그로 인한 회사의 손해와 회사의 거래 상대방의 손해에 대해서는 책임을 부담하지 않는 경우가 발생하기도 한다. 또한 파산이나 부도 등 회사의 위기 상황에서 채권자, 근로자, 소비자 등 회사의 이해 관계자들이 피해를 보게 되는 상황이 벌어지기도 한다.

　　이와 같은 문제를 방지하기 위해 주식회사에 대한 법 규정에서는 자본금에 관한 몇 가지 원칙을 마련하고 있다. ⊙자본 유지의 원칙은 자본금이 실제로 회사에 출자되어야 하고, 회사는 자본금에 해당되는 재산을 실질적으로 유지해야 한다는 것으로, 자본 충실의 원칙이라고도 한다. 만일 여러 회사끼리 돌려 가며 출자를 반복하는 상황이 벌어진다면 실제로 출자된 자본금은 늘어나지 않는데 서류상 가공의 자본금만 늘어나 회사는 부실화되고 외부의 위험에도 취약해진다. ⓛ자본 불변의 원칙은 자본금을 임의로 변경하지 못하며 자본금의 변경을 위해서는 법적 절차를 거쳐야 한다는 것이다. 우리나라의 법률에서 자본금의 증가는 이사회의 결의만으로 가능하도록 한 반면에 자본금의 감소는 엄격한 법적 절차를 요구하고 있다. 이 밖에도 주식회사에 관한 법률을 법에서 규정된 내용대로만 이행해야 하는 강행법으로 하고, 회사에 관한 중요 사항 및 정관의 변동 사항을 공고하도록 하는 등 주식회사의 폐해를 최소화하기 위한 조치도 시행하고 있다.

*정관: 회사를 운영하기 위한 규칙을 마련하여 기록한 문서.

1

위 글에서 알 수 있는 내용으로 적절하지 않은 것은?
① 액면주식 1주는 둘로 나뉘어 타인에게 양도될 수 없다.
② 주주는 주식의 인수가액을 한도로 하는 출자 의무를 가진다.
③ 주주는 소유한 주식 금액의 비율에 따라 주식회사의 이익을 배당받는다.
④ 주식회사는 수권자본금의 한도 내에서 채권자에게 채무 이행을 할 의무가 있다.
⑤ 주식회사의 정관에 변동 사항이 생기면 주식회사로 하여금 이를 공고하도록 하고 있다.

2

⊙, ⓛ을 이해한 내용으로 가장 적절한 것은?
① ⊙의 목적은 주주의 권한을 확대하는 데에 있다.
② ⓛ을 통해 소액을 가지고 주식회사를 설립하는 것을 제한할 수 있다.
③ ⓛ은 자본금 감소를 엄격하게 하여 채권자를 보호하는 기능이 있다.
④ ⊙, ⓛ은 모두 채권자가 주식회사의 자금 운용 내역을 알 수 있게 한다.
⑤ ⊙, ⓛ은 모두 주식회사의 정관 작성에 관한 원칙으로서 개인 간의 자유로운 주식 양도로 인한 폐해를 방지한다.

기업이 경영활동을 수행하는 과정에서 발생되는 비용은, 기업의 영업활동으로 인하여 지출되는 영업비와 기업이 타인의 자본을 사용할 경우 발생되는 재무비로 구성된다. 영업비는 다시, 원재료 구입비, 소모품비 등 생산량에 따라 비례적으로 증가하는 영업변동비와 설비나 사무실의 임차료 및 유지비용, 직원의 임금 등 생산량의 변동과 관계없이 일정하게 발생하는 비용인 영업고정비로 구분된다. 영업고정비는 기계 설비의 구입, 공장 신설, 시설 확장 등과 같이, 기업이 용이하게 현금화할 수 없는 비유동자산에 투자를 많이 할수록 증가하게 되는데 이는 지렛대의 역할을 하여 영업레버리지 효과를 일으킨다.

그런데 기업의 비유동자산에 대한 투자는 때로 영업위험을 초래하기도 한다. 영업위험은 기업의 영업 성격이나 영업비의 성격으로 인하여 발생하는 위험으로 영업이익의 변동성과 관련이 있다. 이에 기업은 투자 정책이 영업이익과 영업위험에 미치는 영향을 측정할 도구가 필요한데, 이때 이용되는 도구가 바로 영업레버리지도이다. ⓐ영업레버리지도는 기업의 매출액이 변동할 때 영업이익이 변동하는 정도로, 영업이익에 대한 공헌이익으로 나타낼 수 있다. 여기서 공헌이익이란 매출이 실제로 기업의 이익에 얼마만큼 공헌했는지를 나타내는 것으로, 매출액에서 영업 변동비를 차감한 금액을 의미하고, 영업이익이란 순수하게 영업을 통해 벌어들인 이익을 나타내는 것으로, 공헌이익에서 영업 고정비를 차감한 금액을 의미한다. 이는 수식을 이용하면 다음과 같이 나타낼 수 있다.

$$영업레버리지도 \ = \ \frac{공헌이익}{영업이익} \ = \ \frac{매출액 - 영업변동비}{매출액 - 영업변동비 - 영업고정비}$$

위 수식은 영업고정비가 클수록 영업레버리지도가 커진다는 것을 나타낸다. 다시 말해, 영업고정비가 클수록 영업레버리지 효과가 증가한다는 것을 나타내는 것이다. 예를 들어, 어떤 기업의 매출액이 10억 원, 영업변동비가 6억 원, 영업고정비가 2억 원이라면, 이 기업의 공헌이익은 매출액에서 영업변동비를 차감한 금액인 4억 원이 되며, 영업이익은 매출액에서 영업변동비와 영업고정비를 차감한 금액인 2억 원이 된다. 따라서 이 기업의 영업이익에 대한 공헌이익인 영업레버리지도는 2가 되며, 이는 10%의 매출액 증감이 있을 때, 영업이익은 그 2배인 20%의 증감이 됨을 뜻한다.

영업고정비가 증가할 경우 영업이익이 확대되어 나타나는 것은 생산 규모의 확대로 인해 규모의 경제가 작용하게 되고 단위생산원가는 훨씬 저렴하게 되어, 매출액이 증가할 때, 종전의 소규모 생산 시설을 유지할 때보다 영업이익의 증가 폭이 더 커지기 때문이다. 반대로 매출액이 감소할 때에는 영업고정비의 부담이 증가하여 영업이익의 감소 폭이 더 커진다. 이와 같은 원리에 의해서 영업고정비가 증가하면 영업레버리지 효과가 발생하는 것이다.

이렇게 영업고정비가 증가할수록 매출액의 변동에 따른 영업이익의 변동 폭이 확대된다는 사실은 기업의 의사결정과 관련하여 다음과 같은 점을 시사한다. 첫째, 사업 전망과 관련지어 영업레버리지 효과를 평가해야 한다는 점이다. 사업 전망이 밝은 기업이 영업레버리지도가 높으면 이익의 확대를 기대할 수 있지만, 사업 전망이 흐린 기업이 영업레버리지도가 높으면 손실이 확대될 수 있다. 둘째, 시설 투자 혹은 생산 방식의 전환은 기업의 자산 구조를 변화시키고, 이에 따라 비용 구조를 변화시킨다. 즉 이와 같은 의사결정의 문제는 영업레버리지 효과의 변화를 가져와 영업위험을 변화시킨다. 따라서 영업고정비를 증가시키는 이와 같은 의사결정에는 기업의 영업이익과 영업위험에 미치는 영향이 충분히 고려되어야 한다는 것이다.

1

위 글을 통해 답을 찾을 수 없는 질문은?

① 기업의 시설 투자는 영업비에 어떠한 영향을 미치는가?

② 기업의 경영활동을 통해 발생되는 비용은 어떻게 분류할 수 있는가?

③ 기업이 비유동자산을 용이하게 현금화할 수 없는 이유는 무엇인가?

④ 기업의 영업이익에 대한 공헌이익은 사업 전망과 어떤 관계를 맺고 있는가?

⑤ 기업의 생산 규모 확대가 매출액의 증감에 따라 영업이익에 미치는 영향은 무엇인가?

2

㉠에 대한 이해로 가장 적절한 것은?

① 기업이 소모품비를 많이 사용할수록 영업레버리지도는 점점 감소한다.

② 기업이 영업위험의 감소를 위해 비유동자산을 처분하면 영업레버리지도는 감소한다.

③ 기업의 생산 시설을 확장하여 생산 규모가 커지면 영업레버리지도는 이전과 동일하게 유지된다.

④ 기업의 투자 정책을 판단하기 위해 단위생산원가를 측정하는 도구인 영업레버리지도를 활용한다.

⑤ 기업의 영업이익과 공헌이익이 같을 때의 영업레버리지도에 따르면 영업레버리지 효과는 증가한다.

　과거 수도 시설이 보편화되기 이전에는 가정마다 수동 펌프로 물을 끌어올려 사용했는데, 펌프질만으로는 물을 끌어올리기 어려워 물 한 바가지를 넣어 펌프질을 했다. 이때 펌프에서 물이 나오게끔 도움을 주는 소량의 물이 바로 마중물이다. 이렇게 마중물과 같이 작은 자극이 원인이 되어 더 큰 효과를 일으키는 것을 마중물 효과라 한다.

　처음 정부의 마중물 효과는 경제 불황의 극복을 위해 일시적으로 재정 지출을 확대하거나 재정 수입을 감소하는 등의 자극을 주어 경제 활동을 활성화시켜 침체된 경기가 회복되도록 하는 것이었다. 이런 마중물 효과는 정부의 경제 활성화 정책을 넘어 장학 사업 같은 사회사업 분야 및 기업의 마케팅 활동 등 우리 생활 전반에까지 그 영역이 확대되었다. 특히 기업은 마중물 효과를 마케팅 전략으로 활발히 사용하게 되었다.

　기업이 마중물 효과를 통해 도달해야 하는 목표는 단순한 단기간의 이윤 증대가 아니다. 기업은 다양한 종류의 마중물을 이용해 타사 제품에 비해 자사 제품이 가지고 있는 제품의 가치를 홍보하여 자사 제품에 대한 소비자의 긍정적 평가를 높이려 한다. 이를 바탕으로 마중물의 제공이 중단되더라도 소비자의 꾸준한 구매를 통해 기업의 이익이 장기적으로 지속되도록 하는 것이 마중물을 활용한 마케팅의 궁극적인 목표이자 마중물 효과이다. 그래서 기업은 적지 않은 자금을 투입하여 제품 체험 행사, 1개를 사면 1개를 더 주는 덤 마케팅, 대형 마트의 시식 행사, 할인 쿠폰 제공 등 다양한 형태의 마중물로 소비자의 구매를 유도한다. 이때 소비자가 마중물을 힘들이지 않고 거저 얻은 것으로 생각하여, 지나친 소비 활동을 하는 공돈 효과*를 일으킨다면 기업은 더 큰 이윤 창출을 기대할 수도 있다.

　하지만 기업의 마중물 마케팅이 항상 성공적인 결과를 얻는 것은 아니다. 기업의 의도가 소비자에게 제대로 전달되지 못하여 마중물을 제공하지 않자 제품에 대한 구매가 원상태로 돌아가거나 오히려 하락했다면, 마중물 효과는 단지 광고나 판매 촉진 활동과 같은 일시적인 매출 증대 행위에 그칠 수밖에 없다. 또한 마중물에 투입한 비용이 과도하여 매출은 증가하였지만 이윤이 남지 않는 경우와, 마중물을 투입하였는데도 기업의 매출에 변화가 없어서 오히려 기업의 이윤이 감소하는 경우가 있다. 뿐만 아니라 마중물이 일반 소비자들에게 골고루 혜택을 주지 못하고 일부 체리피커*들에게 독점된다면 기업의 이윤 창출은 더욱 어려워질 수도 있다.

　그러나 이런 위험을 알면서도 지금도 많은 기업에서는 소비자의 지갑이 열리기를 기대하며 다양한 마중물을 동원하여 이익을 극대화하는 데에 총력을 기울인다. 그러므로 소비자는 할인이나 끼워주기와 같은 기업의 조삼모사(朝三暮四)식 가격 정책에 흔들리기보다는 합리적인 소비를 해야 한다. 단순하게 마중물이 주는 혜택에 집중하기보다는 자신에게 꼭 필요한 상품을 꼭 필요한 만큼만 구매하려는 소비자의 현명한 선택이 필요한 것이다.

*공돈 효과: 기대하지 않았던 이익(공돈)을 얻게 되면 전보다 더 위험을 감수하려는 현상.
*체리피커: 상품의 구매 실적은 낮으면서 제공되는 다양한 부가 혜택이나 서비스를 최대한 활용하는 소비자.

1

위 글의 집필 의도로 가장 적절한 것은?

① 대상에 대한 통념의 반박을 통해 기업의 의식 개선을 유도하기 위해
② 효과적인 마케팅 방법의 안내를 통해 기업의 이익을 극대화 하기 위해
③ 마중물 효과 이론의 변천사를 구체적 사례 제시를 통해 설명하기 위해
④ 다양한 경제 현상의 소개를 통해 경제 활동의 부작용에 대한 소비자의 관심을 촉구하기 위해
⑤ 대상이 지닌 특성에 대한 설명을 통해 소비자가 갖추어야 할 바람직한 태도를 당부하기 위해

2

위 글을 이해한 내용으로 가장 적절한 것은?

① 마중물 효과는 기업의 마케팅 전략으로 처음 시작되었다.
② 마중물 효과로 기업이 이익을 높이는 데 체리피커들은 큰 기여를 한다.
③ 마중물로 제공되는 혜택이 크면 클수록 마중물 효과는 더욱 잘 일어난다.
④ 마중물 효과는 상품 구매에 대한 소비자의 심리 변화를 기반으로 발생한다.
⑤ 마중물 마케팅을 실시하는 기업의 최종 목표는 소비자의 현명한 소비를 촉구하는 것이다.

현대 사회의 기업들은 새로운 내부 조직을 만들거나 다른 기업과 합병하는 등의 방식을 통해 기업의 규모를 변화시키기도 한다. 신제도학파에서는 기업들의 이러한 규모 변화를 거래비용이라는 개념으로 설명하는데, 이를 거래비용이론이라고 한다.

거래비용이론에서 말하는 거래비용이란 재화를 생산하는 데 드는 생산비용을 제외한, 경제 주체들이 재화를 거래하는 과정에서 발생하는 모든 비용을 말한다. 즉 경제 주체가 거래 의사와 능력을 가진 상대방을 탐색하는 과정, 가격이나 교환 조건을 상대방과 협상하여 계약을 하는 과정, 또 계약 후 계약 이행 여부를 확인하고 강제하는 과정 등에서 발생하는 비용을 거래비용이라고 할 수 있다.

거래비용이론에서는 기업은 시장에서 재화를 거래할 때 발생하는 거래비용인 '시장거래비용'을 줄이기 위해, 재화를 자체적으로 생산하는 것에 대해 고려하게 된다고 보았다. 이런 상황에서 기업이 새로운 내부 조직을 만들거나 다른 기업을 합병하여 내부 조직으로 흡수하는 등의 방법을 통해 거래를 내부화하면 기업의 조직 내에서도 거래가 일어나게 된다. 그 결과 거래비용이 발생하게 되고, 이를 '조직내거래비용'이라고 한다. 이때 시장거래비용과 조직내거래비용을 합친 것을 '총거래비용'이라고 하며, 기업은 총거래비용을 고려하여 기업의 규모를 결정하게 된다.

예를 들어 어떤 제품을 생산하는 기업을 가정해 보자. 이 기업에서는 시장거래를 통해 다른 기업으로부터 모든 부품을 조달하여 제품을 생산할 수도 있고, 반대로 기업 내부적으로 모든 부품을 제조하여 제품을 생산할 수도 있다. 만약 이 기업이 다른 기업과의 시장거래를 통해 모든 부품을 조달한다면 조직내거래비용은 발생하지 않고, 시장거래비용만 발생하게 될 것이다. 이런 상황에서 기업은 시장거래비용을 줄이기 위해 시장거래에서 조달하던 부품의 일부를 기업 내에서 생산하려 할 것이다. 이렇게 기업이 부품을 자체 생산하여 내부 거래를 증가시키면 시장거래비용은 감소하지만, 조직내거래비용은 증가하게 된다. 이때 기업은 총거래비용이 최소가 되는 지점까지 내부 조직의 규모를 확대하여 부품을 자체 생산할 수 있고, 이 지점이 바로 기업의 최적규모라고 할 수 있다.

그렇다면 거래비용이 발생하는 요인은 무엇일까? 거래비용이론에서는 이를 인간적 요인과 환경적 요인으로 나누어 설명한다. 인간적 요인에는 인간의 제한된 합리성과 기회주의적 속성이 있다. 먼저, 인간은 거래 상황 속에서 정보를 수집하고 처리할 때 완벽하게 합리적인 선택을 할 수 있는 존재는 아니라는 것이다. 다음으로 인간은 효용의 극대화를 위해 자신의 이익만을 추구하는 기회주의적 면모를 보일 가능성이 높다는 것이다. 이와 같은 인간적 요인으로 인해 거래 상황 속에서 인간은 완벽한 선택을 할 수 없고, 거래 상대를 전적으로 신뢰할 수는 없으므로 거래의 과정 속에서 거래비용이 발생하게 된다는 것이다.

환경적 요인에는 자산특수성과 정보의 불확실성 등이 있다. 먼저 자산특수성이란 다양한 거래 주체를 통해 일반적으로 구할 수 있는 자산이 아닌, 특정 거래 주체와의 거래에서만 높은 가치를 갖는 자산의 속성을 말한다. 따라서 특정 주체와의 거래에서는 높은 가치를 갖던 것이 다른 주체와의 거래에서는 가치가 하락하는 경우, 자산특수성이 높다고 할 수 있다. 이때 자산특수성이 높으면 경제 주체들은 기회주의적으로 행동할 가능성이 커질 수 있기 때문에 이를 보완하고자 다양한 안전장치를 마련하려 할 것이다. 이로 인해 거래비용은 더 높아질 수 있는 것이다. 다음으로 거래 상대의 정보를 확인할 수 없는 상황에서 거래 주체는 자신의 이익을 위해 정보를 공유하지 않을 가능성이 높다. 그렇기 때문에 일반적으로 정보가 불확실한 거래 상황일수록 거래 주체들은 상대의 정보를 알아내기 위한 노력을 할 것이고, 이로 인해 거래비용은 높아지게 된다.

1

위 글을 통해 알 수 있는 내용으로 적절하지 않은 것은?

① 거래비용의 종류
② 총거래비용의 개념
③ 시장거래비용을 줄이는 방법
④ 기업의 규모가 변화하는 이유
⑤ 기업 규모와 생산비용의 관계

2

거래비용이 발생하는 상황으로 적절하지 않은 것은?

① 도자기 장인이 직접 흙을 채취하여 도자기를 빚을 때
② 집을 구매하려는 사람이 집을 판매하는 사람을 탐색할 때
③ 가구를 생산하는 사람이 원목 판매자와 재료 값을 흥정할 때
④ 소비자가 인터넷을 설치하기 위해 통신사와 약정서를 작성할 때
⑤ 제과 업체가 계약대로 밀가루가 제대로 공급되고 있는지 확인할 때

2002년 월드컵 조별 예선에서 우리나라가 폴란드를 이기고 사상 처음 1승을 거두자 'Be the Reds'라고 새겨진 티셔츠 수요가 폭발했다. 하지만 실제 월드컵 기간 동안 불티나게 팔린 티셔츠로 수익을 본 업체는 모조품을 판매하는 업체와 이를 제조하는 업체였다. 오히려 정품을 생산해 대리점에서 판매하는 스포츠 브랜드 업체는 수익을 내지 못했다. 실제로 많은 브랜드 업체들은 월드컵 이후 수요가 폭락해 팔지 못한 재고로 난처했다. 도대체 왜 이런 상황이 벌어졌을까?

간단한 문제 같지만 이 현상은 요즘 경영에서 유행처럼 번지는 공급 사슬망 관리(Supply Chain Management, SCM)의 핵심을 설명해 줄 수 있는 사례이다. 공급 사슬망이란 상품의 흐름이 고리처럼 연결되어 있고, 이들의 상관관계 또한 서로 긴밀하게 연결되어 있는 것을 말한다.

이 현상의 원인을 설명하기 위해서는 공급 사슬망의 '채찍 효과(Bullwhip effect)'를 우선 이해해야 한다. 아기 기저귀라는 상품을 예로 들어보면, 상품 특성상 소비자 수요는 일정한데 소매점 및 도매점 주문 수요는 들쑥날쑥했다. 그리고 이러한 주문 변동폭은 '최종 소비자-소매점-도매점-제조업체-원자재 공급업체'로 이어지는 공급 사슬망에서 최종 소비자로부터 멀어질수록 더 증가하였다. 공급 사슬망에서 이와 같이 수요 변동폭이 확대되는 현상을 공급 사슬망의 '채찍 효과'라 한다. 이는 채찍을 휘두를 때 손잡이 부분을 작게 흔들어도 이 파동이 끝 쪽으로 갈수록 더 커지는 현상과 유사하기 때문에 붙여진 이름이다. 이런 변동폭은 유통업체나 제조업체 모두 반길 만한 사항이 아니다. 왜냐하면 늘 수요가 일정하면 이를 기준으로 생산이나 마케팅의 자원을 적절히 분배하여 계획하고 효율적으로 운영할 수 있지만, 변동폭이 크면 계획이나 운영을 원활하게 수행하기 어렵기 때문이다.

그렇다면 이런 채찍 효과가 생기는 이유는 무엇일까? 여러 가지 이유가 있지만 첫 번째는 수요의 왜곡이다. 소비자의 수요가 갑자기 늘면 소매점은 앞으로 수요 증가를 기대하는 심리로 기존 주문량보다 더 많은 양을 도매점에 주문하게 된다. 그리고 도매점도 같은 이유로 소매점 주문량보다 더 많은 양을 제조업체에 주문한다. 즉, 공급 사슬망에서 최종 소비자로부터 멀어질수록 점점 더 심하게 왜곡되는 현상이 발생하는 것이다. 이러한 왜곡 현상은 공급자가 시장에서 제한적일 때 더 크게 발생한다. 즉 공급자가 한정된 상황에서는 더 많은 양을 주문해야 제품을 공급받기가 수월하기 때문이다. 티셔츠를 공급하는 제조업체에서 물량이 한정돼 있으면 한꺼번에 많은 양을 주문하는 도매업체에게 우선권을 주는 것은 당연하다. 결국 물건을 공급받기 위해서 업체들은 경쟁적으로 더 많은 주문을 해 공급을 보장받으려 한다. 결국 '수요의 왜곡'이 발생한다.

채찍 효과가 일어나는 두 번째 이유는 공급 사슬망에서 최종 소비자로부터 멀어질수록 대량 주문 방식을 요하기 때문이다. 예를 들면 소비자는 소매점에서 물건을 한두 개 단위로 구입하지만 소매점은 도매상에서 물건을 박스 단위로 주문한다. 그리고 다시 도매점은 제조업체에 트럭 단위로 주문을 한다. 이처럼 최종 소비자로부터 멀어질수록 기본 주문 단위가 커진다. 그런데 이렇게 주문 단위가 커질수록 재고량이 증가하게 되고, 재고량 증가는 변화에 민첩하게 대응하지 못하게 하는 원인이 된다.

채찍 효과의 세 번째 원인은 주문 발주에서 도착까지의 발주 실행 시간에 의한 시차 때문이다. 물건을 주문했다고 바로 물건이 도착하지 않는다. 주문을 처리하고 물류가 이동하는 시간이 있기 때문이다. 그런데 문제는 각 공급 사슬망 주체의 발주 실행 시간이 저마다 다르다는 데에 있다. 예를 들어 소매점이 도매점으로 주문을 했을 때 물건을 받기까지 걸리는 시간이 3~4일 정도라면, 도매점이 제조업체에 주문을 했을 때 물건을 받기까지는 몇 주 정도가 걸릴 수도 있다. 즉 최종 소비자로부터 멀어질수록 이런 물류 이동 시간이 증가하게 된다. 그리고 이처럼 발주 실행 시간이 길어지면 주문량이 많아지고, 이는 재고량 증가로 이어질 수 있다.

공급 사슬망에서 채찍 효과로 인해 발생하는 재고는 기업 입장에서는 큰 부담이 될 수 있다. 왜냐하면 재고를 쌓아둘 공간을 마련하거나 재고를 손상 없이 관리하는 데 큰 비용이 들기 때문이다. 그러므로 공급 사슬망에서 각 주체들 간에 수요와 공급 정보를 공유함으로써 불필요한 재고를 줄여야 한다.

1

위 글에 대한 설명으로 적절한 것은?

① 사회 현상과 관련된 이론의 문제점을 지적하고 있다.

② 사회 현상의 발생 원인을 관련 개념을 통해 설명하고 있다.

③ 사회 현상과 관련된 원인을 역사적 변천 과정에 따라 설명하고 있다.

④ 사회 현상의 원인에 대한 대립적 의견들을 소개하고 그 공통점과 차이점을 설명하고 있다.

⑤ 사회 현상의 원인을 파악하기 위해 가설을 설정하고 실험을 통해 그 타당성을 검증하고 있다.

2

위 글에 대한 이해로 적절하지 않은 것은?

① 주문 변동폭은 원자재 공급업체에 가까워질수록 커진다.

② 소비자의 수요가 일정한 상품에서는 채찍 효과가 나타나지 않는다.

③ 주문 변동폭이 클수록 유통업체와 제조업체의 계획이나 운영에 어려움이 생긴다.

④ 물건의 기본 주문 단위가 커질수록 재고량이 증가하고 변화에 민첩하게 대처하지 못한다.

⑤ 주문하고 바로 물건을 받을 수 없는 이유는 주문 처리 시간과 물류 이동 시간이 있기 때문이다.

기업은 제품의 판매량을 늘리기 위해 소비자의 만족도가 높은 제품을 시장에 내놓으려고 한다. 이때 기업은 마케팅 전략을 선택하여 사용하는데, 마케팅 전략 자체의 이론적 결함이 없어 보임에도 불구하고 어느 시점부터 판매량이 늘지 않는 경우가 있다. 그렇다면 왜 이런 현상이 생기며, 나아가 기업들이 마케팅 전략을 어떻게 세워야 하는가에 대한 의문이 생긴다. 이 문제에 대한 해답을 '제품 확장'과 '역포지셔닝 브랜드'라는 마케팅 전략을 중심으로 생각해 보자.

'제품 확장'은 기존 제품의 특성을 강화하거나 새로운 기능을 추가하여 판매량을 증가시키는 전략이다. 이렇게 출시된 제품은 기존의 제품과 차별화되기에 소비자의 만족도가 높아 판매량을 증가시킬 수 있다. 하지만 제품 확장 방법은 일시적이어서 어느 정도 판매량을 증가시킬 수 있지만 지속적이지 못하다.

예를 들어 경쟁 기업들과 모든 기능이 동일한 등산복 20만 벌을 판매하던 A 기업이 있다고 가정하자. 그런데 A 기업이 새롭게 땀을 원활하게 배출할 수 있는 기능을 가진 등산복을 만든다. 새로운 등산복에 대한 소비자들의 만족도는 판매량 증가로 이어져 A 기업은 그 해에 25만 벌을 판매한다. 하지만 얼마 가지 않아 경쟁 기업들도 동일한 기능을 가진 등산복을 만들어 낸다. 그러면 A 기업의 등산복에 대한 소비자들의 만족도가 낮아져 판매량은 줄어든다. 이에 A 기업은 판매량을 늘리기 위해 또다시 다른 기능을 추가한 등산복을 만들어 내려고 할 것이다. 그러면 다시 A 기업의 등산복 판매량은 늘어나겠지만, 곧 경쟁 기업들 역시 동일한 기능을 가진 등산복을 만들어 낼 것이다. 따라서 길게 보면 이러한 과정이 반복되면서 결국 등산복 개발 비용이 상승하여 등산복 가격만 올라갈 뿐 판매량의 증가로는 이어지지 않을 것이다.

반면에 ㉠'역포지셔닝 브랜드'는 소비자들이 기본적이라고 여겨온 기능들을 과감히 삭제함과 동시에 매우 독창적인 기능을 추가하는 전략이다. 이 전략은 소비자들이 기대하지 못했던 기능을 추가했기에 만족도가 그만큼 높아 제품의 판매량도 상당히 증가시킬 수 있다. 2000년 당시 미국의 항공사들은 무료 기내식, 비즈니스 클래스, 왕복 티켓 할인 등의 다양한 서비스를 실시하였고 소비자들 역시 이를 당연한 것으로 받아들이고 있었다. 그런데 ○○ 항공은 이러한 서비스를 모두 없애버림과 동시에 전 좌석 최고급 가죽 시트, 개인용 LCD 등의 서비스를 제공했다. 이러한 서비스는 당시로서는 매우 획기적이어서 소비자들의 만족도는 매우 높았고 이용 승객들을 이전보다 많이 늘릴 수 있었다.

하지만 역포지셔닝 브랜드를 사용하여 성공했다고 할지라도 다른 경쟁 기업이 따라한다면, ㉡결국 모든 기업이 동일한 기능을 가진 제품을 판매하는 상황이 되어 기대한 효과를 얻을 수 없다. 결국 마케팅 전략에서 가장 중요한 사항은 어느 한쪽의 전략만을 고집해서는 안 된다는 것이다. 소비자의 심리를 잘 파악하여 그때그때 바뀌는 소비자의 만족도를 높일 수 있는 전략을 선택적으로 사용하는 것이 필요하다.

1

㉠의 사례로 적절한 것은?

① △△기업은 차별성이 없었던 디저트 메뉴를 없애는 대신 손님 개개인의 취향에 맞춘 개별적인 주 메뉴를 만들어 내었다.

② ㅁㅁ기업은 유통망을 거치지 않고 소비자들로부터 전자 제품을 직접 주문 받아 싸게 판매하였다.

③ ☆☆기업은 기존 세제에 정전기를 방지하는 성분을 추가한 세제를 출시하였다.

④ ◇◇기업은 자동차 판매를 늘리기 위해 언론 매체에 대대적인 광고를 하였다.

⑤ ▽▽기업은 기존 음료에 근육 강화 기능을 첨가한 음료를 출시하였다.

2

㉡의 이유로 가장 적절한 것은?

① 제품의 가격이 하락했기 때문이다.

② 전략 자체의 이론적 결함 때문이다.

③ 소비자의 만족도가 떨어지기 때문이다.

④ 기존의 기본적인 기능들을 지나치게 없앴기 때문이다.

⑤ 경쟁 기업이 다른 제품에는 없는 새로운 기능을 갖추었기 때문이다.

광고에서 소비자의 눈길을 확실하게 사로잡을 수 있는 요소는 유명인 모델이다. 일부 유명인들은 여러 상품의 광고에 중복하여 출연하고 있는데, 이는 광고계에서 관행으로 되어 있고, 소비자들도 이를 당연하게 여기고 있다. 그러나 유명인의 중복 출연은 과연 높은 광고 효과를 보장할 수 있을까? 유명인이 중복 출연하는 광고의 효과를 점검해 볼 필요가 있다.

어떤 모델이든지 상품의 특성에 적합한 이미지를 갖는 인물이어야 광고 효과가 제대로 나타날 수 있다. 예를 들어, 자동차, 카메라, 공기 청정기, 치약과 같은 상품의 경우에는 자체의 성능이나 효능이 중요하므로 대체로 전문성과 신뢰성을 갖춘 모델이 적합하다. 이와 달리 상품이 주는 감성적인 느낌이 중요한 보석, 초콜릿, 여행 등과 같은 상품은 매력성과 친근성을 갖춘 모델이 잘 어울린다. 그런데 유명인이 그들의 이미지에 상관없이 여러 유형의 상품 광고에 출연하면 모델의 이미지와 상품의 특성이 어울리지 않는 경우가 많아 광고 효과가 나타나지 않을 수 있다.

유명인의 중복 출연이 소비자가 모델을 상품과 연결시켜 기억하기 어렵게 한다는 점도 광고 효과에 부정적인 영향을 미친다. 유명인의 이미지가 여러 상품으로 분산되면 광고 모델과 상품 간의 결합력이 약해질 것이다. 이는 유명인 광고 모델의 긍정적인 이미지를 광고 상품에 전이하여 얻을 수 있는 광고 효과를 기대하기 어렵게 만든다.

또한 유명인의 중복 출연 광고는 광고 메시지에 대한 신뢰를 얻기 힘들다. 유명인 광고 모델이 여러 광고에 중복하여 출연하면, 그 모델이 경제적인 이익만을 추구한다는 이미지가 소비자에게 강하게 각인된다. 그러면 소비자들은 유명인 광고 모델의 진실성을 의심하게 되어 광고 메시지가 객관성을 결여하고 있다고 생각하게 될 것이다.

유명인 모델의 광고 효과를 높이기 위해서는 유명인이 자신과 잘 어울리는 한 상품의 광고에만 지속적으로 나오는 것이 좋다. 이렇게 할 경우 상품의 인지도가 높아지고, 상품을 기억하기 쉬워지며, 광고 메시지에 대한 신뢰도가 제고된다. 유명인의 유명세가 상품에 전이되고 소비자가 유명인이 진실하다고 믿게 되기 때문이다.

여러 광고에 중복 출연하는 유명인이 많아질수록 외견상으로는 중복 출연이 광고 매출을 증대시켜 광고 산업이 활성화되는 것으로 보일 수 있다. 하지만 모델의 중복 출연으로 광고 효과가 제대로 나타나지 않으면 광고비가 과다 지출되어 결국 광고주와 소비자의 경제적인 부담으로 이어진다. 유명인을 비롯한 광고 모델의 적절한 선정이 요구되는 이유가 여기에 있다.

1

위 글의 논지 전개 방식으로 가장 적절한 것은?

① 현상의 원인을 분석하여 다양한 해결책을 제시하고 있다.

② 유사한 사례를 비교하여 공통점과 차이점을 부각하고 있다.

③ 자료를 활용하여 이론을 정립한 후 구체적 사례에 적용하고 있다.

④ 대립되는 이론을 절충하여 새로운 이론의 가능성을 탐색하고 있다.

⑤ 통념에 대한 의문을 제기하고 근거를 들어가며 주장을 펼치고 있다.

2

위 글의 핵심 주장에 대한 반론의 근거로 가장 적절한 것은?

① 신문, 잡지, 텔레비전 등 광고를 전달하는 매체가 광고하는 상품의 특성에 적합해야 광고 효과가 극대화된다는 연구 결과가 있다.

② 유명인을 등장시킨 광고의 효과가 기대 이하여서 광고 횟수를 지속적으로 늘렸으나 광고 효과의 상승으로 이어지지 않은 사례가 있다.

③ 유명인 광고 모델이 현실에서의 비리나 추문으로 부정적인 이미지를 갖게 되면 광고하는 상품의 매출에도 영향을 미치는 사례가 있다.

④ 광고를 많이 하는 특정 상품에 대해 유명인 모델이 등장하는 광고와 일반인 모델이 등장하는 광고를 동시에 할 경우 광고의 효과가 커졌다는 사례가 있다.

⑤ 특정 상품과 관련하여 유명인이 등장하는 광고를 자주 하면, 그 유명인이 등장하는 다른 상품들의 광고는 상대적으로 광고 횟수가 적어도 효과는 커진다는 연구 결과가 있다.

　'옵션(option)'이라면 금융 상품을 떠올리기 쉽지만, 알고 보면 우리 주위에는 옵션의 성격을 갖는 현상이 참 많다. 옵션의 특성을 잘 이해하면 위험과 관련된 경제 현상을 이해하는 데 큰 도움이 된다. 옵션은 '미래의 일정한 시기(행사 시기)에 미리 정해진 가격(행사 가격)으로 어떤 상품(기초 자산)을 사거나 팔 수 있는 권리'로 정의된다.

　역사에 등장하는 최초의 옵션은 고대 그리스 시대로 거슬러 올라간다. 기하학의 아버지로 우리에게 친숙한 탈레스는 올리브유 압착기에 대한 옵션을 개발했다고 전해진다. 당시 사람들은 올리브에서 기름을 얻기 위해서 돈을 주고 압착기를 빌려야 했다. 탈레스는 파종기에 미리 조금의 돈을 주고 수확기에 일정한 임대료로 압착기를 빌릴 수 있는 권리를 사 두었다. 만약 올리브가 풍작이면 압착기를 빌리려는 사람이 많아져서 임대료가 상승할 것이다. 이렇게 되면 탈레스는 파종기에 계약한 임대료로 압착기를 빌려서, 수확기에 새로 형성된 임대료로 사람들에게 빌려줌으로써 큰 이윤을 남길 수 있다. 하지만 ㉠흉작이면 압착기를 빌릴 권리를 포기하면 된다. 탈레스가 파종기에 계약을 통해 사 둔 권리는 그 성격상 '살 권리'라는 옵션임을 알 수 있다.

　이처럼 상황에 따라 유리하면 행사하고 불리하면 포기할 수 있는 선택권이라는 성격 때문에 옵션은 수익의 비대칭성을 낳는다. 즉, 미래에 기초 자산의 가격이 유리한 방향으로 변화하면 옵션을 구입한 사람의 수익이 늘어나게 해 주지만, 불리한 방향으로 변화해도 그의 손실이 일정한 수준을 넘지 않도록 보장해 주는 것이다. 따라서 이 권리를 사기 위해 지급하는 돈, 즉 '옵션 프리미엄'은 이러한 보장을 제공 받기 위해 치르는 비용인 것이다.

　옵션 가운데 주식을 기초 자산으로 하는 주식 옵션의 사례를 살펴보면 옵션의 성격을 이해하기가 한층 더 쉽다. 가령, 2년 후에 어떤 회사의 주식을 한 주당 1만 원에 살 수 있는 권리를 지금 1천 원에 샀다고 하자. 2년 후에 그 회사의 주식 가격이 1만 원을 넘으면 이 옵션을 가진 사람으로서는 옵션을 행사하는 것이 유리하다. 만약 1만 5천 원이라면 1만 원에 사서 5천 원의 차익을 얻게 되므로 옵션 구입 가격 1천 원을 제하면 수익은 주당 4천 원이 된다. 하지만 1만 원에 못 미칠 경우에는 옵션을 포기하면 되므로 손실은 1천 원에 그친다.

　여기서 주식 옵션을 가진 사람의 수익이 기초 자산인 주식의 가격 변화에 의존함을 확인할 수 있다. 회사가 경영자에게 주식 옵션을 유인책으로 지급하는 것은 바로 이 때문이다. 이 경우에는 옵션 프리미엄이 없다고 생각하기 쉽지만, 경영자가 옵션을 지급 받는 대신 포기한 현금을 옵션 프리미엄으로 볼 수 있다.

　수익의 비대칭성으로 인해 옵션은 적은 돈으로 기초 자산의 가격 변동에 대응할 수 있게 해 준다. 이 때문에 옵션은 미래의 불확실성에 대처하게 해 주는 위험 관리 수단이 될 수 있다. 하지만 옵션 보유자가 기초 자산의 가격에 영향을 미칠 수 있는 경우, 옵션은 보유자로 하여금 더 큰 위험을 선택하도록 부추기는 측면도 있다. 예컨대 주식을 살 권리를 가진 경영자의 경우에는 기초 자산의 가격을 많이 올릴 가능성이 큰 사업을 선택할 유인이 크지만, 그런 사업일수록 가격을 많이 하락시킬 확률도 높기 때문이다. 옵션의 이러한 특성을 이해하는 것은 주주와 경영자의 행동을 비롯하여 다양한 경제 현상을 이해하는 데 무척 중요하다.

1

위 글의 내용과 일치하는 것은?

① 주식 옵션은 매매될 수 없다.

② 옵션은 반드시 행사해야 하는 권리는 아니다.

③ 옵션의 행사 가격은 행사 시기에 가서 정해진다.

④ 주식 이외의 자산을 기초 자산으로 하는 옵션은 없다.

⑤ 옵션 프리미엄은 옵션을 행사한 후에 얻게 되는 이득이다.

2

㉠의 이유로 적절한 것은?

① 압착기의 기능이 떨어지기 때문에

② 압착기를 빌리기 힘들어지기 때문에

③ 압착기에 대한 수요가 늘어나기 때문에

④ 압착기 임대 계약금을 돌려받기 쉬워지기 때문에

⑤ 압착기의 임대료가 계약한 수준보다 낮아지기 때문에

기업은 근로자에게 제공하는 보상에 비해 근로자가 더 많이 노력하기를 바라는 반면, 근로자는 자신이 노력한 것에 비해 기업으로부터 더 많은 보상을 받기를 바란다. 이처럼 기업과 근로자 간의 이해가 상충되는 문제를 완화하기 위해 근로자가 받는 보상에 근로자의 노력이 반영되도록 하는 약속이 인센티브 계약이다. 인센티브 계약에는 명시적 계약과 암묵적 계약을 이용하는 두 가지 방식이 존재한다.

명시적 계약은 법원과 같은 제3자에 의해 강제되는 약속이므로 객관적으로 확인할 수 있는 조건에 기초해야 한다. 근로자의 노력은 객관적으로 확인할 수 없기 때문에, 노력 대신에 노력의 결과인 성과에 기초하여 근로자에게 보상하는 약속이 명시적인 인센티브 계약이다. 이 계약은 근로자로 하여금 자신의 노력을 증가시키도록 하는 매우 강력한 동기를 부여한다. 가령, 근로자에 대한 보상 체계가 '고정급 + $\alpha \times$ 성과'($0 \leq \alpha \leq 1$)라고 할 때, 인센티브 강도를 나타내는 α가 커질수록 근로자는 고정급에 따른 기본 노력 외에도 성과급에 따른 추가적인 노력을 더하게 될 것이다. 왜냐하면 기본 노력과 달리 추가적인 노력에 따른 성과는 α가 커질수록 더 많은 몫을 자신이 갖게 되기 때문이다. 따라서 α를 늘리면 근로자의 노력 수준이 증가함에 따라 추가적인 성과가 더욱 늘어나, 추가적인 성과 가운데 많은 몫을 근로자에게 주더라도 기업의 이윤은 늘어난다.

그러나 명시적인 인센티브 계약이 갖고 있는 두 가지 문제점으로 인해 α가 커짐에 따라 기업의 이윤이 감소하기도 한다. 첫째, 명시적인 인센티브 계약은 근로자의 소득을 불확실하게 만든다. 왜냐하면 근로자의 성과는 근로자의 노력뿐만 아니라 작업 상황이나 여건, 운 등과 같은 우연적인 요인들에 의해서도 영향을 받기 때문이다. 그런데 소득이 불확실해지는 것을 근로자가 받아들이도록 하기 위해서 기업은 근로자에게 위험 프리미엄 성격의 추가적인 보상을 지불해야 한다. 따라서 α가 커지면 기업이 근로자에게 지불해야 하는 보상이 늘어나 기업의 이윤이 줄기도 한다. 둘째, 명시적인 인센티브 계약은 근로자들이 보상을 잘 받기 위한 노력에 치중하도록 하는 인센티브 왜곡 문제를 발생시킨다. 성과 가운데에는 측정하기 쉬운 것도 있지만 그렇지 않은 것도 있기 때문이다. 중요하지만 성과 측정이 어려워 충분히 보상받지 못하는 업무를 근로자들이 등한시하게 되면 기업 전체의 성과에 해로운 결과를 초래하게 된다. 따라서 α가 커지면 인센티브를 왜곡하는 문제가 악화되어 기업의 이윤이 줄기도 하는 것이다.

합당한 성과 측정 지표를 찾기 힘들고 인센티브 왜곡의 문제가 중요한 경우에는 암묵적인 인센티브 계약이 더 효과적일 수 있다. 암묵적인 인센티브 계약은 성과와 상관없이 근로자의 노력에 대한 주관적인 평가에 기초하여 보너스, 복지 혜택, 승진 등의 형태로 근로자에게 보상하는 것이다. 암묵적 계약은 법이 보호할 수 있는 계약을 실제로 맺는 것이 아니다. 상대방과 협력 관계를 계속 유지하는 것이 장기적으로 이익일 경우에 자발적으로 상대방의 기대에 부응하도록 행동하는 것을 계약의 이행으로 본다. 물론 어느 한쪽이 상대방의 기대를 저버림으로써 얻게 되는 단기적 이익이 크다고 생각하여 협력 관계를 끊더라도 법적으로 이를 못하도록 강제할 방법은 없다. 하지만 상대방의 신뢰를 잃게 되면 그때부터 상대방의 자발적인 협력을 기대할 수 없게 된다. 따라서 암묵적인 인센티브 계약에 의존할 때에는 기업의 평가와 보상이 공정하다고 근로자가 신뢰하도록 만드는 것이 중요하다.

1

위 글에 대한 이해로 적절하지 않은 것은?

① 기업과 근로자 사이의 이해 상충은 근로자의 노력을 반영하는 보상을 통해 완화할 수 있다.

② 법이 보호할 수 있는 인센티브 계약에 의해 근로자의 노력을 늘리려는 것이 오히려 기업에 해가 되는 경우가 있다.

③ 명시적 인센티브 계약에서 노력의 결과인 성과에 기초하는 것은 노력 자체를 객관적으로 확인할 수 없기 때문이다.

④ 합당한 성과 측정 지표를 찾기 힘들 경우에는 객관적 평가보다 주관적 평가에 기초한 보상이 더 효과적일 수 있다.

⑤ 성과를 측정하기 어려운 업무에 종사하는 근로자에 대한 보상에서는 명시적인 인센티브의 강도가 높은 것이 효과적이다.

2

위 글에 근거할 때, 〈보기〉의 ⓐ, ⓑ, ⓒ에 들어갈 내용을 바르게 짝지은 것은?

〈보기〉

가. 명시적인 인센티브 계약이 성과를 늘리기 위한 근로자의 노력을 더욱 늘어나게 하는 효과만 생각한다면, α가 커질수록 기업의 이윤은 (ⓐ)한다.

나. 명시적인 인센티브 계약이 근로자의 소득을 더욱 불확실해지게 하는 효과만 생각한다면, α가 커질수록 기업의 이윤은 (ⓑ)한다.

다. 명시적인 인센티브 계약이 근로자의 인센티브 왜곡을 더욱 커지게 하는 효과만 생각한다면, α가 커질수록 기업의 이윤은 (ⓒ)한다.

① ⓐ증가, ⓑ감소, ⓒ감소　　② ⓐ증가, ⓑ증가, ⓒ감소　　③ ⓐ증가, ⓑ감소, ⓒ증가

④ ⓐ감소, ⓑ증가, ⓒ증가　　⑤ ⓐ감소, ⓑ증가, ⓒ감소

　　근로자란 직업의 종류를 불문하고 사업장에서 임금을 받을 목적으로 일하는 사람을 의미한다. 정규직 근로자에서부터 단시간 근로자 즉 아르바이트까지 근로자에 포함된다. 그런데 단시간 근로자의 경우 법적으로는 엄연한 근로자이면서도 여러 가지 이유에서 법적인 보호에서 벗어나 있는 경우가 많다.

　　사업주가 근로자를 채용할 경우에는 근로 조건을 명시(明示)한 근로 계약서를 작성해야 한다. 근로 계약이란 근로자가 근로 조건에 대해서 사업주와 약속하는 것을 말한다. 이러한 약속은 구두로 하기보다는 나중에 문제가 생겼을 때를 대비하여 반드시 문서로 작성해야 한다. 근로 계약서에는 일을 하기로 한 기간, 일할 장소, 해야 할 일, 하루에 일해야 하는 시간과 쉬는 시간, 쉬는 날, 임금과 임금을 받는 날 등 중요한 내용이 반드시 나타나 있어야 한다. 근로 계약서는 사업주와 근로자 본인이 작성해야 하며, 다른 사람이 대신할 수는 없다. 또 1일 근로 시간이 4시간인 경우에는 30분 이상, 8시간인 경우에는 1시간 이상의 쉬는 시간이 주어져야 하고, 1주간의 정해진 근로 일수대로 일한 근로자에게는 1주에 1일의 유급 주휴일이 보장되어야 한다. 4인 이하의 사업장을 제외하고는 휴일에 근무할 경우 임금의 50%를 가산(加算)하여 받을 수 있으며, 1년간 정해진 근로 일수에 따라 성실히 근무한 경우에는 연차 유급 휴가를 보장받을 수 있다. 다만 1주간의 정해진 근로 시간이 15시간 미만일 경우에는 퇴직금, 유급 주휴일, 연차 휴가 규정이 적용되지 않는다. 만약 사업주가 근로 계약서 작성을 거부할 경우 신고할 수 있으며, 이 경우 사업주는 500만 원 이하의 벌금형을 받을 수 있다. 사업주가 근로 계약서를 작성하고 근로자에게 이를 교부(交附)하지 않았을 경우에도 처벌 대상이 된다.

　　모든 근로자는 최저임금법에서 정한 최저임금 이상의 임금을 받을 권리가 있다. 보호자의 동의를 얻어 일을 하는 만 18세 미만의 연소 근로자도 동일한 적용을 받는다. 근로자로 채용된 이후에 기업의 필요에 따라 교육이나 연수를 받고 있는 수습 근로자의 경우, 일하기 시작한 날부터 3개월 이내에는 최저임금의 90%를, 3개월이 지나면 최저임금 전액을 지급받아야 한다. 하지만 단순노무직 근로자이거나 계약 기간이 1년 미만인 근로자의 경우에는 수습 기간에도 100% 임금을 지급받아야 한다. 만약 사업주가 최저임금 미만의 임금을 지급할 경우에는 최저임금법 제28조에 의해 3년 이하의 징역 또는 2,000만 원 이하의 벌금형에 처해질 수 있다.

　　임금은 '정기적으로', '해당 근로자에게 직접', '전액을', '현금으로' 지급해야 한다. 임금은 일, 주, 월 단위로 지급할 수 있고, 현물이나 상품권은 안 되며, 통장으로 지급하는 것은 가능하다. 이 기준을 지키지 못하면 임금 체불이 된다. 대표적인 임금 체불 사례를 보면, 정기적으로 지급하기로 한 날에 지급하지 않는 경우, 임금 중 일부만 지급하는 경우, 퇴사 후 14일 이내에 당사자 간 약속 없이 임금을 지급하지 않는 경우 등이다. 그리고 일을 하기 위해 출근하였으나 갑자기 일이 없어 집으로 되돌아가야 하는 경우, 그 이유가 사업주에게 있다면 4인 이하의 사업장을 제외하고는 평균 임금의

70%에 해당하는 휴업 수당을 받아야 한다. 만약 임금을 받지 못하면 독촉장을 발송하거나 고용노동부에 진정서를 제출하여 문제를 해결할 수 있다.

사업주는 근로 계약 기간이 끝나기 전에 정당한 이유 없이 근로자를 해고할 수 없다. 아르바이트로 일하는 경우에도 근로기준법에서 정한 해고 관련 내용 등이 동일하게 적용된다. 만약 사업주에게 부당하게 해고를 당했을 경우 일정 금액의 해고 수당을 받을 수 있다. 다만 일용 근로자로서 3개월을 연속 근무하지 않은 경우, 2개월 이내의 기간을 정하여 근무하는 경우, 계절적 업무에 6개월 이내의 기간을 정하여 근무하는 경우, 3개월 이내의 수습 기간을 정하여 근무 중인 경우에는 해고 수당을 청구(請求)할 수 없다. 정당한 이유 없이 근로자를 해고한 경우에는 5년 이하의 징역 또는 3,000만 원 이하의 벌금형에 처해질 수 있다.

일하다가 다쳤을 경우 사업주가 보험에 가입하지 않았거나 근로자 본인의 과실(過失)을 이유로 치료비 지급을 거부하더라도 치료비를 본인이 부담할 필요는 없다. 산업재해보상보험법에 따라 근로복지공단에서 치료 및 보상을 받을 수 있기 때문이다. 또한 근로기준법 제7조, 제8조에 따르면 사업주 또는 관리자가 근로자에게 기분이 나쁠 정도의 폭언이나 지나친 성적 농담을 하는 경우 또는 신체적인 체벌을 하는 경우에는 위법이므로 고용노동부나 경찰서 등 관련 기관에 신고할 수 있다.

1

위 글의 내용과 일치하지 않는 것은?

① 아르바이트는 근로자임에도 법적인 보호를 받지 못하는 경우가 많다.

② 근로 계약이란 근로 조건에 대해서 근로자와 사업주가 약속하는 것을 말한다.

③ 1주일의 근로 시간이 15시간 미만일 경우에도 연차 휴가를 보장받을 수 있다.

④ 아르바이트의 경우에도 근로기준법에서 정한 해고 관련 내용이 동일하게 적용된다.

⑤ 근로기준법에 의하면 사업주 또는 관리자가 근로자에게 폭언이나 지나친 성적 농담을 하는 것은 위법이다.

2

위 글을 읽은 후 추가할 수 있는 질문으로 적절하지 않은 것은?

① 사업주가 근로 계약서 작성을 거부할 경우 어디에 신고하면 되나요?

② 사업주가 근로자를 해고할 수 있는 정당한 이유에는 어떤 것들이 있나요?

③ 아르바이트를 하다가 사업주에게 체벌을 받았을 경우에는 어떻게 해야 하나요?

④ 수습 기간에도 최저임금 전액을 받을 수 있는 단순노무직에는 어떤 것들이 있나요?

⑤ 임금이 체불된 경우 독촉장을 발송하거나 진정서를 제출하는 것 말고는 다른 방법이 없나요?

6장

법과 사회

　　법과 정의의 관계는 법학의 고전적인 과제 가운데 하나이다. 때와 장소에 관계없이 누구에게나 보편적으로 받아들여질 수 있는 정의롭고 도덕적인 법을 떠올리게 되는 것은 자연스러운 일이다. 전통적으로 이런 법을 '자연법'이라 부르며 논의해 왔다. 자연법은 인위적으로 제정되는 것이 아니라 인간의 경험에 앞서 존재하는 본질적인 것으로서 신의 법칙이나 우주의 질서, 또는 인간 본성에 근원을 둔다. 특히 인간의 본성에 깃든 이성, 다시 말해 참과 거짓, 선과 악을 분별할 수 있는 인간만의 자질은 자연법을 발견해 낼 수 있는 수단이 된다.

　　서구 중세의 신학에서는 자연법을 인간 이성에 새겨진 신의 법이라고 이해하여 종교적 권위를 중시하였다. 이후 근대의 자연법 사상에서는 신학의 의존으로부터 독립하여 자연법을 오직 이성으로써 확인할 수 있다고 보았다. 이런 경향을 열었다고 할 수 있는 그로티우스(1583~1645)는 중세의 전통을 수용하면서도 인간 이성에 따른 자연법의 기초를 확고히 하였다. 그는 이성을 통해 확인되고 인간 본성에 합치하는 법 규범은 자연법이자 신의 의지라고 말하면서, 이 자연법은 신도 변경할 수 없는 본질적인 것이라고 주장하였다. 이성의 올바른 인도를 통해 다다르게 되는 자연법은 국가와 실정법을 초월하는 규범이라고 보았다.

　　그로티우스가 활약하던 시기는 한편으로 종교 전쟁의 시대였다. 그는 이 소용돌이 속에서 어떤 법도 존중받지 못하는 일들을 보게 되고, 자연법에 기반을 두면 가톨릭, 개신교, 비기독교 할 것 없이 모두가 받아들일 수 있는 규범을 세울 수 있다고 생각했다. 나아가 이렇게 이루어진 법 원칙으로써 각국의 이해를 조절하여 전쟁의 참화를 막고 인류의 평화와 번영을 실현할 수 있다고 믿었다. 이러한 그의 사상은 1625년 『전쟁과 평화의 법』이란 저서를 낳았다. 이 책에서는 개전의 요건, 전쟁 중에 지켜져야 할 행위 등을 다루었으며, 그에 대한 이론적 근거로서 자연법 개념의 기초를 다지고, 그것을 바탕으로 국가 간의 관계를 규율하는 법 이론을 구성하였다. 이 때문에 그로티우스는 국제법의 아버지로도 불린다.

　　신의 권위에서 독립한 이성의 법에는 인간의 권리가 그 핵심에 자리 잡았고, 이는 근대 사회의 주요한 사상적 배경이 되었다. 한 예로 1776년 미국의 독립 선언에도 자연법의 영향이 나타난다. 더욱이 프랑스 대혁명기의 인권 선언에서는 자유권, 소유권, 생존권, 저항권을 불가침의 자연법적 권리로 선포하였다. 이처럼 자연법 사상은 근대적 법체계를 세우는 데에 중요한 기반을 제공하였고, 특히 자유와 평등의 가치가 법과 긴밀한 관계를 맺도록 하는 데 이바지하였다.

　　그러나 19세기에 들어서자 현실적으로 자연법을 명확히 확정하기 어렵다는 비판 속에서 자연법 사상은 퇴조하는 경향을 보였다. 이때 비판의 선봉에 서며 새롭게 등장한 이론이 이른바 '법률실증주의'이다. 법률실증주의는 국가의 입법 기관에서 제정하여 현실적으로 효력을 갖는 법률인 실정법만이 법으로 인정될 수 있다는 입장이다. 이에 따르면 입법자가 합법적인 절차로 제정한 법률은 그 내용이 어떻든 절대적인 법이 되며, 또한 그것은 국가 권위에 근거하여 이루어진 것이기에 국민은 이를 따라야 할 의무가 있다. 하지만 현대에 와서 합법의 외관을 쓴 전체주의로 말미암은 참혹한 세계 대전을 겪게 되자, 자연법에 대한 논의는 부흥기를 맞기도 하였다. 오늘날 자연법은 실정법이 지향해야 할 이상을 제시하는 역할에서 여전히 의의가 인정된다.

1

위 글의 내용에 부합하는 것은?

① 실정법은 인간의 경험에 앞서 존재하는 규범이다.
② 미국의 독립 선언에 법률실증주의가 영향을 주었다.
③ 서구의 근대적 법체계에는 평등의 이념이 담겨 있다.
④ 중세의 신학에서는 신의 법에 인간의 이성을 관련시키지 않았다.
⑤ 프랑스 대혁명에서 저항권은 인간의 기본적 권리로 인정되지 않았다.

2

위 글을 바탕으로 할 때, 자연법 사상에 대한 설명으로 가장 적절한 것은?

① 국가의 권위만이 자연법에 제한을 둘 수 있다고 생각했다.
② 윤리나 도덕과 관련이 없는 근원적인 법 규범이 존재한다고 생각했다.
③ 자연법은 인간의 본성과 대립하지만 인류를 번영으로 이끈다고 생각했다.
④ 인간의 이성이 시공을 초월하는 본질적인 법을 찾아낼 수 있다고 생각했다.
⑤ 자연법의 역할은 실정법에 없는 내용을 보충하는 데 머물러야 한다고 생각했다.

'법 없이도 살 사람'들만 모여 살 수 있다면 좋겠지만 사회생활을 하는 우리가 법 없이 살기는 매우 어렵다. 여러 사람들이 모여 사는 곳에서는 크고 작은 분쟁이 끊임없이 발생할 수밖에 없으므로 이를 해결하기 위해서는 미리 강제적인 규칙을 정해 놓아야 한다. 그래서 사회 구성원들의 합의에 의해 강제성을 갖도록 만들어진 것이 바로 '법'이다. 하지만 복잡한 현실의 구체적인 상황을 모두 반영하여 법률을 만들려면 법은 무한정 길어질 수밖에 없다. 따라서 법은 추상적인 규정으로 만들어진다. 그렇기 때문에 법을 현실의 구체적인 사건에 적용하는 과정은 이른바 '법률적 삼단논법'에 의해 이루어진다. '법률적 삼단논법'이란 추상적인 법 규정은 대전제로, 구체적인 사건은 소전제로 놓고, 법 규정이 그 사건에 적용될 수 있는지 판단하여 결론을 이끌어내는 것을 말한다.

예컨대 A의 노트북 컴퓨터를 B가 몰래 가져가서 사용하다 발각되어 A가 B를 검찰에 고소했다고 하자. 검사는 이 사건이 어떤 법 규정에 해당되는지 검토한 후, 법정에서 B의 행위가 절도죄를 규정한 형법 규정에 해당되므로 형벌을 받아야 한다고 주장한다. 이에 대해 B의 변호사는 B가 노트북 컴퓨터를 훔쳐 간 것이 아니라 잠시 빌려 쓰려고 했던 것이므로, 검사가 내세운 형법 규정에 해당되지 않는다고 검사와는 다른 주장을 한다. 그러면 법관은 양쪽의 주장을 참고하여 B의 행위가 과연 검사가 내세운 형법 규정에 해당되는지를 최종적으로 판단한다. 만약 해당된다고 판단되면 법관은 그에 맞는 결론, 즉 유죄 판결을 내린다. 이와 같이 검사, 변호사, 법관은 모두 '어떤 사건이 어느 법 규정에 해당되는지'를 다룬다.

그런데, 많은 훈련을 거친 법률가들이라 하더라도 어떤 사건에 적용할 수 있는 적당한 법 규정을 찾아내는 일은 결코 쉬운 일이 아니다. 적당한 법 규정 찾기가 어려운 이유는 현재 시행되고 있는 법 규정의 수가 엄청나게 많을 뿐 아니라, 기존의 법 규정도 수시로 개정되고, 새로운 법 규정도 계속 만들어지고 있기 때문이다. 그뿐만 아니라 어떤 사건에 적용될 가능성이 있는 법 규정이 여러 개 발견되는 경우도 있다. 이로 인해 어떤 사건이 발생하였을 때 그 사건에 적용할 수 있는 적당한 법 규정을 찾지 못하게 되는 경우도 생긴다.

만일 이와 같이 어떤 사건에 적용할 수 있는 적당한 법 규정을 찾지 못하게 되면 어떻게 될까? 이 경우에 형사재판*과 민사재판*은 서로 다른 결론을 내리게 된다. 국가와 국민이라는 관계를 기반으로 하는 형법에서는, 법률에 미리 범죄와 형벌이 규정되지 않은 경우에는 벌할 수 없다는 죄형법정주의 원리가 엄격하게 적용된다. 따라서 형사재판에서는 어떠한 사건에 적용할 수 있는 적당한 법 규정이 발견되지 않으면 법관은 법 규정의 적용을 포기하고 피고인에게 무죄를 선고해야 한다. 물론 피고인의 행위가 도덕적으로는 비난의 대상이 될 수도 있지만, 함부로 다른 형법 규정을 가져다 적용을 하면 안 된다는 것이 형법의 대원칙이다.

반면, 기본적으로 대등한 두 당사자를 대상으로 하는 민사재판에서는 법 규정이 없다고 해서 그 판결을 포기하는 것이 아니라, 최대한 그 사건과 관련된 일반 원칙을 찾아내서 손해와 이익을 공평하게 조정하려고 노력한다. 즉, 법 규정 찾기에 실패해도 관습법이나 건전한 상식을 기준으로 판결을 내리는 것이다. 따라서 형사재판에서 무죄를 선고받은 자라 하더라도, 어떤 사람에게 손해를 입힌 사실이 분명하다면 민사재판에서는 피해자의 손해에 대해 배상을 하라고 판결할 수 있는 것이다.

*형사재판: 형법의 적용을 받는 사건을 다루는 재판.
*민사재판: 개인 사이의 경제적·신분적 생활 관계에 관한 사건을 다루는 재판.

1

위 글을 읽고 알게 된 내용으로 적절하지 않은 것은?

① 형법은 국가와 국민의 관계를 기반으로 형성된 법이다.
② 동일한 사건에 적용시킬 수 있는 법 규정이 여러 개 있을 수도 있다.
③ 많은 훈련을 거친 법률가들도 때로는 법 규정 찾기에 어려움을 느낀다.
④ 민사재판에서는 관습법이나 건전한 상식도 판결의 기준으로 삼을 수 있다.
⑤ 형사재판에서는 적당한 법 규정이 없으면 법 규정이 만들어질 때까지 판결을 미룬다.

2

위 글로 보아 '죄형법정주의'에 담긴 정신으로 가장 적절한 것은?

① 법 없이는 범죄도 없고 형벌도 없다.
② 명백한 범죄행위는 증명할 필요조차 없다.
③ 법을 적용할 때는 개인의 상황을 고려해야 한다.
④ 법에서는 개인의 이익보다 집단의 이익이 우선이다.
⑤ 누구든지 타인의 행위 결과에 대해서는 책임이 없다.

(가) '사람에 의한 지배'는 결국 군주나 소수의 귀족을 보호하는 결과를 가져왔기 때문에 근대 법치주의자들은 사람에 의한 지배를 '법의 지배'로 바꾸려 했다. 이들은 기존의 법이란 군주의 자의적 명령에 불과하다고 보고 절차적 정당성을 확보한 시민의 명령을 객관적이고 합리적인 법으로 간주하였다.

(나) 그들은 객관적이고 합리적인 법을 확보하기 위한 제도적 장치 마련을 법치주의의 핵심적 요소로 보고 법을 제정, 집행, 판결하는 자를 각각 분리하였다. 의회가 법을 제정하고, 행정은 이러한 법을 전제로 하여 그에 따라 권력을 행사하며, 재판도 법에 따라 행해지도록 함으로써 법치의 정당성을 확보하려 한 것이다. 이처럼 초창기 법치주의는 절차적 정당성을 통해 확립된 법에 따른 법의 제정과 적용을 중시했기 때문에, 법의 형식적 측면을 강조한 반면 내용적 측면은 문제 삼지 않는 형식적 법치주의로 나타났다.

(다) 형식적 법치주의는 법이 형식적인 요건을 충족하기만 하면 그 법의 내용에는 그다지 관심을 두지 않는다. 어떤 내용의 법을 담을지에 대해서는 개방적이기 때문에 이런 법치관은 의도적으로 인권을 짓밟는 비민주적·권위적 정권도 표방할 수 있다. 비민주적·권위적 정부가 기존의 법 안에서는 허용되지 않는 것을 감행하고자 할 경우 법 형식을 갖춰 의회가 법을 개정하도록 하기만 하면 되기 때문이다. 형식적 법치주의에서 중요한 것은 형식적 합법성을 갖춘 법의 지배이지 좋은 내용의 법의 지배가 아닌 것이다.

(라) 이 법치관에서는 법의 내용적 요소를 도외시하기 때문에, 적법 절차를 거쳤다고 해서 모두 정당한 법인가 하는 문제가 대두된다. 예를 들어 외국 여행을 금지하는 법이 형식적 절차를 통해 합법적으로 제정되었으며 엄격히 집행된다면 이러한 상태는 일반적이고 공평하게 적용되는 법에 의한 지배임에는 틀림없다. 그런데 법치주의를 이처럼 형식적으로만 파악하는 태도는 다음과 같은 의문을 낳는다. 외국 여행을 금지하는 법을 모든 국민에게 적용해서 모든 국민들을 공평하게 대우한 셈이므로 정의로운 것인가? 그렇지 않다. 왜냐하면 그 법을 사회 구성원들이 정의롭다고 받아들이기 어렵기 때문이다. 결국 적법한 절차에 따라 법을 공평하게 집행하는 것만으로는 완전한 법치주의에 도달하기 어렵다. 흔히 법의 절차적 정당성만을 강조한, 법의 공평한 집행이 이처럼 명백하게 부정의를 낳는 경우를 '형식적 법치의 역설'이라고 한다.

(마) 이렇게 본다면 합리적 절차에 의해 만들어진 법이라는 요소만으로는 '법의 지배'의 타당성을 말하기 어려울 것이다. 그래서 오늘날 법치주의는 형식적 법치주의에 그치는 것이 아니라, 법의 목적과 내용 또한 인간 존엄과 정의를 지향해야 하는 것으로 인식되고 있다.

1

(가)~(마)의 중심 화제로 적절하지 않은 것은?

① (가) : 근대 법치주의의 등장 배경
② (나) : 초창기 법치주의의 특징
③ (다) : 형식적 법치주의의 목적
④ (라) : 형식적 법치주의의 한계
⑤ (마) : 현대 법치주의의 지향점

2

위 글의 논지를 따를 때, '형식적 법치의 역설'에서 벗어나기 위한 방안으로 가장 적절한 의견은?

① 법의 범위를 넘어선 권리는 인정되지 않으므로 적법한 절차를 통한 법은 지켜야 한다.
② 법이 정의로운 목적과 그에 부합하는 내용을 지닐 수 있도록 제정해야 한다.
③ 법이 사회의 전통과 관습에 부합하는 내용을 지닐 수 있도록 해야 한다.
④ 법이 모든 사람들에게 일반적이고 공평하게 적용되도록 노력해야 한다.
⑤ 법을 만들 때 모든 사람이 지킬 수 있는 내용을 담아야 한다.

형사소송법은 범죄사실은 증거에 의해 인정되어야 하며 범죄 사실의 인정은 합리적인 의심이 없는 정도의 증명에 이르러야 한다고 규정하고 있는데, 이를 증거재판주의라 한다. 이는 법관의 자의적인 사실 인정이 허용될 수 없다는 것으로, 공평하고 객관적인 형사재판을 가능하게 하는 전제가 된다고 할 수 있다. 그래서 증거는 형사소송법 체계에서 핵심적인 위치를 차지한다. 형사소송법은 증거의 증거능력과 증명력을 구별하고 있다.

먼저 증거능력이란 어떤 증거가 증명의 자료로 사용될 수 있는 법률상의 자격을 말한다. 증거능력이 있는 증거는 법정에서 주요한 사실 인정의 자료로 이용되어 이를 바탕으로 유죄 판결이 내려질 수 있다. 증거능력이 없는 증거는 원칙적으로 사실 인정의 자료로 쓰일 수 없다.

증거능력의 요건은 법률에 의해 규정되어 있다. 형사소송법은 증거능력을 배제해야 하는 조건을 위법수집증거배제법칙, 자백배제법칙, 전문법칙 등의 세 가지 원칙으로 명문화하고 있다. 이 원칙들의 공통적인 목적은 피의자, 피고인의 권리를 보장하여 공평한 재판을 실현하는 데에 있다.

위법수집증거배제법칙은 적법한 절차에 따르지 않고 수집한 증거의 증거능력을 부정하는 원칙으로, 형사사법기관의 위법한 증거수집을 억제하는 데에 그 목적이 있다. 위법하게 수집한 증거를 통해 알게 된 사실을 바탕으로 수집한 파생증거, 곧 2차 증거의 증거능력도 위법수집증거배제법칙에 따라 배제된다. 이를 독수과실이론이라 하는데, 위법하게 수집된 1차 증거가 독에 오염된 나무라면 그로부터 수집된 2차 증거는 그 나무에 달린 독 열매에 해당한다는 것이다. 예컨대 영장 없이 위법하게 체포한 상태에서 얻은 진술이라면 그 진술의 증거능력은 물론, 그 진술의 도움으로 찾아낸 물증의 증거능력도 인정되지 않는다. 다만 위법하게 수집된 1차 증거와 2차 증거 사이에 인과관계가 희석 또는 단절되었다고 판단될 때는 2차 증거의 증거능력이 인정될 수 있다.

자백배제법칙은 수사 기관이나 법원이 진술자의 자백을, 임의성을 제한하는 방식으로 얻어낸 경우에 그 증거능력을 부정하는 원칙이다. 자백은 중요한 증거이지만, 수사 방법이 자백을 얻어 내는 데에만 의존하게 되면 인권 침해의 우려가 커지며 때로는 진실을 밝히기 어려워질 수도 있다. 이에 자백배제법칙은 자백의 주체가 신체적, 정신적 압박 없이 임의로 한 자백만 증거능력을 인정하게 하여, 자백을 강요하는 것을 금지한다.

전문법칙은 전문증거는 증거능력이 없다는 원칙이다. 전문증거란 피고인, 증인 등 사안을 체험한 자가 구두로 진술한 진술증거 가운데 법정에서 직접 이루어지지 않고 다른 사람에 의해 간접적으로 전해진 것을 말한다. 이러한 전문증거에는 구두로 전하는 전문진술과 서류인 전문서류가 있다.

전문증거는 진술증거를 전하는 사람에 의한 편집, 조작의 우려가 있다는 점, 전문증거에 대해서는 피고인이 법정에서 증인에 대한 반대신문을 할 수 없다는 점, 전문증거에 대해서는 법관이 법정에서 진술자에게 직접 묻고 답을 듣지 못하기 때문에 정확한 언어적 정보를 획득할 수 없다는 점 등이 전문법칙의 근거로 꼽힌다. 다만 전문증거임에도 피고인이 증거로 사용할 수 있다는 데에 동의하면 증거능력을 인정하는데, 이를 '증거동의'라고 한다.

한편 증명력은 증거능력과는 달리 증거자료가 사실의 판단에 기여할 수 있는 정도, 즉 증거의 실질적인 가치로서의 신빙성을 뜻한다. 증명력 평가는 증거가치가 크고 작은 정도의 차이를 따지는 것으로, 증거능력 평가가 증거능력의 유무만을 가리는 것과는 구별된다. ㉠증거능력이 있다고 해서 증명력이 있는 것이 아니고, 증명력이 있다고 해서 증거능력이 있는 것도 아니다.

증명력 평가는 법관의 자유 판단에 맡겨져 있는데, 이러한 원칙을 자유심증주의라 한다. 증거능력이 있는 증거가 제출되면 증거가치에 대한 판단은 법관의 자유 판단에 따른다. 이때 법관의 판단은 합당한 근거를 배경으로 해야 하며, 단순한 자의적 판단은 정당화되지 않는다. 자유심증주의에 따라 법관은 자유롭게 증거를 취사선택할 수 있고, 모순되는 증거가 있는 경우에 어느 증거를 믿는가도 법관의 자유 판단에 맡겨진다. 신빙성이 없는 증인의 증언이라 할지라도 법관은 일정 부분의 증언을 골라내어 믿을 수도 있다.

1

위 글에서 다루고 있는 내용으로 적절하지 않은 것은?

① 증명력 판단의 주체
② 증거재판주의의 의의
③ 자백배제법칙의 종류
④ 독수과실이론의 적용 사례
⑤ 위법수집증거배제법칙의 목적

2

㉠을 보여 주는 사례로 가장 적절한 것은?

① 피고인을 강요하여 얻은 자백이 사건의 진실을 그대로 담고 있는 내용인 경우
② 수사 기관에 의해 수집된 증거가 법정에서 결국 유죄 판결의 핵심적인 근거로 이용된 경우
③ 적법한 절차에 따라 확보한 문서이지만 그 내용이 사건과 관련이 없다고 법관이 판단한 경우
④ 불법적인 수단으로 목격자의 진술을 얻어냈지만 결국 진술 내용이 허위 사실로 밝혀진 경우
⑤ 증거동의를 받은 전문증거가 객관적 사실을 밝히는 결정적인 단서를 담고 있다고 법관에게 인정된 경우

1974년 캐나다에서 소년들이 집과 자동차를 파손하여 체포되었다. 보호 관찰관이 소년들의 사과와 당사자 간 합의로 이 사건을 해결하겠다고 담당 판사에게 건의하였고, 판사는 이를 수용했다. 그 결과 소년들은 봉사 활동과 배상 등으로 자신들의 행동을 책임지고 다시 마을의 구성원으로 복귀하였다. 이를 계기로 '피해자-가해자 화해' 프로그램이 만들어졌는데, 이것이 '회복적 사법'이라는 사법 관점의 첫 적용이었다. 이와 같이 회복적 사법이란 범죄로 상처 입은 피해자, 훼손된 인간관계와 공동체 등의 회복을 지향하는 형사 사법의 새로운 관점이자 범죄에 대한 새로운 대응인 것이다. 여기서 형사 사법이란 범죄와 형벌에 관한 사법 제도라 할 수 있다.

기존의 형사 사법은 응보형론과 재사회화론을 기저에 두고 있다. 응보형론은 범죄를 상쇄할 해악의 부과를 형벌의 본질로 보는 이론으로 형벌 자체가 목적이다. 그런데 지속적인 범죄의 증가 현상은 응보형론이 이미 발생한 범죄와 범죄인의 처벌에 치중하고 예방은 미약하다는 문제를 보여준다. 재사회화론은 형벌의 목적을 범죄인의 정상적인 구성원으로서의 사회 복귀에 두는 이론이다. 이것은 형벌과 교육으로 범죄인의 반사회적 성격을 교화하여 장래의 범법 행위를 방지하는 것에 주안점을 두지만 이도 증가하는 재범률로 인해 비판받고 있다. 또한 응보형론이나 재사회화론에 입각한 형사 사법은, 법적 분쟁에서 국가가 피해자를 대신하면서 국가와 범죄 행위자 간의 관계에 집중하기 때문에 피해자나 지역사회에 대한 관심이 적다는 문제점이 제기되었다.

회복적 사법은 기본적으로 범죄에 대해 다른 관점으로 접근한다. 기존의 관점은 범죄를 국가에 대한 거역이고 위법 행위로 보지만 회복적 사법은 범죄를 개인 또는 인간관계를 파괴하는 행위로 본다. 지금까지의 형사 사법은 주로 범인, 침해당한 법, 처벌 등에 관심을 두고 피해자는 무시한 채 가해자와 국가 간의 경쟁적 관계에서 대리인에 의한 법정 공방을 통해 문제를 해결해 왔다. 그러나 회복적 사법은 피해자와 피해의 회복 등에 초점을 두고 있다. 기본적 대응 방법은 피해자와 가해자, 이 둘을 조정하는 조정자를 포함한 공동체 구성원까지 자율적으로 참여하는 가운데 이루어지는 대화와 합의이다. 가해자가 피해자의 상황을 직접 듣고 죄책감이 들면 그의 감정이나 태도에 변화가 생기고, 이런 변화로 피해자도 상처를 치유받고 변화할 수 있다고 보는 것이다. 이러한 회복적 사법은 사과와 피해 배상, 용서와 화해 등을 통한 회복을 목표로 하며 더불어 범죄로 피해 입은 공동체를 회복의 대상이자 문제 해결의 주체로 본다.

회복적 사법이 기존의 관점을 완전히 대체할 수 있는 것은 아니다. 이는 현재 우리나라의 경우 형사 사법을 보완하는 차원 정도로 적용되고 있다. 그럼에도 회복적 사법은 가해자에게는 용서받을 수 있는 기회를, 피해자에게는 회복의 가능성을 부여할 수 있다는 점에서 의미가 있다.

1

위 글에 대한 설명으로 가장 적절한 것은?

① 전문가의 의견을 들어 회복적 사법의 한계를 분석하고 있다.

② 구체적 수치를 활용하여 회복적 사법의 특성을 밝히고 있다.

③ 다른 대상과의 대조를 통해 회복적 사법의 특성을 설명하고 있다.

④ 비유적 진술을 통해 회복적 사법의 발전 가능성을 제시하고 있다.

⑤ 두 이론을 절충하여 회복적 사법에 대한 해결책을 제시하고 있다.

2

위 글을 이해한 내용으로 적절하지 않은 것은?

① 기존 형사 사법에서는 범인과 침해당한 법에 관심을 둔다.

② 응보형론은 저질러진 범죄에 대한 응당한 형벌의 필요성을 인정한다.

③ 재사회화론에서는 응보형론과 달리 범죄인의 교육을 통한 교화를 중시한다.

④ 회복적 사법에서는 범죄 문제 해결에 가해자, 피해자의 자율적 참여를 유도한다.

⑤ 회복적 사법에서는 가해자에 대한 피해자의 응보 심리를 충족하는 것을 목적으로 한다.

타인의 권리를 침해하여 손해를 야기하는 것을 불법행위라고 하는데, 불법행위법은 불법행위로 발생한 손해를 피해자와 가해자에게 배분함으로써 불법행위를 억제하는 기능을 한다. 그런데 법원이 어떠한 책임원칙을 적용하느냐에 따라서 불법행위에 따른 손해가 다르게 배분되며 불법행위 억제 효과도 다르게 나타난다. 그래서 법경제학에서는 법원이 적용 가능한 책임원칙들을 분석하여 효율적으로 불법행위를 억제할 수 있는 책임원칙을 찾고자 한다.

불법행위에 대한 책임원칙을 분석하는 데 있어 중요한 개념이 '주의 수준'과 '주의 기준'이다. 주의 수준이란 가해자 혹은 피해자가 불법행위 억제를 위해 기울이는 주의의 정도를 의미한다. 주의 수준이 높아질수록 주의를 기울이는 데 드는 시간이나 노력 등과 같은 주의 비용은 커지지만, 불법행위 발생 확률이 줄어 불법행위로 인한 손해는 줄어든다. 주의 기준은 불법행위로 인한 손해를 피해자와 가해자에게 배분하기 위해 법원이 정한 주의 수준을 의미한다. 일반적으로 불법행위 억제를 위한 주의 비용과 불법행위로 인한 손해의 합이 최소화되는 지점이 사회적 효율성이 달성되는 최적의 주의 수준이다. 그리고 이것이 불법행위를 효율적으로 억제할 수 있는 주의 수준이므로 법원은 이를 주의 기준으로 정한다. 이를 바탕으로 불법행위에 대한 책임원칙의 효율성을 분석해 보면 다음과 같다.

불법행위에 대해 피해자의 책임 여부는 고려하지 않고 가해자의 책임 여부만을 고려하는 책임원칙들을 살펴보자. ㉠비책임원칙은 불법행위는 발생했으나 피해자의 손해에 대해서 가해자가 어떠한 배상 책임도 지지 않는 원칙이다. 반면 엄격책임원칙은 손해에 대해서 가해자가 모든 배상 책임을 지는 원칙이다. 이 두 원칙은 가해자에게 손해 배상의 책임이 있는지 여부를 판단할 때 가해자의 주의 수준을 고려하지 않는다는 점에서 공통적이다. 이와 달리 ㉡과실원칙은 가해자의 과실 여부에 따라 가해자의 배상 책임 여부를 판단하는 원칙이다. 이때 과실이란 법원이 부여한 주의 기준을 지키지 않은 것을 의미한다. 과실원칙에서는 가해자에게만 주의 기준이 부여되므로 가해자에게 과실이 있으면 가해자가 전적으로 배상 책임을 지고, 과실이 없으면 배상 책임을 지지 않는다.

법원이 불법행위에 대해 비책임원칙을 적용하면 가해자에게 책임이 없어 피해자가 모든 손해를 부담하게 되므로, 비책임원칙하에서 가해자의 주의 수준은 매우 낮아진다. 그러므로 이 원칙은 불법행위 억제에 효율적이라 할 수 없다. 반면 엄격책임원칙을 적용하면 가해자가 항상 모든 손해를 배상해야 하므로 가해자의 주의 수준은 높아진다. 이때 가해자의 주의 수준은 불법행위 억제를 위한 주의 비용과 불법행위로 인한 손해의 합이 최소화되는 지점, 즉 사회적 효율성이 달성되는 최적의 주의 수준으로 유도된다. 그리고 법원이 과실원칙을 적용하면 가해자는 손해 배상의 책임에서 벗어나기 위해 법원이 정해 놓은 주의 기준을 지키려 한다. 결국 엄격책임원칙과 과실원칙은 모두, 불법행위를 효율적으로 억제할 수 있는 책임원칙이 된다.

한편 불법행위에 대해 가해자의 책임 여부만을 고려하는 책임원칙과 결합하여 피해자의 책임 여부까지 고려하는 책임원칙들이 있다. 먼저 ⓒ기여과실은 법원이 피해자에게 주의 기준을 부여하고 피해자가 이를 지키지 않은 것을 피해자의 과실로 정의하여, 피해자의 과실을 가해자가 손해 배상 책임에서 벗어나는 항변 수단으로 사용할 수 있도록 한다. 과실원칙에 기여과실이 결합된 경우, 우선 과실원칙이 적용되므로 가해자에게 과실이 있으면 가해자가 손해를 전적으로 배상해야 한다. 그런데 가해자의 항변이 인정되면, 즉 피해자의 과실이 입증되면 가해자에게 과실이 있더라도 가해자는 배상 책임에서 벗어나게 되고 피해자가 손해를 전적으로 부담하게 된다. 결국 가해자에게만 최적의 주의 수준이 유도되는 과실원칙에 기여과실이 결합되면 피해자에게도 최적의 주의 수준이 유도된다는 점에서 기여과실은 불법행위를 효율적으로 억제할 수 있는 책임원칙이라고 할 수 있다.

다음으로 비교과실은 기본적으로 과실원칙을 적용하되, 피해자에게도 주의 기준을 부여한다는 특징이 있다. 가해자에게 과실이 없으면 배상 책임이 없고, 가해자에게 과실이 있고 피해자에게 과실이 없으면 가해자에게는 배상 책임이 있다. 그리고 피해자와 가해자 모두에게 과실이 있는 경우에는 과실의 크기에 비례하여 손해에 대한 책임을 분담한다. 이 원칙하에서 가해자와 피해자는 각각의 주의 기준을 지키고자 한다. 비교과실은, 양측에 과실이 있다고 하더라도 과실이 큰 쪽이 더 많은 손해를 부담해야 하므로 양측을 조금이라도 더 높은 주의 수준으로 이끌 수 있다. 그래서 비교과실은 불법행위를 효율적으로 억제하는 책임원칙이라 할 수 있다. 이는 기여과실 원칙하에서 피해자의 과실이 가해자의 과실보다 작아도 가해자가 항변을 통해 배상의 책임에서 벗어날 수 있다는 것과 구별된다.

1

위 글에서 언급되지 않은 것은?

① 비교과실의 한계
② 불법행위의 개념
③ 불법행위법의 기능
④ 주의 수준에 대한 정의
⑤ 비교과실과 기여과실의 차이점

2

㉠~㉢에 대한 설명으로 가장 적절한 것은?

① ㉠은 불법행위의 억제에 효율적이다.
② ㉡은 피해자의 책임 여부만 고려한다.
③ ㉢은 가해자의 책임 여부만 고려한다.
④ ㉠은 ㉡과 달리 가해자의 과실 여부를 판단한다.
⑤ ㉢은 ㉡과 달리 피해자의 과실 여부를 판단한다.

　사회 구성원들이 경제적 이익을 추구하는 과정에서 불법 행위를 감행하기 쉬운 상황일수록 이를 억제하는 데에는 금전적 제재 수단이 효과적이다.

　현행법상 불법 행위에 대한 금전적 제재 수단에는 민사적 수단인 손해 배상, 형사적 수단인 벌금, 행정적 수단인 과징금이 있으며, 이들은 각각 피해자의 구제, 가해자의 징벌, 법 위반 상태의 시정을 목적으로 한다. 예를 들어 기업들이 담합하여 제품 가격을 인상했다가 적발된 경우, 그 기업들은 피해자에게 손해 배상 소송을 제기당하거나 법원으로부터 벌금형을 선고받을 수 있고 행정 기관으로부터 과징금도 부과받을 수 있다. 이처럼 하나의 불법 행위에 대해 세 가지 금전적 제재가 내려질 수 있지만 제재의 목적이 서로 다르므로 중복 제재는 아니라는 것이 법원의 판단이다.

　그런데 우리나라에서는 기업의 불법 행위에 대해 손해 배상 소송이 제기되거나 벌금이 부과되는 사례는 드물어서, 과징금 등 행정적 제재 수단이 억제 기능을 수행하는 경우가 많다. 이런 상황에서는 과징금 등 행정적 제재의 강도를 높임으로써 불법 행위의 억제력을 끌어올릴 수 있다. 그러나 적발 가능성이 매우 낮은 불법 행위의 경우에는 과징금을 올리는 방법만으로는 억제력을 유지하는 데 한계가 있다. 또한 피해자에게 귀속되는 손해 배상금과는 달리 벌금과 과징금은 국가에 귀속되므로 과징금을 올려도 피해자에게는 직접적인 도움이 되지 못한다. 이 때문에 적발 가능성이 매우 낮은 불법 행위에 대해 억제력을 높이면서도 손해 배상을 더욱 충실히 할 수 있는 방안들이 요구되는데 그 방안 중 하나가 '징벌적손해배상제도'이다.

　이 제도는 불법 행위의 피해자가 손해액에 해당하는 배상금에다 가해자에 대한 징벌의 성격이 가미된 배상금을 더하여 배상받을 수 있도록 하는 것을 내용으로 한다. 일반적인 손해 배상 제도에서는 피해자가 손해액을 초과하여 배상받는 것이 불가능하지만 징벌적 손해 배상 제도에서는 그것이 가능하다는 점에서 이례적이다. 그런데 이 제도는 민사적 수단인 손해 배상 제도이면서도 피해자가 받는 배상금 안에 벌금과 비슷한 성격이 가미된 배상금이 포함된다는 점 때문에 중복 제재의 발생과 관련하여 의견이 엇갈리며, 이 제도 자체에 대한 찬반양론으로 이어지고 있다.

　이 제도의 반대론자들은 징벌적 성격이 가미된 배상금이 피해자에게 부여되는 횡재라고 본다. 또한 징벌적 성격이 가미된 배상금이 형사적 제재 수단인 벌금과 함께 부과될 경우에는 가해자에 대한 중복 제재가 된다고 주장한다. 반면에 찬성론자들은 징벌적 성격이 가미된 배상금을 피해자들이 소송을 위해 들인 시간과 노력에 대한 정당한 대가로 본다. 따라서 징벌적 성격이 가미된 배상금도 피해자의 구제를 목적으로 하는 민사적 제재의 성격을 갖는다고 보아야 하므로 징벌적 성격이 가미된 배상금과 벌금이 함께 부과되더라도 중복 제재가 아니라고 주장한다.

1

위 글에서 다룬 내용이 아닌 것은?

① 징벌적 손해 배상 제도의 내용

② 징벌적 손해 배상 제도와 관련한 논쟁

③ 불법 행위에 대한 금전적 제재 수단의 종류

④ 징벌적 손해 배상 제도의 도입 사례와 문제점

⑤ 징벌적 손해 배상 제도의 도입이 요구되는 배경

2

위 글에 대한 이해로 적절하지 않은 것은?

① 과징금은 불법 행위를 행정적으로 제재하는 수단에 해당된다.

② 기업이 담합해 제품 가격을 인상한 행위는 불법 행위에 해당한다.

③ 불법 행위로 인한 피해자는 손해 배상으로 구제받는 것이 가능하다.

④ 하나의 불법 행위에 대해 두 가지 이상의 금전적 제재가 내려질 수 있다.

⑤ 우리나라에서는 기업의 불법 행위를 과징금보다 벌금으로 제재하는 사례가 많다.

범죄인이 다른 나라로 도피하면 신병을 확보하기 어려워 처벌이 힘들다. 이 때문에 근대에 들어 각국은 국제법상 범죄인 인도제도를 발전시켰다. 범죄인인도제도는 해외에서 죄를 범한 범죄인이 자국 영역으로 도피해 온 경우, 그를 처벌하기를 원하는 외국의 청구에 응해 해당자를 인도하는 제도이다.

범죄인인도제도는 서로 범죄인인도를 할 것을 합의하고 그에 대한 사항을 규정하는 국가 간의 조약인 범죄인인도조약을 기초로 이루어진다. 범죄인인도가 원만히 진행되려면 상대국의 사법제도에 대한 상호 신뢰가 필요하므로, 범죄인인도조약은 주로 양자조약의 형태로 발달하였으며 범세계적인 조약은 성립되지 않고 있다. 사전에 체결된 범죄인인도조약에 의해서만 상대 국가에 대한 범죄인인도청구에 응할 의무가 발생하며, 어떤 국가가 범죄인인도조약을 맺지 않은 국가의 범죄인인도청구에 응해야 할 국제법상의 의무는 없다.

범죄인인도제도의 구체적인 내용은 범죄인인도조약에 따라 차이가 있지만, 전체적으로 표준화되어 있다고 할 만큼 국제적으로 공통되는 것이 많다. 우선 대부분의 범죄인인도조약은 처벌 가능한 최소 형기를 기준으로 인도대상범죄를 규정한다. 범죄인인도를 청구하는 청구국과 인도를 청구받는 피청구국 모두에서 범죄로 성립되고, 주로 해당 범죄의 형기가 징역 1년 이상에 해당하는 경우만을 인도대상으로 규정하는 방식이다. 여기에 부합하면 내국인이든 외국인이든 범죄인인도의 대상이 될 수 있다. 청구국의 범죄인인도청구가 공식적으로 외교 경로를 통해 전달되면, 피청구국은 범죄인인도청구에 응하여 실제로 범죄인을 인도할지를 결정한다. 이때 범죄인인도는 대부분 피청구국 법원의 허가를 받아야 한다.

범죄인인도조약에 의해 범죄인인도청구에 응할 의무가 있다고 해도 피청구국이 청구국에 범죄인을 반드시 인도해야 하는 것은 아니다. 범죄인인도거절 사유로는 피청구국이 범죄인인도를 할 수 없는 절대적 인도거절 사유와 범죄인인도를 하지 않을 수 있는 임의적 인도거절 사유가 있다.

절대적 인도거절 사유에는 대표적으로 다음과 같은 것들이 있다. 인도청구된 범죄에 대하여 이미 피청구국에서 재판이 진행 중이거나 피청구국에서 확정 판결을 받은 경우는 중복 처벌을 피하기 위해 범죄인인도가 허용되지 않는다. 그리고 피청구국에서 공소시효가 끝난 경우에도 범죄인인도가 거절된다.

또한 정치범도 일반적으로 범죄인인도가 불허된다. 정치범이란 국가나 국가 권력을 침해함으로써 성립하는 불법 행위를 따라 달라질 수 있으므로 범죄인인도조약에 정치범죄의 정의가 포함되는 경우는 찾기 어렵다. 결국 어떤 행위가 정치범죄에 해당하는가의 판단은 피청구국에서 하게 된다. 대부분의 정치범죄가 일반 형사범죄로서의 성격도 함께 지니는 이른바 상대적 정치범죄인데, 일반적으로 범죄행위의 정치적 성격이 일반 형사범죄로서의 성격보다 우월할 때 그것을 정치범죄로 판단한다. 하지만 어떤 범죄는 정치적 성격이 있더라도 정치범죄로 인정될 수 없다. 예를 들어 국가원수나 그

가족의 생명·신체를 침해하는 행위는 정치범 불인도 대상에서 제외되며 이를 가해조항이라 부른다. 그리고 무고한 불특정 다수를 대상으로 하는 테러행위 등은 많은 범죄인인도조약에서 정치범죄로 인정되지 않는다고 규정하고 있다.

임의적 인도거절 사유는 범죄인인도조약에 따라 다르다. 우선 범죄인이 피청구국의 자국민일 경우 피청구국이 범죄인인도를 거절할 수 있게 하는 경우가 있다. 그런데 피청구국이 이런 자국민 불인도 조항에 따라 자국민 범죄인의 인도를 거절하고 범죄인을 처벌하지도 않으면, 결과적으로 범죄인이 처벌을 면할 수 있다. 이에 다수의 범죄인인도조약에는 피청구국이 자국민이라는 이유만으로 범죄인 인도를 거절할 경우, 청구국의 요청이 있으면 피청구국은 기소 당국에 사건을 회부해야 한다는 조항을 넣기도 한다. 또 범죄인이 청구국에 인도된 뒤 비인도적인 대우를 받을 것이 예견될 때는 범죄인의 인권을 보호하기 위해 범죄인인도를 거절할 수 있게 하는 경우가 있다. 같은 이유에서 사형을 폐지한 피청구국은 청구국이 대상 범죄인을 사형에 처하지 않을 것이라는 보증을 하지 않을 경우 범죄인인도를 거절할 수 있게 하는 일도 많다.

범죄인이 청구국으로 인도되면 인도청구 사유가 되었던 범죄에 대해서만 처벌을 받는데, 다만 인도 후 새로 저지른 범죄나 피청구국이 처벌에 동의한 범죄 등은 인도청구 사유에 명시되지 않았어도 처벌이 가능하다. 이를 특정성의 원칙이라고 하며, 이 또한 범죄인의 인권을 보호하기 위한 장치로 볼 수 있다.

1

위 글을 통해 해결할 수 있는 질문으로 적절하지 않은 것은?

① 범죄인인도조약의 개념은 무엇일까?

② 범죄인인도거절 사유로는 어떤 것들이 있을까?

③ 인도대상범죄를 규정하는 기준에는 무엇이 있을까?

④ 범죄인인도청구에 응할 의무는 무엇에 의해 발생하는 것일까?

⑤ 범죄인인도를 법원이 허가하면 범죄인의 신병은 언제 인도될까?

2

'범죄인인도제도'에 대한 설명으로 적절하지 않은 것은?

① 근대에 들어 발전한 국제법상의 제도이다.

② 범죄인인도조약에 따라 구체적인 내용에 차이가 있다.

③ 해외에 있는 범죄인의 신병을 확보하기 위한 제도이다.

④ 범세계적인 범죄인인도조약의 규정을 기초로 하여 운영되고 있다.

⑤ 원활하게 운영되기 위해서는 국가 간 사법제도에 대한 상호 신뢰가 필요하다.

공익을 위한 적법한 행정 작용으로 개인의 재산권에 특별한 희생이 발생한 경우, 개인은 자신이 입은 재산상 손실을 보상하도록 요구할 수 있는 권리인 '손실 보상 청구권'을 갖는다. 여기서 '특별한 희생'이란 보호할 필요가 있는 재산권에 대한 침해를 이르는 말로, 이로 인한 손실은 국가가 보상해야 한다. 가령 감염병예방법에 따르면, 행정 기관이 감염병 예방을 위해 의료기관의 병상이나 연수원, 숙박 시설 등을 동원한 경우 이로 인한 손실을 개인에게 보상하여야 하는데, 이때의 재산권 침해가 특별한 희생에 해당하는 것이다.

손실 보상 청구권은 공적 부담의 평등을 위해 인정되는 헌법상 권리이다. 행정 작용으로 누군가에게 특별한 희생이 발생하면, 그로 인한 부담을 공공이 분담하는 것이 평등 원칙에 부합하기 때문이다. 또한 헌법 제23조 제3항은 "공공필요에 의한 재산권의 수용·사용 또는 제한 및 그에 대한 보상은 법률로써 하되, 정당한 보상을 지급하여야 한다."라고 하여, '공공필요에 의한 재산권의 수용·사용 또는 제한', 즉 공용 침해와 이에 대한 보상이 법률에 규정되어야 함을 명시하고 있다. 공용 침해 중 수용이란 개인의 재산권을 국가로 이전하는 것, 사용이란 행정 기관이 개인의 재산권을 일시적으로 사용하는 것, 제한이란 개인의 재산권 사용 또는 그로 인한 수익을 한정하는 것을 의미한다. 한편 제23조 제3항은 내용상 분리될 수 없는 사항은 함께 규정되어야 한다는 의미의 '불가분 조항'이다. 따라서 공용 침해 규정과 보상 규정은 하나의 법률에서 규정되어야 한다.

그러나 헌법은 제23조 제1항에서 "모든 국민의 재산권은 보장된다. 그 내용과 한계는 법률로 정한다."라고 규정하여, 재산권은 법률에 의해 구체화된다고 밝히고 있다. 또한 제2항에서 "재산권의 행사는 공공복리에 적합하도록 하여야 한다."라고 하여, 개인의 재산권 행사가 공익에 적합하여야 한다는 재산권의 '사회적 제약'을 규정하고 있다. 특히 토지처럼 공공성이 강한 사유 재산은 재산권 행사에 더욱 강한 사회적 제약을 받을 수 있다. 만약 재산권 침해가 사회적 제약의 범위 내에 있다면 이로 인한 손실은 보상의 대상이 되지 않는다. 즉 재산권 침해가 특별한 희생에 해당할 때만 보상이 가능한 것이다.

재산권의 사회적 제약과 특별한 희생의 구별에 대해 경계 이론과 분리 이론은 서로 다른 입장을 취한다. 경계 이론에 따르면 양자는 별개가 아니라 단지 침해의 정도에 있어서만 차이가 있을 뿐이다. 재산권 침해는 그 정도가 사회적 제약의 범위를 넘어서면 특별한 희생으로 바뀐다는 것이다. 따라서 경계 이론은 사회적 제약을 벗어나는 재산권 침해는 보상 규정이 없어도 보상이 이루어져야 한다고 본다. 보상을 규정하지 않은 채 공용 침해를 규정하고 있는 법률은, 불가분 조항인 헌법 제23조 제3항에 위반되어 위헌이고, 위헌임이 밝혀진 법률에 근거한 공용 침해 행위는 위법한 행정 작용이 된다는 것이다. 경계 이론은 적법한 공용 침해 행위의 경우에 보상이 인정된다면, 위법한 공용 침해 행위의 경우에도 헌법 제23조 제3항을 근거로 보상을 인정해야 한다는 입장이다.

이에 반해 분리 이론은 재산권의 사회적 제약에 대한 헌법 제23조 제2항의 규정과 특별한 희생에 대한 제3항의 규정은 입법자의 의사에 따라 완전히 분리된다고 주장한다. 따라서 재산권 침해를 규정한 법률에 보상 규정이 없는 경우 입법자가 이러한 재산권 침해를 특별한 희생이 아닌 사회적 제약으로 규정한 것으로 본다. 재산권 침해가 사회적 제약 또는 특별한 희생 중 무엇에 해당하는지 결정하는 것은 법률을 제정하는 입법자의 권한이라는 것이다. 만약 해당 법률에 규정된 재산권 침해가 헌법 제23조 제2항에서 규정한 재산권의 공익 적합성을 넘어서서 개인의 재산권을 과도하게 침해한다면, 이러한 법률은 헌법 제23조 제2항을 위반하여 위헌이고, 위헌임이 밝혀진 법률에 근거한 행정 작용은 위법하게 된다. 분리 이론은 이러한 경우 ㉠손실을 보상하는 것이 아니라, 위법한 행정 작용 자체를 제거해야 한다고 본다. 재산권을 존속시키는 것이 재산권을 침해하면서 그 손실을 보상하는 것보다 우선한다고 보기 때문이다.

1

위 글에 대한 이해로 가장 적절한 것은?

① 헌법이 개인에게 보장하는 재산권의 내용은 법률로써 그 내용이 구체화된 것이다.

② 공용 침해 중 '사용'과 달리 '제한'의 경우, 행정 작용에도 불구하고 개인의 재산권은 국가로 이전되지 않는다.

③ 재산권을 침해하는 모든 행정 작용에 대해, 개인은 자신이 입은 손실을 보상하도록 요구할 수 있는 권리를 갖는다.

④ 재산권의 사회적 제약을 규정하는 모든 법률은 공용 침해와 손실 보상이 내용상 분리될 수 없다는 원칙에 어긋난다.

⑤ 감염병 예방을 위해 행정 기관이 사설 연수원을 일정 기간 동원하는 것은 공공필요에 의한 재산권의 '수용'에 해당한다.

2

㉠의 전제로 가장 적절한 것은?

①재산권은 입법자의 의사에 따라 보상 없이 제한해야 하는 권리이다.

②공용 침해 규정과 손실 보상 규정이 동일한 법률에서 규정될 필요는 없다.

③재산권의 사회적 제약은 입법자의 의사에 따라 제한 없이 규정될 수 있다.

④행정 작용이 공익을 목적으로 한다면 이로 인한 손실은 보상할 필요가 없다.

⑤입법자가 별도로 규정하지 않는 한, 재산권은 그대로 보존되어야 하는 권리이다.

분쟁이 예견되거나 진행 중인 상황에서 후일 상대방이 사실을 번복하거나 그런 내용을 고지받지 못했다고 주장하는 것을 막기 위해 '내용증명'을 활용할 수 있다. 내용증명이란 누가, 언제, 누구에게, 어떤 내용의 문서를 보냈다는 사실을 우체국에서 공적으로 증명해 주는 특수한 우편 제도로, 이를 활용하면 향후 법적 분쟁의 소지를 줄일 수 있다.

내용증명은 개인 간 채권·채무 관계나 권리·의무를 더욱 명확하게 할 필요가 있을 때 주로 이용된다. 예를 들어 방문판매를 통해 충동적으로 구입한 화장품, 건강식품 등의 구매계약을 철회 기간 내에 취소하고 싶을 때 사용할 수 있다. 특히 판매자와 연락이 되지 않는 등의 사유로 계약을 철회할 수 있는 기간 내에 철회가 불가능한 경우에도 사용한다.

내용증명은 우체국에 같은 내용의 문서 3부를 제출해야 한다. 이는 발신인, 수신인, 우체국 3자가 각각 동일한 내용의 문서를 소지하기 위함이다. 그 결과 발신인이 작성한 어떤 내용의 문서가 언제 누구에게 발송되었는지를 우체국장이 증명할 수 있게 되는 것이다. 그러나 이것이 문서의 내용이 맞다는 것까지 증명하는 것은 아니라는 점에 유의해야 한다. 내용증명 우편이 발송되었다는 사실은 입증하지만 문서 내용의 진위까지 입증하는 것은 아니므로 그 자체로 문제가 해결되는 것은 아니다.

그렇다면 내용증명은 어떠한 기능을 하는 것일까? 우선, 내용증명은 문서를 발송하였다는 것을 공적으로 증명하는 증거 효력을 갖는다. 만약 법적 대응 과정에서 내용증명을 제출한다면 상대방은 그와 같은 내용의 문서를 언제 받았다는 사실만큼은 문제 삼을 수 없다. 다음으로, 내용증명은 상대방에게 심리적 부담을 주어 그 내용의 이행을 실현하게 하기도 한다. 왜냐하면 내용증명을 보내는 사람이 추후 강력한 법적 대응을 이어갈 의지가 있음을 알리기 때문이다. 예를 들어 A에게 돈을 빌린 B가 채무 이행을 독촉하는 내용증명을 받으면 B는 A가 이후 법적 대응을 할 수도 있다는 심리적 부담을 느껴 자발적으로 돈을 갚을 가능성이 있다는 것이다.

또한 내용증명은 그 자체만으로는 단순히 최고*하는 것에 불과하지만, 소멸시효를 중단시키는 데 중요한 역할을 한다. 채권에는 소멸시효가 있기 때문에 제때 권리 행사를 하지 않으면 소멸시효가 만료되어 그 권리가 소멸된다. 따라서 소멸시효가 만료될 무렵까지 채무 이행이 이루어지지 않고 있다면 채권자는 소멸시효가 더 이상 진행되지 못하도록 중단시켜야 한다. 그러나 내용증명을 발송하였다고 하여 바로 소멸시효가 중단되는 것은 아니다. 내용증명을 보낸 날짜로부터 6개월 이내에 청구나 압류, 가압류, 가처분 등을 해야만 소멸시효가 중단되는 효력이 발생한다. 이러한 법적 대응을 하게 되면 해당 사안의 소멸시효가 내용증명을 보낸 시점에 중단되는 효력이 발생한다. 이렇게 소멸시효가 중단되면 그때까지 경과한 소멸시효의 기간은 무효가 되고 중단 사유가 종료된 때로부터 소멸시효가 새로이 시작된다.

내용증명을 작성할 때 정해진 양식이 있는 것은 아니지만 특정일에 특정 내용을 전달했다는 증거가 되므로 발신인, 수신인, 제목, 본문, 날짜 등이 순서대로 포함되어야 한다. 기재된 발신인 및 수신인의 주소와 이름은 반드시 봉투 겉면에 작성하는 주소, 이름과 일치하도록 해야 하고, 제목에는 손해 배상 청구 등과 같이 내용증명의 구체적 목적이 담겨야 한다. 본문에는 계약 경위와 같은 객관적 사실 관계와 요구 사항 등을 분명히 제시해야 한다. 날짜에는 발송 날짜를 쓰고 발신인의 도장을 찍거나 서명을 하도록 한다. 작성하면서 글자나 기호를 정정, 삽입 또는 삭제할 때에는 반드시 '정정', '삽입' 또는 '삭제'라는 문자 및 수정한 글자 수를 여백에 기재하고 그곳에 발송인의 도장 또는 지장을 찍거나 서명을 하여야 한다.

민법의 규정에 따라 문서의 우편 발송은 수신인에게 도달된 때로부터 효력이 발생한다. 그러나 방문판매 등의 청약 철회를 요청하는 내용증명의 경우에는 수신인의 수취 여부와 상관없이 서면을 발송한 날부터 발생한다. 내용증명으로 발송한 우편물은 3년간 우체국에서 보관한다. 발신인이나 수신인이 이를 분실할 경우 발송 우체국에 특수우편물수령증, 주민등록증 등을 제시해 본인임을 입증하면 보관 중인 내용증명의 열람을 청구할 수 있으며 필요시에는 복사를 요청할 수도 있다.

*최고: 다른 사람에게 일정한 행위를 할 것을 요구하는 통지를 냄.

1

위 글에 대한 설명으로 가장 적절한 것은?

① 특정 제도의 특징과 기능을 구체적인 사례를 들어 소개하고 있다.
② 특정 제도의 형성 배경과 발달 과정을 순차적으로 서술하고 있다.
③ 특정 제도가 지닌 문제점과 한계를 다양한 측면에서 고찰하고 있다.
④ 특정 제도가 실시되었을 때 예상되는 장점과 단점을 분석하고 있다.
⑤ 특정 제도의 필요성을 언급한 뒤 그 속성을 유사한 대상에 빗대어 설명하고 있다.

2

위 글의 내용과 일치하지 않는 것은?

① 내용증명을 받은 수신인은 심리적 부담감을 느끼고 문제 해결을 시도할 수 있다.
② 방문판매의 청약 철회를 요청하는 내용증명의 효력은 서면을 발송한 날부터 발생한다.
③ 내용증명 발송 직후 발신인이 이를 분실한 경우 발송 우체국에서 복사를 요청할 수 있다.
④ 내용증명을 위해 우체국에 같은 내용의 문서를 3부 제출하여 발신인도 그중 하나를 갖는다.
⑤ 계약을 철회할 수 있는 기간이 지난 후 발송한 내용증명도 효력을 가질 수 있다.

7장

사회일반

사회를 체계적으로 이해하기 위해서는 올바른 관점을 지녀야 한다. 가장 쉽게 생각할 수 있는 관점은 사람들이 맺는 관계에 주목하여 사회 현상을 바라보는 것이다. 이 관점에서는 주로 어떤 개인과 그를 둘러싼 가족, 사회, 국가, 세계 사이에 존재하는 구속성과 영향력, 또는 어떤 개인이 다른 개인이나 집단과 갖게 되는 이해관계나 상호 작용에 중점을 두어 사회 현상을 심층적으로 분석한다. 예를 들어, 위계와 차별을 핵심으로 한 유교적 인간 관계가 사회 조직으로 확산되면서 혈연, 지연, 학연 등 사적인 연고를 중시하는 태도로 바뀌어 나타났다는 견해가 있는데, 이때 연고주의의 원인을 유교적 인간 관계의 변질에서 찾았다면, 이는 관계를 중심으로 사회 현상을 분석한 것이라 할 수 있다.

한편 구조를 중심으로 사회를 바라보는 관점에서는 개인의 의지와 능력에 상관없이 존재하고 작동하는 사회의 체계나 구조에 관심을 둔다. 구조는 사회 전반을 포괄하는 거시적인 성격을 갖는 경우가 많은데, 보통 권력, 부, 지식 등이 불균등하게 분배된 상황에서 쉽게 드러난다. 한 개인은 정치인, 관료, 자본가, 학자 등과 형식적으로는 평등한 관계에 있지만, 이들이 집단 혹은 제도로서 독점하는 자원을 이용해 일방적으로 강제하고 억압하는 사회 구조 속에 있다면, 개인으로서는 어찌할 수 없는 경우가 많다. 그래서 많은 사람들이 이 불균형을 운명처럼 받아들인다. 하지만 어떤 사람들은 시민 운동, 노동 운동과 같은 각종 사회 운동을 통해 조직적인 대응 방식을 모색하기도 한다. 운명처럼 받아들이든 조직을 결성하여 사회 운동을 벌이든 모두 구조에 관심을 두고 사회를 바라보았기 때문에 이러한 반응을 보이는 것이다.

현대 사회는 급속히 도시화, 산업화, 세계화되어 간다. 그 변화 과정 속에서, 사람들은 자신의 정체성을 확보하기 위하여 자신의 사회적 지위나 역할에 큰 관심을 갖게 된다. 따라서 사람들은 이 변화의 추세에서 낙오되지 않기 위해 부단히 노력하며 산다. 사회의 변화에 발빠르게 대처하기 위해서는 사회 현상에 대한 분석이 무엇보다 중요하다. 변화의 추세를 읽고 현재의 문제를 진단해야 미래를 위해 우리가 해야 할 일도 정할 수 있기 때문이다.

현대 사회에서 변화를 감안하지 않고 어느 한 시점에서 사람들 사이의 관계나 그들을 둘러싼 구조만을 논하는 것은 많은 한계가 있다. 예를 들면, 정부와 대기업의 유착에 의한 과거의 경제적 지배 구조는 세계화로 인해 자유 경쟁을 중시하는 경제 구조로 변하면서 다국적 기업의 영향력의 증대를 가져왔다. 이처럼 산업화, 도시화, 민주화, 정보화, 세계화 등의 변화는 사회 관계나 구조에 직접적인 영향을 미치거나 그 매개체로 작용하고 있다. 따라서 어느 한 시점에 정착된 사회 관계나 구조를 분석하는 것도 필요하지만, 역사적 관점에서 그 변화 과정을 중심으로 사회 현상을 분석하면, 좀 더 포괄적으로 사회의 특성을 이해할 수 있다.

1

글쓴이가 독자에게 강조할 말을 다르게 표현해 보았다. 가장 적절한 것은?

① 실패하지 않으려면 미리미리 준비해야 합니다.

② 많은 것을 얻고 싶으면 항상 깨어있어야 합니다.

③ 제대로 보고 싶으면 보는 눈을 키워야 합니다.

④ 좋은 결과를 얻으려면 기초에 충실해야 합니다.

⑤ 문제 상황을 회피하지 말고 적극적으로 대응해야 합니다.

2

〈보기〉는 '청년 실업'에 대한 분석 기사의 일부이다. 위 글을 바탕으로 〈보기〉를 평가한 것 중, 가장 타당한 것은?

〈보기〉

오늘날의 청년 실업은, 근본적으로 우리 경제가 대외 의존적이라는 한계에서 비롯된 것이다. 우리 경제 체제는 자체 동력으로 삼을 만한 기반이 약하기 때문에, 세계의 경제 상황에 영향을 받지 않을 수가 없는 것이다.

① '구조'를 중심으로 청년 실업의 원인을 규명하고 있다.

② '변화 과정'을 중심으로 청년 실업의 실태를 제시하고 있다.

③ '관계'를 중심으로 청년 실업이 야기하는 사회 문제를 설명하고 있다.

④ 청년 실업의 실태는 '관계'를 중심으로, 청년 실업의 원인은 '변화 과정'을 중심으로 설명하고 있다.

⑤ 청년 실업의 폐해는 '구조'를 중심으로, 청년 실업 해결의 전망은 '변화 과정'을 중심으로 설명하고 있다.

과거 사회는 신분과 지위, 권력과 계급의 상하관계 등이 주축을 이루는 단순한 계층 사회였다. 이에 비해 현대 사회에서는 상하의 간격이 극도로 확대되고 있을 뿐 아니라, 그 사이에 다양한 계층이 새로이 발생하고 있다. 수직적 격차의 확대는 사회적 불평등을 더욱 심화시킨다. 후기 산업 사회로 접어들면서 계층과 계급의 구성 원리가 바뀌고 다양해지면서 소위 중간층(中間層)이 확대되었다. 그러나 사실 이 중간층이란 것도 하나의 동질적인 계층이나 계급으로 파악하기란 그리 단순하지 않은 일이다. 이를 우리는 과거의 단순 계층화와 구별하기 위해 복합적 계층화라고 부르자. 일반 관리직, 소자본 자영업자(自營業者), 중농과 부농 등 다양한 부류가 중간층에 속할 수 있다.

이러한 복합적인 계층화라는, 산업 과정에서 나타나는 재구조화는 결국 다양한 계층화에 따른 불평등 관계를 더욱 확대시켜 놓는다. 이러한 불평등은 경제적인 것을 넘어서 동시에 사회적, 정치적, 문화적인 것이다. 이러한 계층화 현상은 일부 계층의 소외현상과 상대적 박탈감을 가중시키고 있으므로 이에 대한 대책이 시급히 강구되어야 할 것이다. 산업 사회가 사회적 계층화를 복합적으로 증가시켜 나간다는 사실은 불가피한 것이라고 인정하더라도 계층화된 각 부분들 간에 이질감과 적대감이 생겨난다는 것은 사회적 통합의 관점에서 본다면 매우 유해한 현상이다.

계층 간의 위화감(違和感)은 여러 가지 요인들이 복합적으로 개입되어 나타난다. 예를 들면, 사회 계층화에 대한 새로운 인식의 미정착, 과도한 계층 간의 격차, 계층 간 이동의 정당성에 대한 의혹, 상류층의 권위 상실, 사회적 분배 정책 등 여러 요인이 관계할 수 있다. 이러한 위화감은 우선 격차를 좁히는 일, 기회의 평등 등 구조적이며 제도적인 개선이 이루어져야 하지만, 현대 사회의 계층화 현상은 그 절대적인 격차를 완전히 해소할 수는 없다. 그런 점에서 적어도 격차에 대한 이념적·동정적 이해는 산업 사회를 살아가는 현대인에게 매우 필요한 도구적 윤리이다. 여기에 사회적 소통의 일차적 중요성이 있다.

사회적, 경제적, 정치적 격차는 다수의 사람들이 합의하는 기준에 의하여 그 정당성이 인정되어야만 한다. 만약 격차가 생긴 합리적인 이유가 밝혀진다면 계층 간 이해와 소통(疏通)이 비교적 수월하게 이루어질 수 있다. 그러나 누구도 인정하지 않는 격차는 계층 간 위화감으로 직결될 것이다. 고위 정치가, 재벌, 해외자본, 그리고 이들의 결탁, 국가권력 등에 대한 수많은 불만과 의혹은 모두 차이가 발생하는 이유를 합리적으로 설명해주지 않는 데에서 기인한다.

정당성이 결여된 격차를 정당화시켜주는 것이 아니라 합당한 격차가 통용되는 사회의 재구조화를 위한 소통이어야 할 것이다. 전자만을 위한 소통은 강압적·일방적이지만, 후자를 위한 소통은 자발적·동정적이다. 산업 사회에서 필연적으로 노정(露呈)시키게 되는 정당한 격차에 대하여는 국민 모두가 승복할 수 있는 이념적 합일 또한 매우 중요한 과제인 점을 인정해야 할 것이다.

1

위 글의 내용과 일치하지 않는 것은?

① 계층 간의 격차를 완전히 해소하기는 어렵다.

② 계층 간의 갈등은 다양한 요인에 의해 발생된다.

③ 사회에는 상대적 박탈감을 느끼는 계층이 존재한다.

④ 산업 사회는 사회적 계층화를 복합적으로 증가시킨다.

⑤ 사회적 불평등은 경제적인 측면에서 두드러지게 나타난다.

2

위 글을 읽고 제기할 수 있는 의문으로 가장 타당한 것은?

① 사회적 불평등이 과연 우리 사회에 존재하는가?

② 현대 사회에 필요한 윤리 의식에는 어떤 것이 있을까?

③ 사회적 격차를 정당화하는 구체적인 방법은 무엇인가?

④ 사회 보장 제도만으로 사회적인 불평등이 해소될 수 있을까?

⑤ 경제적 차원의 불평등이 문화적인 불평등과 관계가 있을까?

사람들은 함께 모여 '집합 의례'를 행한다. 뒤르켐은 오스트레일리아 부족들의 집합 의례를 공동체 결속의 관점에서 탐구한다. 부족 사람들은 문제 상황이 발생할 경우 생계 활동을 멈추고 자신들이 공유하는 성(聖)과 속(俗)의 분류 체계를 활용하여 이 상황이 성스러운 것인지 아니면 속된 것인지를 판별하는 집합 의례를 행한다. 이 과정에서 그들은 자신들이 공유하는 성스러움이 무엇인지 새삼 깨닫고 그것을 중심으로 약해진 기존의 도덕 공동체를 재생한다. 집합 의례가 끝나면 부족 사람들은 가슴속에 성스러움을 품고 일상의 속된 세계로 되돌아간다. 이로써 단순히 먹고사는 문제에 불과했던 생계 활동이 성스러움과 연결된 도덕적 의미를 지니게 된다.

뒤르켐은 현대 사회의 집합 의례가 기존 도덕 공동체의 재생으로 끝나지 않고 새로운 도덕 공동체를 창출할 것이라고 본다. 예를 들어, 프랑스 혁명은 자유, 평등, 우애와 같은 새로운 성스러움을 창출하고 이를 중심으로 새로운 도덕 공동체를 구성한 집합 의례다. 뒤르켐은 새로 창출된 성스러움이 자기 이해관계를 추구하며 속된 세계에서 살아가는 개인들에게 서로 결속할 수 있는 도덕적 의미를 제공할 것이라 여긴다.

㉠파슨스와 스멜서는 이러한 이론적 통찰을 기능주의 이론으로 구체화한다. 그들은 성스러움을 가치라는 말로 바꿔 표현한다. 현대 사회에서는 가치가 평상시 사회적 삶 아래에 잠재되어 있다가, 그 도덕적 의미가 뿌리부터 뒤흔들리는 위기 시기에 위로 올라와 전국적으로 일반화된다. 속된 일상에서 사람들은 가치를 추구하기보다는 자기 이해관계를 구체화한 목표와 이의 실현을 안내하는 규범에 따라 살아간다. 하지만 위기 시기에는 사람들의 관심이 자신들의 특수한 이해관계에서 보편적인 가치로 상승한다. 사람들은 가치에 기대어 위기가 주는 심리적 긴장과 압박을 해소하는 집합 의례를 행한다. 그 결과 사회의 통합이 회복된다. 파슨스와 스멜서는 이것이 마치 유기체가 환경의 압박으로 인해 흐트러진 항상성의 기능을 생리 작용을 통해 회복하는 과정과 유사하다고 본다.

㉡알렉산더는 파슨스와 스멜서의 이론을 받아들이면서도 그들이 사용한 생물학적 은유가 복잡한 현대 사회의 집합 의례를 탐구하는 데는 한계가 있다고 보고, 그 대안으로 '사회적 공연론'을 제시한다. 그는 가치를 전 사회로 일반화하는 집합 의례가 현대 사회에서는 유기체의 생리 작용처럼 자연적으로 진행되는 것이 아니라, 그 결과가 정해지지 않은 과정이라고 본다. 현대 사회는 사회적 공연의 요소들이 분화되어 있을 뿐만 아니라 각 요소가 자율성을 지니고 있다. 따라서 이 요소들을 융합하는 사회적 공연은 우발성이 극대화된 문화적 실천을 요구한다. 알렉산더가 기능주의 이론과 달리 공연의 요소들이 어떤 조건 아래에서 어떤 과정을 거쳐 융합이 이루어지는지 경험적으로 세밀하게 탐구해야 한다고 강조하는 이유가 여기에 있다.

현대 사회의 사회적 공연의 요소들로는 성과 속의 분류 체계를 다양하게 구체화한 대본, 다양한 대본을 자신만의 방식으로 실행하는 배우, 계급·출신 지역·나이·성별 등 내부적으로 분화된 관객,

시·공간적으로 다양한 동선을 짜서 공연을 무대 위에 올리는 미장센*, 시·공간의 한계를 넘어 공연을 광범위한 관객에게 전파하는 상징적 생산 수단, 공연을 생산하고 배포하고 해석하는 과정을 총체적으로 통제하지 못할 정도로 고도로 분화된 사회적 권력 등이 있다. 그러나 요소의 분화와 자율성이 없는 전체주의 사회에서는 국가 권력에 의한 대중 동원만 있을 뿐 사회적 공연이 일어나기 어렵다.

*미장센: 무대 위에서의 등장인물의 배치나 역할, 무대 장치, 조명 따위에 관한 총체적인 계획과 실행.

1

위 글의 논지 전개 방식에 대한 설명으로 가장 적절한 것은?

① 중심 화제에 대해 주요 학자들이 합의한 결과를 제시하고 있다.
② 중심 화제에 대해 상반된 견해를 제시한 후 두 견해를 절충하고 있다.
③ 중심 화제에 대한 이론이 후속 연구에 의해 보완되는 과정을 고찰하고 있다.
④ 중심 화제에 대한 다양한 사례들을 제시한 후 이를 유형별로 분류하고 있다.
⑤ 중심 화제의 역사적 기원에 대한 다양한 가설들의 의의와 한계를 평가하고 있다.

2

위 글의 ㉠과 ㉡에 대한 설명으로 가장 적절한 것은?

① ㉠과 달리 ㉡은 현대 사회의 집합 의례는 그 결과가 미리 결정되어 있지 않다고 본다.
② ㉠과 달리 ㉡은 집합 의례가 가치의 일반화를 통해 도덕 공동체를 구성할 것이라 본다.
③ ㉡과 달리 ㉠은 집합 의례가 발생하는 과정을 경험적으로 탐구할 필요성이 있다고 본다.
④ ㉠과 ㉡은 모두 문화적 실천으로서의 집합 의례를 유기체의 생리 과정과 유사하다고 본다.
⑤ ㉠과 ㉡은 모두 현대 사회에서는 성과 속의 분류 체계 없이 집합 의례가 일어난다고 본다.

사회적 관계에 있어서 상호주의란 "행위자 갑이 을에게 베푼 바와 같이 을도 갑에게 똑같이 행하라."라는 행위 준칙을 의미한다. 상호주의의 원형은 '눈에는 눈, 이에는 이'로 표현되는 탈리오의 법칙에서 발견된다. 그것은 일견 피해자의 손실에 상응하는 가해자의 처벌을 정당화한다는 점에서 가혹하고 엄격한 성격을 드러낸다. 만약 상대방의 밥그릇을 빼앗았다면 자신의 밥그릇도 미련 없이 내주어야 하는 것이다. 그러나 탈리오 법칙은 온건하고도 합리적인 속성을 동시에 함축하고 있다. 왜냐하면 누가 자신의 밥그릇을 발로 찼을 경우 보복의 대상은 밥그릇으로 제한되어야지 밥상 전체를 뒤엎는 것으로 확대될 수 없기 때문이다. 이러한 일대일 방식의 상호주의를 '대칭적' 상호주의라 부른다.

하지만 엄밀한 의미의 대칭적 상호주의는 우리의 실제 일상 생활에서 별로 흔하지 않다. 오히려 '되로 주고 말로 받거나, 말로 주고 되로 받는' 교환 관계가 더 일반적이다. 이를 대칭적 상호주의와 대비하여 '비대칭적' 상호주의라 일컫는다. 그렇다면 교환되는 내용이 양과 질의 측면에서 정확한 대등성을 결여하고 있음에도 불구하고, 교환에 참여하는 당사자들 사이에 비대칭적 상호주의가 성행하는 이유는 무엇인가? 그것은 셈에 밝은 이른바 '경제적 인간(Homo economicus)'들에게 있어서 선호나 기호 및 자원(資源)이 다양하기 때문이다. 말하자면 교환에 임하는 행위자들이 각인각색(各人各色)인 까닭에 비대칭적 상호주의가 현실적으로 통용될 수밖에 없으며, 어떤 의미에서는 그것만이 그들에게 상호 이익을 보장할 수 있는 것이다.

이처럼 비대칭적 상호주의에 의거한 호혜적(互惠的) 교환 관계가 가장 현저하게 이루어지는 사회적 공간이 바로 시장이다. 어떠한 행위자도 공짜로 재화를 얻을 수 없다고 가정하는 시장 상황에서 실제로 이루어지는 교환의 내용은 결코 등량(等量)·등가(等價)의 것들이 아니다. 행위자 갑은 을이 소유하고 있는 쌀을 원하고 을은 갑이 갖고 있는 설탕을 바랄 경우, 갑은 쌀에 대하여 그리고 을은 설탕에 대해 각각 더 높은 가치를 부여하면서 양자를 서로 바꾸는 것이다. 이와 같이 시장은 각자의 선호와 자원의 범위 내에서 '줄 것은 주고, 받을 것은 받는' 장군 멍군 식의 관계가 성립되는 사회적 영역이다.

그런데 시장이 본연의 기능을 효율적으로 수행하기 위해서는 일정한 전제 조건이 요구된다. 교환에 참여하는 행위자의 자발성(自發性)과 교환 과정의 공정성(公正性)이 바로 그것이다. 이 때 자발성은 행위자의 자율적 의사 결정을 의미하는 것이며, 공정성은 그들 간의 절차적 합리주의를 뜻한다. 예를 들어 강매나 사기, 도둑질 같은 행위는 선택의 자발성을 제한하고 절차의 공정성을 침해한다는 점에서 반(反)시장적인 것이다. 이러한 반시장적 행위들은 시장의 논리만으로 통제되기 어렵다. 따라서 시장에는 자발성과 공정성의 원칙을 견지하는 윤리적 규범이나 사회적 규칙을 행위자들이 신뢰하고 준수하는 것이 필요하다. 그것은 시장 속에 내재해 있는 것이 아니라는 점에서 '시장의 비(非)시장적 요소'라 말할 수 있다.

1

위 글의 내용과 일치하지 않는 것은?

① 대칭적 상호주의는 우리의 일상 생활에 보편화되어 있다.

② 사람들의 기호 및 자원에는 차이가 있다.

③ 비대칭적 상호주의는 쌍방에게 이익을 준다.

④ 행위자의 자발성과 절차적 공정성은 호혜적 교환 관계의 전제 조건이다.

⑤ 반시장적 요소와 비시장적 요소는 서로 다른 의미이다.

2

위 글의 논지 전개 방식을 가장 잘 설명한 것은?

① 가설을 먼저 설정한 후, 그것을 구체적 현상에 적용하였다.

② 다양한 학설들을 소개한 다음, 그 공통점과 차이점을 열거하였다.

③ 정의, 비교 · 대조, 예시의 방법을 활용하여 현상에 대해 설명하였다.

④ 여러 가지 특수한 사례로부터 현상에 대한 보편적 이론을 도출하였다.

⑤ 현상을 바라보는 상반된 주장을 대비한 다음, 절충적 관점을 제시하였다.

보통 여러 사람들이 모여 서로 이야기를 하면 다양한 의견이 반영되기 때문에 보다 합리적인 결론을 얻을 수 있다고 생각하기 쉽다. 하지만 실제 집단적 의사 결정을 할 때, 사람들은 다양한 의견들을 수렴하기보다 극단적인 방향으로 흐르는 경우가 있다. 이처럼 집단의 최초 의견이 모험적인 경우는 더 모험적인 방향으로, 보수적인 경향이었다면 더 보수적인 경향으로 극단화되는 현상을 '집단극화(group polarization)'라 한다.

그렇다면 집단극화 현상이 발생하는 이유는 무엇일까?

첫째, '사회비교 이론'은 집단 구성원들이 자신을 타인과 비교하는 경향이 있으며, 타인으로부터 인정받고자 하는 욕구가 있다는 것으로 설명한다. 집단토의 중에 자기의 주장이 상대의 주장보다 못하다는 생각이 들면 좀 더 극단적인 의견을 제시하게 된다는 것이다. 예를 들어 친구들과 관람한 영화가 보통 정도는 되는 영화라고 생각했어도 '정말 형편 없었어.'라고 주장하는 친구들이 더 많으면, 자신도 재미가 별로 없었다는 것을 친구들보다 더 강화된 근거로 제시하여 집단으로부터 지지받는 입장을 밝히게 된다는 것이다. 이런 과정을 거쳐 집단의 의견은 극단적인 방향으로 가게 된다.

둘째, '설득주장 이론'은 집단 토의가 진행되면 새로운 정보나 의견을 접하게 되어 이전에는 생각지 못했던 다양하고 설득력 있는 의견에 구성원들이 솔깃하게 된다는 것으로 설명한다. 집단 의견의 방향과 일치하면서 그럴듯한 주장이 제시되면 극단의 의견이 더 설득적이라 생각하게 되어 결과적으로 집단의 결정이 양극의 하나로 정해진다는 것이다.

셋째, '사회정체성 이론'은 집단극화를 집단 규범에 동조하는 현상과 관련지어 설명한다. 사회정체성 수준이 높은 구성원일수록 자신이 속한 내집단과 자신을 동일시한다. 이에 따라 내집단에서 생긴 의견 차이는 극소화되고, 집단의 규범에 강하게 영향을 받게 되어 집단 규범에 동조하는 행동을 한다. 즉, 내집단 구성원 간의 의견차는 극소화되는 반면 외집단과 내집단의 차이는 극대화되어 시간이 갈수록 내집단의 의견은 다른 집단의 의견과 차별화되고 외집단과는 다른 극단적인 방향으로 전환된다. 정치적 경향이 달랐던 두 정당이 시간이 지날수록 화합하지 못하고 견해차가 더 심화되는 것이 이러한 예에 해당한다.

이렇게 집단극화 현상으로 인해 다른 대안의 고려나 다양한 사고 없이 집단의 결정을 내리게 되는 잘못된 의사 결정 과정을 '집단 사고'라 한다. 이러한 집단 사고의 부정적 경향성은 응집력이 높은 집단, 외부로부터의 의견 수렴이나 비판이 배제된 집단, 지나치게 권위적인 리더가 존재하는 집단, 대안을 제시하고 평가할 수 있는 민주적 절차가 없는 집단, 높은 스트레스 상황에 처한 집단의 경우에 강화된다. 때문에 합리적 의사 결정을 위한 집단의 조건이 무엇인지에 대한 고민이 필요하다.

1

위 글로부터 알 수 있는 사실이 아닌 것은?

① 집단 토론을 통해 의사 결정이 더욱 극단화될 수 있다.

② 사람들에게는 타인에게 인정받고 싶어 하는 욕구가 있다.

③ 사회정체성이 높은 집단일수록 의사 결정 구조가 합리적이다.

④ 집단의 의견과 일치하는 주장은 반대 의견보다 더 설득적이다.

⑤ 집단극화는 집단의 의견에 동조하는 현상 때문에 발생하기도 한다.

2

위 글을 바탕으로 〈보기〉에 반응한 내용이 적절하지 않은 것은?

> 〈보기〉
>
> 아파트 단지 내 테니스장 소음 문제 때문에 평소 주민들의 불만이 많았다. 이 아파트의 부녀회가 테니스장 사용 시간을 제한하자고 주장하였다. 단지 내 테니스장을 이용했던 지역 테니스 동호회 회원들은 여기에 반대했고 두 집단 간의 갈등은 깊어졌다. 부녀회에는 사용 시간의 변경이나 인원수 제한 등의 해결 방법을 찾자는 소수의 다른 의견도 있었으나, 회의가 진행될수록 점점 테니스장을 없애자는 다수의 견해로 주장이 모아졌다.

① 소음 때문에 생긴 스트레스가 의견이 극단화되는 데 영향을 주었겠군.

② 다른 집단과의 갈등 상황에서 소수의 의견이 다수의 의견으로 동화되는 경우가 생겼겠군.

③ 테니스 동호회 회원들은 아파트 주민들의 설득력 있는 의견에 동의하는 현상이 생겼겠군.

④ 테니스장의 피해에 대한 새로운 정보에 접한 구성원이 많아질수록 극단적 의견이 우세했겠군.

⑤ 시간이 지날수록 부녀회 내집단의 의견은 강화되나, 외집단과의 견해 차이는 더욱 커졌겠군.

　　루소 이전의 사상가들은 대부분 자신들이 남들보다 잘나고 똑똑하다고 확신했다. 그래서 그들은 지저분한 몰골에 무식하기 이를 데 없는 민중을 보며, 믿을 수 있는 인간은 극소수에 불과하다고 생각하였다. 그러므로 그들은 특출한 한두 사람이 세상을 지배하는 것이 옳다고 보았으며, '어떻게 해야 저들을 번듯한 인간으로 살게 해 줄 수 있을까?'를 푹신한 안락의자에 앉아 하인이 가져온 차를 마시며 고민하였다.

　　그런데 그들은 민중의 불쌍한 처지를 걱정한 것이 아니라 철없는 민중들의 '무질서'를 두려워했다. 무식하고 이기적인 사람들을 어떻게 통제해야 사회 질서가 유지될 수 있을까? 이것이 바로 루소 이전 사상가들의 진짜 고민이었다. 결국 답은 한 가지뿐이었다. 말 안 듣는 아이에게는 매가 약이듯이 민중들을 다스리기 위해서는 폭력이 필요하다고 생각했다. '복종하지 않고 멋대로 굴면 죽음뿐이다!' 사람들에게 공포심을 심어 주는 것만큼 효과적인 것은 없었다. 그래서 왕에게 반항한 죄인은 군중이 보는 앞에서 잔인하게 처형했다. 이러한 사회에서 민중들은 자신들의 생각을 자유롭게 펼치지 못했다. 그러므로 루소 이전의 지배층과 민중 사이의 '사회 계약'은 일종의 수직적인 계약으로 볼 수 있다. 그 계약은 단지 아랫사람이 윗사람에게, 즉 모든 민중이 왕에게 철저히 복종하겠다는 맹세였을 뿐이다.

　　그러나 루소는 이와는 완전히 다르게 생각했다. 그는 힘으로 민중들을 억누르고 공포심을 일으켜서 질서를 유지하려는 사상가들의 생각을 거부했다. 루소는 가난하고 배운 것 없는 사람들의 착한 마음을 믿었으며, 평범한 사람들이 서로 도와서 행복한 사회를 만들 수 있을 것이라고 생각했다. 즉 그는, 지배계급의 힘에 눌려서 아무 일 없이 조용하기만 한 사회가 아니라 사람들이 서로 도우며 소중한 가치를 추구하는 한 차원 높은 '질서'를 꿈꾸었던 것이다. 루소가 주장했던 사회 계약은 '자유롭게 행동하는 사람들'을 함께 묶는 수평적인 계약이었다. 그는 사람들이 스스로 뭉쳐서 창조한 공동체를 통해서 개인의 잠재력을 최대한 발휘할 수 있다고 생각했다. 이처럼 루소 이전의 사상가들이 오로지 '통제'만을 생각했던 것에 비해 루소는 '협동'을 떠올렸다.

　　개인은 왜 자기 마음대로 행동하지 않고 사회 질서를 지키며 사회 발전을 위해 노력해야 하는가? 그것은 누가 시켜서 강제로 따르는 것이 아니라 그렇게 하는 것이 개인과 사회 모두에게 이익이 되기 때문이다. 루소는 『사회계약론』에서 어떻게 해야 개인과 공동체가 모두 이익을 누릴 수 있을까 하는 문제를 놓고 끊임없이 고민했다. 그는 민중을 내려다보며 한심해 하는 엘리트가 아니라 민중의 입장에서 생각한 최초의 사상가였던 것이다.

1

위 글의 내용과 일치하지 않는 것은?

① 루소 이전의 사상가들은 자신들이 민중보다 더 지적이라고 생각했다.

② 루소는 공동체 구성원이 수평적 계약 관계를 이루어야 한다고 생각했다.

③ 루소 이전의 사상가들은 뛰어난 사람들이 민중을 지배해야 한다고 생각했다.

④ 루소는 이상적인 공동체를 만들기 위해서는 민중의 양보가 필요하다고 생각했다.

⑤ 루소는 사람들의 착한 마음을 믿었기 때문에 민중들의 협동이 가능하다고 생각했다.

2

위 글을 참고할 때, 루소가 말한 '사회 계약'의 의미와 가장 유사한 것은?

① 가족회의에서 결정한 여행을 어머니의 입원으로 아버지가 취소한 경우

② 주민 대표가 주민들의 합의 없이 어두운 골목에 가로등을 설치한 경우

③ 체육 대회에서 학급 반장의 주도로 우승하여 학급 반장이 공로상을 받는 경우

④ 마을 청년회에서 주민들의 동의를 얻어 운영한 도서관이 주민 모두에게 만족을 준 경우

⑤ 회사가 경쟁력을 높이기 위해서 마련한 연수회에 참여한 사원들에게 가산점을 주는 경우

　　18세기 영국의 공리주의자인 벤담이 처음 제안한 원형 감옥인 패놉티콘은 한 명의 간수가 수백 명의 죄수를 감시할 수 있다. 전체적으로 동심원 구조로 되어 있는 패놉티콘은 간수가 있는 중앙의 공간을 항상 어둡게 유지하여 죄수는 자신이 감시당하고 있다는 사실은커녕 간수의 존재 자체도 알 수 없었다. 반면 바깥쪽의 둥그런 감옥에는 건물 내부를 향한 창이 있어서 자신들의 모습이 간수에게 시시각각 포착되어 죄수들은 늘 감시받고 있다는 느낌을 가지게 되었다. 벤담은 이런 패놉티콘의 구조는 죄수들에게 규율과 감시를 내면화해서 스스로를 감시하게 하기 때문에 최소 비용으로 최대 효과를 볼 수 있는 획기적인 방법이라 주장하였다.

　　1970년대 중반 이른바 정보 혁명의 시대가 도래하면서 '전자 감시'가 패놉티콘을 통한 감시와 흡사하다는 인식이 급속히 퍼지면서 당시에는 큰 관심을 끌지 못했던 벤담의 패놉티콘은 다시 주목을 받기 시작했다. 우리가 살아가고 있는 정보화 사회에서는 컴퓨터 데이터베이스를 통해 막대한 양의 정보가 수집되고 있으며 CCTV는 도로와 거리, 건물 내·외에 자리 잡고 우리의 일상을 지켜보고 있다. 또한 신용 카드와 같은 전자 결제를 통해 나의 소비 정보가 고스란히 드러나고, 심지어는 전화 통화, 문자 내용까지도 저장되어 필요할 때 다시 복원할 수 있다. 바야흐로 정보 수집을 통한 다양한 감시와 통제, 즉 '전자 패놉티콘'의 시대가 시작된 것이다.

　　여기서 '정보'는 벤담의 패놉티콘에서의 '시선'을 대신해서 규율과 통제의 기제로 작용한다. 일단 이 둘은 '불확실성'의 공통점이 있다. 죄수가 늘 자신을 보고 있다고 생각하는 간수 때문에 매사의 행동에 조심하는 것처럼, 정보가 수집되는 사람은 자신에 대한 정보가 언제, 어떻게 열람될지 확신할 수 없기 때문에 자신의 행동에 주의를 기울인다. 이 둘의 또 다른 공통점으로 '비대칭성'을 들 수 있다. 패놉티콘에 죄수는 볼 수 없고 간수만 볼 수 있게 만든 시선의 비대칭성이 있다면 전자 패놉티콘에는 수집된 정보에 대한 접근의 비대칭성이 존재한다. 방대하게 수집된 정보를 열람할 때 접근자의 신분에 따른 차등을 두는 것이다.

　　정보 혁명의 시대를 거쳐 정보의 바다인 21세기를 살아가는 우리는 '전자 패놉티콘'에 어떻게 대처해야 할까? 단순히 생각해보면 전자 패놉티콘의 두 가지 부정적인 속성을 해결하면 의외로 답은 간단할 수 있다. 우리를 막연한 불안감, 불확실성에 떨게 하는 무차별적인 정보의 과다 수집을 금하고, 이미 수집된 정보에 대한 접근을 좀 더 평등하게 만드는 것이다. 공유할 수 있는 정보를 투명하게 공개할 때 보통 사람들이 권력자를 감시하는 ㉠역감시의 결과도 낳을 수 있고 이는 투명한 사회를 향한 첫걸음이 될 것이다.

1

위 글을 읽고 해결할 수 있는 질문으로 적절하지 않은 것은?

① 전자 패놉티콘 사회의 특징은?

② 패놉티콘의 기원과 구조적 특징은?

③ 패놉티콘이 초기에 주목 받지 못한 원인은?

④ 패놉티콘과 전자 패놉티콘의 공통점과 차이점은?

⑤ 전자 패놉티콘 사회의 문제점을 해결할 수 있는 방안은?

2

㉠의 예로 가장 적절한 것은?

① 쓰레기를 무단으로 버리는 장소에 CCTV를 설치하자 쓰레기 무단 투기가 급격하게 줄어들었다.

② 학교 폭력 신고함을 각 교실마다 설치하고 수시로 확인하자 학교 폭력 건수가 눈에 띄게 감소하였다.

③ 백화점을 찾은 고객의 카드 사용 내역을 정밀하게 분석하여 소비 형태에 따른 마케팅 전략을 수립하였다.

④ 신호를 무시하고 무단 횡단을 하는 장소에 경찰관을 상시 배치하자 사람들이 무단 횡단을 하지 않게 되었다.

⑤ 일 년마다 고위 공직자의 재산을 공공기관에 등록하게 하고 신고 재산을 언론이 공개하자 공직자의 비리가 많이 줄었다.

기술이 급속하게 발달함에 따라 인간의 삶은 더욱 여유롭고 의미 있는 것으로 될 것인가, 아니면 더욱 바쁘고 의미 없는 것으로 전락할 것인가? '사색적 삶'과 '활동적 삶'을 대비하여 사회 변화를 이해하는 방식은 이런 물음의 답을 구하는 데 도움이 된다.

　최초로 인간의 삶을 사색적 삶과 활동적 삶으로 구분한 사람은 아리스토텔레스이다. 그는 진리, 즐거움, 고귀함을 추구하는 사색적 삶의 영역이 생계를 위한 활동적 삶의 영역보다 상위에 있다고 보았다. 이러한 인식은 근대 이전의 오랜 역사 속에서 사회 질서의 기본 원리로 자리 잡아 왔다.

　근대에 접어들어 과학 혁명과 청교도 윤리의 등장으로 활동적 삶과 사색적 삶에 대한 인식은 달라지기 시작했다. 16, 17세기 과학 혁명으로 실험 정신과 경험적 지식이 중시되면서 사색적 삶의 영역에 속한 과학적 탐구와 활동적 삶의 영역에 속한 기술 사이의 거리가 좁혀졌다. 또한 직업을 신의 소명으로 이해하고, 근면과 검약에 의한 개인의 성공을 구원의 징표로 본 청교도 윤리는 생산 활동과 부의 축적에 대한 부정적 인식을 불식하는 계기가 되었다. 이로써 활동적 삶과 사색적 삶이 대등한 위상을 갖게 된 것이다.

　18, 19세기 산업 혁명을 계기로 활동적 삶은 사색적 삶보다 중요성이 더 커지게 되었다. 생산 기술에 과학적 지식이 응용되고 기계의 사용이 본격화되면서 기계의 속도에 기초하여 노동 규율이 확립되었고, 인간의 삶은 시간적 규칙성을 따르도록 재조직되었다. 나아가 시간이 관리의 대상으로 부각되면서 시간-동작연구를 통해 가장 효율적인 작업 동선(動線)을 모색했던 테일러의 과학적 관리론은 20세기 초부터 생산 활동을 합리적으로 조직하는 중요한 원리로 자리 잡았다. 이로써 두뇌에 의한 노동과 근육에 의한 노동이 분리되어 인간의 육체노동이 기계화되는 결과가 초래되었다. 또한 과학을 기술 개발에 활용하기 위한 시스템이 요구되어 공학, 경영학 등의 실용 학문과 산업체 연구소들이 출현하였다. 이는 전통적으로 사색적 삶의 영역에 속했던 진리 탐구마저 활동적 삶의 영역에 속하는 생산 활동의 논리에 포섭되었음을 단적으로 보여 준다.

　이처럼 산업 혁명 이후 기계 문명이 발달하고 그에 힘입어 자본주의 시장 메커니즘이 사회를 전면적으로 지배하게 됨에 따라 근면과 속도가 강조되었다. 활동적 삶이 지나치게 강조된 데 대한 반작용으로, '의미 없는 부지런함'이 만연해진 세태에 대한 ㉠비판의 목소리가 나타나 성찰에 의한 사색적 삶의 중요성을 역설하기도 하였다.

　20세기 말 정보화와 세계화를 계기로 시간적 · 공간적 거리가 압축되어 세계가 동시적 경험이 가능한 공간으로 인식되면서 인간의 삶은 이전과 크게 달라졌다. 기술의 비약적 발달로 의식주 등 생활의 기본 욕구는 충족되었지만, 현대인들은 더욱 다양해진 욕구와 성취 욕망을 충족하기 위해 스스로를 소진하고 있다. 경쟁이 세계로 확대됨에 따라 사람들이 타인과의 경쟁에서 이기는 동시에 자신의 능력을 극한으로 끌어올리기 위해 스스로를 끝없이 몰아세울 수밖에 없는 내면화된 강박증에 시달리고 있는 것이다. 결국 기술의 발달이 인간의 삶을 여유롭고 의미 있는 것으로 만들어 줄 것이라는 기대와 달리, 사색적 삶은 설 자리를 잃고 활동적인 삶이 폭주하게 된 것이다.

1

위 글을 이해한 내용으로 가장 적절한 것은?

① 아리스토텔레스는 생존을 위한 필요에서 비롯된 생산 활동이 사색적 삶보다 더 중요하다고 보았다.

② 과학 혁명의 시대에는 활동적 삶의 위상이 사색적 삶의 위상보다 높았다.

③ 청교도 윤리는 성공과 부를 추구하는 태도에 대한 부정적인 인식을 심화시켰다.

④ 시간-동작 연구는 인간의 노동이 두뇌노동과 근육노동으로 분리되는 데 영향을 주었다.

⑤ 공학, 경영학 등의 실용 학문은 기술을 과학에 활용하기 위해 출현했다.

2

㉠의 내용과 가장 가까운 것은?

① 기계 기술은 정신 기술처럼 가치 있으며, 산업 현장은 그 자체로 위대하고 만족스럽다.

② 인간은 일하기 위해서 사는 것이며, 더 이상 할 일이 없다면 괴로움과 질곡에 빠지고 말 것이다.

③ 자극에 즉각적으로 반응하지 않고 여유롭게 삶의 의미를 되새기는 사유의 방법을 배워야 한다.

④ 나태는 녹이 스는 것처럼 사람을 쇠퇴하게 만들며 쇠퇴의 속도는 노동함으로써 지치는 것보다 훨씬 빠르다.

⑤ 인간은 기계이므로 인간의 행동, 언어, 사고, 감정, 습관, 신념 등은 모두 외적인 자극과 영향으로부터 생겨났다.

(가) 우리는 흔히 권력을 양도하거나 교환할 수 있는 재화나 소유물로 생각한다. '기득권층이 개혁의 발목을 잡아서'라는 말은 권력의 소유 개념에서 나온 말이다. 마치 권력이 손에서 손으로 건네줄 수 있는 물건이라도 되는 것처럼 여기면서 일단 어떤 사람의 손에 들어가면 강제로 그것을 빼앗지 않는 한, 영원히 그 사람의 소유라고 여기는 것이다.

(나) 그러나 20세기 후반 푸코는, 권력은 소유물이 아니라 전략이며 사람과 사람의 관계라고 주장하였다. 다시 말해서 사람과 사람 사이의 관계는 대부분 권력과 연관되어 있다는 것이다. 따라서 사람이 모인 사회는 지배·피지배의 이분법적 관계로 나뉘는 것이 아니라 마치 그물코처럼 무수한 복수의 권력으로 뒤덮여 있다.

(다) 그런데 사람들 사이의 관계 속에서 서로 간에 미치는 힘은 균형을 이루는 것이 아니라, 언제나 불균형을 이룬다. 그 비대칭의 불균형한 힘의 관계가 곧 '권력관계'이다. 힘의 불균형이 있다면 친구 사이나 직장 동료 사이의 관계도 역시 '권력관계'이다. 권력은 소유라기보다는 행사되는 것이고, 점유가 아니라 사람들을 배치하고 조작하는 기술과 기능에 의해 효과가 발생되는 것이다.

(라) 이러한 '권력'은 '지식'과 불가분의 관계를 맺고 있다. 인간의 육체에 직접적인 강제를 가하는 왕조시대의 권력으로부터 사회 전체에 널리 퍼져 교묘하게 사람들을 감시하는 근대적 규율관계로 넘어올 수 있었던 것은 바로 지식 덕분이었다. 과거의 권력은 물리적 폭력에 가까웠다. 힘은 있을지언정 지적인 것과 거리가 멀었다. 그러나 근대 이후의 권력은 이와 다르다. 무력으로 권력을 얻었다 하더라도 권력자는 자신의 권력을 유지하기 위해 주변에 온갖 학자들을 불러 모은다. 논리적으로 설득하지 못하는 물리적 폭력은 상대방의 진정한 복종을 얻기는 어렵기 때문이다.

(마) 권력과 관계있는 지식의 가치 판단 기준은 '진실'이다. 그런데 '진실'은 과연 진실일까? 한 사회의 지적 지배권을 장악한 사람들이 '진실'이라고 결정하는 것이 바로 진실이 되는 게 아닐까? 개발 정보를 이용해 부동산 투기를 하고 개인적인 축재를 한 것에 대해 자본주의 사회에서 돈을 추구하는 것이 뭐가 나쁘냐고 하는 사람들의 수가 압도적으로 많으면, 그 사회는 그것을 범법이 아니라 능력으로 인정할 것이다. 이렇듯 지식은 자율적인 지적 구조라기보다는 사회 통제 체계와 연결되어 있다. 한 사회에서 '진실', '학문', '지식'이란 결코 순수한 것만은 아니다. 그것은 언제나 권력과 욕망에 물들어 있다. 그러므로 우리는 이러한 상관관계를 제대로 이해할 수 있는 안목을 길러야 할 것이다.

1

위 글을 어떤 질문에 대한 답이라고 할 때, 그 질문으로 가장 적절한 것은?

① 권력관계는 어떻게 변해 왔는가?

② 권력의 실체를 어떻게 바라볼 것인가?

③ 권력을 소유하기 위한 방법은 무엇인가?

④ 권력의 가치를 판단하는 기준은 무엇인가?

⑤ 권력을 소유물로 보는 것은 어떤 문제가 있는가?

2

(다) 문단의 '권력관계'를 뒷받침할 수 있는 사례로 가장 적절한 것은?

① 방학을 맞아 영희는 친구들과 함께 근처 양로원을 방문하여 봉사활동을 하였다.

② 한우 유전자 연구소 강 박사는 유전자 변형을 통해 유전형질이 우수한 소를 생산하였다.

③ 김 과장은 신제품 개발 프로젝트에 따라 동료들과 협의하여 혁신적인 제품을 개발하였다.

④ 인터넷 이용자들은 자신의 모습과 닮았거나 자신이 원하는 모습의 캐릭터를 아바타에 반영한다.

⑤ 연극반 반장인 철수는 학예제를 앞두고, 연극반원들에게 담당 역할을 분배하여 책임을 다하도록 했다.

산업화에 따라 사회가 분화되고 개인이 공동체적 유대로부터 벗어나게 되는 현상을 '개체화'라고한다. 울리히 벡과 지그문트 바우만은 현대의 개체화 현상을 사회적 위험 문제와 연관시켜 진단한 대표적인 학자들이다.

사실 사회 분화와 개체화는 자본주의적 산업화 이래로 지속된 현상이다. 그런데 20세기 중반 이후부터는 세계화를 계기로 개체화 현상이 과거와는 질적으로 달라진 양상을 보여 주고 있다. 교통과 통신 수단의 발달에 따라 국경을 넘나드는 자본과 노동의 이동이 가속화되었고, 개인에 대한 국가의 통제력도 현저하게 약화되고 있다. 또한 전 세계적인 노동 시장의 유연화 경향에 따라 정규직과 비정규직, 생산직과 사무직 등 다양한 형태로 분절화된 노동자들이 이제는 계급적 연대 속에서 이해관계를 공유하지 못하게 되었다. 핵가족화 추세에 더하여 일인 가구가 급속도로 늘어나는 등 가족의 해체 현상도 많이 나타나고 있다. 벡과 바우만은 개체화의 이러한 가속화 추세에 대해서 인식의 차이를 보이지 않는다.

그런데 현대의 위기와 관련해서 그들이 개체화를 바라보는 시선은 사뭇 다르다. 먼저 벡은 과학 기술의 의도하지 않은 결과로 나타난 현대의 위기가 개체화와는 별개로 진행된 현상이라고 본다. 벡은 핵무기와 원전 누출 사고, 환경 재난 등 예측 불가능한 위험이 현실화될 가능성이 있는데도 삶의 편의와 풍요를 위해 이를 방치(放置)함으로써 위험이 체계적이고도 항시적으로 존재하게 된 현대 사회를 '위험사회'라고 규정한 바 있다. 현대의 위험은 과거와 달리 국가와 계급을 가리지 않고 파괴적으로 영향을 미친다는 것이 벡의 관점이다. 그런데 벡은 현대인들이 개체화되어 있다는 바로 그 조건 때문에 오히려 전 지구적 위험에 의한 불안에 대응하기 위해 초계급적, 초국가적으로 연대(連帶)할 가능성이 있다고 보았다. 특히 벡은 그들이 과학 기술의 발전뿐 아니라 그 파괴적 결과까지 인식하여 대안을 모색하는 '성찰적근대화'의 실천 주체로서 일상생활에서의 요구를 모아 정치적으로 표출(表出)하는 등 행동에 나서야 한다고 주장한다.

한편 바우만은 개체화된 개인들이 삶의 불확실성 속에서 생존을 모색하게 된 현대를 '액체시대'로 정의하였다. 현대인의 삶과 사회 전체가, 형체는 가변적이고 흐르는 방향은 유동적인 액체와 같아졌다고 보았던 것이다. 그런데 그는 액체 시대라는 개념을 통해 핵 확산이나 환경 재앙 등 예측 불가능한 전 지구적 위험 요인의 항시적 존재만이 아니라 삶의 조건을 불확실하게 만드는 개체화 현상 자체를 위험 요인으로 본다는 점에서 벡과 달랐다. 바우만은 우선 세계화의 흐름 속에서 소수의 특권 계급을 제외한 대다수의 사람들이 무한 경쟁에 내몰리고 빈부 격차에 따라 생존 자체를 위협받는 등 잉여 인간으로 전락(轉落)하고 있다고 본다. 그러나 그가 더 치명적으로 본 것은 협력의 고리를 찾지 못하게 된 현대인들이 개인 수준에서 위기에 대처해야 하는 상황에 빠져 버렸다는 점이다.

더구나 그는 위험에 대한 공포가 내면화되면 사람들은 극복 의지도 잃고 공포로부터 도피하거나 소극적 자기 방어 행동에 몰두(沒頭)하게 된다고 보았다. 그렇기 때문에 바우만은 일상생활에서의 정치적 요구를 담은 실천 행위도 개체화의 흐름에 놓여 있기 때문에 현대의 위기에 대한 해결책이 될 수 없다고 판단하고 있다.

1

위 글의 논지 전개 방식으로 가장 적절한 것은?

① 개체화 현상의 다양한 양상들을 하나의 기준에 따라 분류하였다.

② 개체화 현상에 대한 통념을 비판하며 그 개념을 새롭게 규정하였다.

③ 개체화 현상에 대한 서로 다른 두 견해의 공통점과 차이점을 설명하였다.

④ 개체화 현상의 역사적 기원에 대한 다양한 가설들의 한계와 의의를 평가하였다.

⑤ 개체화 현상에 대한 정의를 바탕으로 이와 유사한 사회적 개념들을 비교하였다.

2

현대의 개체화 현상에 대해 추론한 내용으로 적절하지 않은 것은?

① 노동자들이 계급적 동질성을 갖지 못하게 한다.

② 국가의 통제력 강화를 통해 개인의 자율성 약화를 초래한다.

③ 개인의 거주 공간이 가족 공동의 거주 공간에서 분리되는 추세도 포함한다.

④ 벡의 관점에서는 현대인들로 하여금 새로운 방식의 유대를 모색하게 하는 조건이다.

⑤ 바우만의 관점에서는 현대인들로 하여금 서로 연대하기 어렵게하는 위험 요인이다.

8장

문화 · 매체

　　프랑스 대혁명으로부터 출발하는 근대는 약 2백 년에 해당하는 기간이다. 프랑스 대혁명이 18세기 끝자락에서 일어났기 때문에 근대는 19세기와 20세기만을 관통(貫通)하고 있다. 그런데 근대의 앞 1백 년인 19세기가 정치 패러다임이 효과적으로 기능한 세기라면, 뒤 1백 년인 20세기는 경제 패러다임이 효과적으로 기능한 세기라고 말할 수 있다.

　　프랑스 대혁명은 정치 패러다임을 권위주의에서 민주주의로 이행한 극적인 사건이었다. 시민 대혁명 이전에는 권위주의 체제를 어떻게 하면 잘 유지할 수 있을까에만 골몰했다. 그러나 정치 패러다임이 민주주의로 바뀌면서 '1인 1표제'의 보통 선거제가 민주주의 실행 프로그램으로 정착되었다. 그 결과 19세기는 보통 선거제의 확대, 즉 참정권의 확대가 극적으로 이루어진 세기라고 말할 수 있다. 이로써 민주주의라는 정치 패러다임의 연착륙(軟着陸)이 가능해졌다.

　　20세기에 들어서면서 정치 패러다임은 경제 패러다임에 의해 사람들의 관심으로부터 멀어졌다. 그리고 경제 패러다임은 이 기간 동안 성공적으로 뿌리내렸다. 생산 · 유통의 획기적 발전이 정보 · 통신의 혁명적 발달과 맞물려 전 세계가 하나의 경제권을 형성하고, 국제간 교역과 경쟁이 확산되었다. 또 세계는 자본주의라는 하나의 규율로 묶임으로써 경제적 풍요가 놀랄 만큼 달성되었다. 사실 20세기 초만 하더라도 지구상의 적지 않은 인구는 빈곤으로부터 결코 자유롭지 못했다. 우리나라만 하더라도 1천만 명에도 못 미친 1백 년 전의 한반도는 빈곤으로부터의 해방이 가장 중요한 사회적 문제였다. 그러나 20세기 후반인 현재는 약 7천만 명으로 7배나 늘었지만, 기아에서 헤매는 사람은 문제시되지 않을 정도로 그 숫자가 미미하다.

　　그러나 지난 세기와 달리 새로운 세기에서는 경제적 번영 그 자체가 삶의 목적이 되어서는 안 된다. 그것은 1백 년 전과 비교할 때 삶의 질이 절대적으로 향상된 탓도 있지만 이런 상황에서 경제적 번영 그 자체가 목적이 되면 자칫 인류가 큰 재앙을 초래할 수 있기 때문이다. 우리는 이런 재앙을 지난 세기에 똑바로 목도(目睹)했다. 두 차례의 세계 대전을 포함해서 인간에 의해 살해당한 숫자가 가장 많았던 시기가 지난 세기였기 때문이다. 지난 2백 년은 물질적 · 지적 · 정신적 진보가 계속되고, 그 결과 정치 · 경제 패러다임이 성공적으로 기능했던 소위 '진보의 시대'였다. 그럼에도 불구하고, 진보의 시대가 이처럼 파국(破局)의 시대로 변하게 된 것은 인간의 끊임없는 욕망 탓일 것이다.

　　일반적으로 인간이 정말로 풍요로움을 실감하는 것은 자신의 '선호'가 충족되는 경우이다. 인간의 선호가 진실로 실현되기 위해서는 선호에 맞는 선택을 할 수 있도록 다양한 공급이 계속되어야 하지만, 보다 중요한 것은 사람들이 소비를 통해서 이루어지는 만족을 극대화하는 길이다. 이는 문화적 가치가 대상에 투여(投與)되었을 때 가능한 일이다.

　　그렇다면 새로운 21세기에서 문화 패러다임이 지난 2백 년을 지배했던 정치 · 경제 패러다임을 대체하고 나서는 것은 지극히 당연한 일이다. 그리고 새로운 세기의 하부 구조가 커뮤니케이션에 의해 근본적으로 새롭게 구축되고, 또 그것이 미디어를 매개로 해서 문화 창조에 결정적인 영향력을 행사한다면 새로운 세기의 문화 패러다임은 선형적 사고에서 모자이크적 사고를 중심으로 설명되어야 할 것이다. 바로 이것이 커뮤니케이션, 미디어, 그리고 문화가 21세기 키워드로서 뿌리 내리는 이유일 것이다.

1
위 글을 정리한 내용으로 적절하지 않은 것은?

유형	세부 내용
• 정치 패러다임 시대	−기존의 권위주의에서 민주주의로 이행
	−1인 1표제의 보통 선거제 정착 ··· ①
	−참정권의 확대 ··· ②
• 경제 패러다임 시대	−생산유통의 발전으로 하나의 경제권을 형성 ··················· ③
	−국제간 교역과 경쟁의 확산 ································· ④
	−자본주의의 실시와 복지정책의 확대 ······················· ⑤
	−경제적 풍요의 달성

2
위 글을 바탕으로 할 때, 〈보기〉의 (   )에 들어갈 내용으로 가장 적절한 것은?

〈보기〉

인간이 풍요로움을 실감하려면 자신의 '선호'를 충족해야 하는데, 이를 위해서는 (   )을/를 극대화해야 한다.

① 경제적 욕망의 실현
② 사회 안정망 체제 구축
③ 선호에 맞는 선택의 기회
④ 다양하고 풍부한 물자의 공급
⑤ 소비를 통해서 이루어지는 만족

우리는 역사상의 모든 인간 사회들이 물질적 풍요라는 가치를 추구했을 것으로 생각한다. 그러나 이러한 상식은 공동체적 유대와 평화로움을 중시하는 칼라하리 사막의 수렵 채집민인 쿵 족에게는 적용되지 않는다. 이들은 최소한의 식욕을 해결하면 각종 놀이와 의례 행위를 통해 정신적인 즐거움과 화목한 사회 관계를 유지하고자 노력한다. 이러한 쿵 족의 태도는 사바나 생태계에서 경험적으로 체득한 지혜에서 나온 것이다. 즉 이들은 건기와 우기의 생태적 변화 과정이나 먹이감의 이동 경로, 식용 식물에 대한 지식 등에 기초하여 노동을 배분한다. 또한 자신이 속한 씨족 집단의 구성원들과 생산물 · 사냥 도구를 공유함으로써 궁핍을 최소화할 수 있는 적응 체계를 발전시켰다. 인간은 생존하기 위하여 우선 먹어야 하지만, 얼마나 먹을 것인가 하는 것은 문화에 따라 다르다.

이와는 대조적으로 무분별한 부의 추구가 한 문화를 완전히 파괴시킨 경우를 아프리카의 유목민인 새홀 족에서 발견할 수 있다. 1920년대부터 인구 증가로 고통 받던 이 부족은 1960년대 중반 평균 강수량보다 많은 비가 내려 목초가 풍부해지자 경쟁적으로 가축의 수를 크게 늘려 개인적인 이익을 취하기 시작하였다. 그 후 날씨가 건조해지자 그들은 삶의 질을 유지하기 위하여 더 많은 가축들을 방목하는 것으로 대응하였다. 그 결과 그들의 삶의 터전인 목초지는 서서히 사막으로 변하여 생존이 불가능하게 되었다. 전통적인 문화적 적응 방식에 담겨 있는 생태 체계와의 조화라는 원리가 개인적인 욕구 추구로 대체됨으로써 나타난 결과라고 하겠다.

부의 축적이 물질적인 안락함과 편리함을 얻기 위해서가 아니라 다른 목적을 달성하기 위한 수단으로 이용되는 사례를 많은 인류학자들이 보고하고 있다. 북아메리카의 콰큐틀 인디언은 20세기 초까지 낭비적 소비가 이루어지는 포틀라치라는 축제를 행하고 있었다. 이들은 더 높은 위신과 권위를 얻기 위해 경쟁적으로 손님을 초대하여 많은 선물을 주고, 많은 사람들 앞에서 귀중한 재화를 파괴하며, 심지어는 자신의 집을 불태우기도 하였다. 현대인의 눈에는 낭비적이고 파괴적으로 보이는 이 축제는 자연 자원이 풍부하고 사회적 신분이 고정되어 있지 않다는 조건을 배경으로 한 것이었다. 또한 정치적 위신과 권위를 얻는 것을 최고의 가치로 여기는 문화를 통해 부의 분배가 자연스럽게 이루어지는 부수적 효과를 얻을 수 있었다.

뉴기니아 마링 족의 대규모 돼지 도살 축제도 이와 유사한 사례로 들 수 있다. 마링 족은 사육하는 돼지의 수가 곧 자신의 사회적 지위와 정치적 권위를 나타내는 것으로 생각한다. 그래서 평소에는 정성껏 돼지를 돌보고 돼지고기를 식탁에 올리지 않는다. 이러한 금기가 깨어지는 것이 카이코라 불리는 축제 기간이다. 이 축제는 돼지의 수가 늘어나 먹을 것이 부족해지고 노동력이 달려서 돼지를 돌보기 어려워지는 시기에 열린다. 축제가 열리면 평소에 먹기 어려운 돼지고기를 실컷 먹고 동맹 부족의 사람들을 불러 돼지를 선물한다. 이를 통해 전쟁에서의 동맹 세력을 확보하고, 노동력에 여유를 얻으며 생태계의 균형을 복원한다.

이상의 사례들은 물직적 풍요의 추구가 한 문화의 중심적 가치가 아닐 수 있고 다른 목적을 달성하기 위한 수단으로 활용될 수 있다는 것을 보여준다. 이처럼 다양성이 나타나는 이유는 각 문화의 제도나 관습들이 그 나름의 역사적·경제적·생태적 조건 등을 기초로 발달하기 때문이다. 따라서 하나의 기준으로 문화의 우열을 정한다든지, 어떤 문화 요소의 좋고 나쁨을 논하기는 어렵다.

1

위 글의 요지로 가장 적절한 것은?

① 정신 문화의 중요성 강조
② 다양한 문화와 그 가치의 인정
③ 우리 문화의 고유성에 대한 재인식
④ 물질적 풍요의 고유성에 대한 재해석
⑤ 서구적 가치의 지속적 추구에 대한 재평가

2

위 글의 논지와 거리가 먼 진술은?

① 대중 가요도 '고급 문화'가 될 수 있어.
② 사람에 따라서는 채식만 하는 경우도 있어.
③ 중·고등 학생들이 이성에 관심을 갖는 것은 당연해.
④ 사주팔자를 보는 것도 그 나름대로 이유가 있을 거야.
⑤ 청소년들이 컴퓨터 게임을 즐기는 데에는 여러 이유가 있어.

과도적 혼합 문화는 적어도 세 가지의 새로운 위기에 봉착하게 된다. 세 가지의 위기란, 첫째는 적합성(適合性)의 위기, 둘째는 정체성(正體性)의 위기, 셋째는 통합성(統合性)의 위기이다.

과도적인 생활 양식은 전통 사회의 생활 양식의 일부와 외래적인 생활 양식의 일부가 계층 간, 세대 간, 지역 간의 격차를 보이면서 서로 융합되지 않은 채로 혼재하거나, 아니면 어느 정도 변질된 과거의 생활 양식이 외래적인 유형과 적당히 타협해서 일시적인 적응을 가능하게 하는 형태의 관행(慣行)이 된다. 이와 같은 과도적인 행위 양식들도 행위 변화가 계속 진행됨에 따라 끊임없이 그 적합성에 새로운 도전을 받게 된다. 뿐만 아니라, 과도적인 행위 양식 속에 혼재해 있는 외래적인 양식들은 한국 사회의 구조에 적합한지의 여부를 끊임없이 시험받게 마련이다. 그러므로 과도적인 혼합 문화는 잘 통합되어 있는 문화가 아니며, 충분히 제도화될 수 있을 정도로 영속적(永續的) 적합성을 지키기가 어려운 것이다.

과도적인 문화 속에는 한국 사회에 적합성을 가지지 못하는 차용된 외래 문화가 많다. 그와 같은 차용 문화는 사회 구조의 변화에 따른 전통 문화의 해체(解體)에 의해서 일어나는 문화적 공백을 메우기 위해 도입된 외래 문화이기 때문에, 충분히 선택적으로, 비판적으로, 주체적으로 수용되었다기보다는 모방과 도입에만 급급하면서 받아들인 문화이다. 그러므로 어느 정도의 모방과 도입기를 거쳐 외래적인 행위 양식이 상당히 널리 확산되는 단계에 이르면 외래 문화는 문화적 전통의 정체(正體)를 위협하게 된다.

이처럼 정체의 위기에 당면한 사회에서는 문화적 전통과 전통 문화에 대한 관심이 고조된다. 그러나 문화적 정체의 회복이 전통 사회 문화로의 복귀나 외래 문화의 배격과 같은 문화적 복고주의(復古主義)나 문화적 폐쇄주의로 성취될 수 없음은 물론이다. 문화적 복고주의나 문화적 폐쇄주의는 정체를 회복시키는 데에는 효과적일지 모르지만, 적합성의 위기를 더욱 고조시키게 될 것이기 때문이다. 그러므로 정체의 회복과 문화적 전통의 확립은 문화의 적합성을 희생시키지 않는 범위 내에서, 즉 현대 사회와 적합성을 유지할 수 있는 '문화적 전통'의 재발견과 그와 같은 문화적 전통과 잘 통합되는 외래 문화의 선별적 수용을 통해서만 가능한 것이다.

앞에서 말한 바와 같이 과도적인 문화는 많은 혼란과 갈등을 내포하고 있다. 전통 사회의 유형과 외래적인 유형이 혼재(混在)하며, 세대 간, 계층 간, 지역 간의 문화적 격차가 일어나고, 명확한 규범의 부재에서 일어나는 아노미가 발생하는 등 과도적인 문화는 그 통합성의 위기에 봉착하게 된다.

그러한 위기에서 계층 간, 세대 간, 지역 간의 문화적 격차가 줄어들고, 현대적 사회 구조와 한국의 문화적 전통과 적합성을 지닌 명확한 가치와 규범이 확립됨으로써 문화의 통합이 추구되어야 하는 것이다.

1

위 글의 내용과 거리가 먼 것은?

① 과도적인 혼합 문화는 전통 문화와 외래 문화가 혼재해 있는 문화이다.

② 과도적인 차용 문화는 외래 문화를 비판적 · 주체적으로 수용한 문화이다.

③ 정체성의 위기에 당면하면 전통 문화에 대한 관심이 고조된다.

④ 문화적 복고주의는 적합성의 위기를 고조시킬 수 있다.

⑤ 문화의 통합을 위해서 명확한 가치와 규범이 확립되어야 한다.

2

글쓴이가 주장한 정체성 회복의 방법을 바르게 적용한 것은?

① 한글의 세계화를 위해 할 수 있는 일을 찾아본다.

② 일상 생활에서 남용되는 외래어를 순화하여 사용한다.

③ 외래어의 유입을 막기 위해 고유어의 어휘 수를 늘린다.

④ '산(山)'과 같은 한자어 대신 '뫼'와 같은 옛말을 살려 쓴다.

⑤ 한국 문학 작품을 번역하기 위하여 국어 어휘의 특성을 조사한다.

정체성이란 자신의 존재 의의를 부여해 주는 의미 체계라 할 수 있다. 그것은 대개 타인과의 관계를 통한 사회적 자아를 구성함으로써 획득된다. 거기서 얻어지는 소속감은 개개인의 안정된 삶과 사회적 통합에 매우 중요한 심리적 자원이 된다. 그런데 글로벌(Global)한 세계가 전개됨에 따라 정체성의 위기를 겪는 사람이나 집단이 점점 많아지고 있다. 사람, 상품, 정보 등이 국경을 자유롭게 넘나들면서 일정한 사회적, 지리적 경계로 형성되어 있던 공동체적 동질성을 유지하기가 어려워지기 때문이다.

우리는 5천 년 역사를 단일 민족으로 이어왔다. 지구촌 곳곳에서 수많은 민족 분규가 끊이지 않았지만 우리는 한민족이라는 민족의 동질성을 이어오고 있다. 한국은 7세기에 이미 현재의 지리적인 경계를 가진 통일 국가를 이루었고, 고려 시대에는 중국과 구분되는 독자적인 문화를 이룩했다. 특히 일제 시대에는 나라 잃은 설움을 통감하면서 민족적 주체를 자각하였고 그것을 회복하려는 움직임이 저항적인 민족주의 형태로 등장했다.

우리는 이러한 정체성을 바탕으로 해방 이후에 급속한 산업화를 달성하였다. 문화적 동질성을 토대로 사회적인 통합을 이루면서 눈부신 경제 성장을 일궈낼 수 있었던 것이다. 그 성장을 체험하면서 국민적 정체성은 구체적인 내용을 지니게 되었다. 또한 텔레비전 등과 같은 대중매체의 등장은 세대와 공간의 제약을 넘어서 비슷한 정서를 손쉽게 공유하게 만들었고 한 나라 '국민'으로서의 일체감을 갖게 하는 역할을 담당하였다. 반면에 급속한 경제적 성장과 이에 미치지 못하는 정치적 발전 사이에서 발생하는 불균형을 경험하기도 했다. 물질적 여유가 생기면서 사람들은 더 많은 문화적 표현욕을 느끼게 되고, 그것을 충족하기 위해서는 더 많은 자유를 필요로 하는데, 현실적 여건은 그렇지 못했던 것이다. 그 부정합(不整合)속에서 과소비와 향락 문화라는 부작용이 나타났던 것이다.

한편, 이런 일련의 과정 속에서 우리의 전통 문화는 새롭게 자리매김하게 되었다. 서구적 근대화를 주창하던 1960년대에는 의식적인 척결 대상이었고, 1970년대에는 일부 대학생들의 문화 운동의 주제에 지나지 않았던 것이 전통이요 민족이었다. 그런데 1980년대에 들어 그것은 사회 운동의 주요한 정서로 자리잡았다. 마당놀이가 현대판으로 번안되어 흥행을 일으키고 민속 씨름이 프로 스포츠로 '재발견'되면서 뚜렷한 위상을 부여받게 되었다. 1990년대 들어 영화 「서편제」가 불러일으킨 '우리 것이 좋은 것이어' 라는 믿음, 『나의 문화 유산 답사기』의 출판에서 확인할 수 있었던 역사에 대한 진지한 애정은 한국인들의 문화적 정체성을 확인하는 데 중요한 내용이 되었다.

이렇듯 민족과 국가를 근거로 하는 문화적 정체성은 한국인의 집단 의식과 정서에 매우 결정적인 영향을 끼쳤다. 그것은 그동안 눈부신 산업화를 이룩하는 데 효과적인 기제가 되었고 급속한 사회 변동 과정에서 생길 수밖에 없는 갈등과 혼란을 극복하는 데 중요한 바탕이 되어 왔다. 최근 우리 사회에서 문화적인 정체성이 새삼 중요한 문제로 떠오르고 있다. 이 같은 시점에서 그동안 형성된 문화적 정체성의 내용을 따져보고 어떤 방향으로 재구성되어야 하는지를 고찰하는 것은 중요한 의미를 지닌다.

1

위 글에서 한국인의 정체성에 대하여 필자가 중점적으로 밝힌 것은?

① 정체성의 형성 시기와 배경은 무엇인가?

② 정체성의 시대적 형성 과정과 그 역할은 무엇인가?

③ 정체성은 경제와 문화 발달에 어떤 영향을 끼쳤는가?

④ 정체성 형성의 특징과 민족성은 어떤 관계가 있는가?

⑤ 정체성은 전통 문화의 형성과 발전에 어떻게 기여했는가?

2

위 글의 내용과 일치하지 않는 것은?

① 매체는 정체성 형성에 큰 역할을 하였다.

② 정체성은 경제 성장에 많은 영향을 미쳤다.

③ 정체성은 민족간 교류를 바탕으로 형성되었다.

④ 전통 문화는 근대화 과정에서 제대로 평가받지 못했다.

⑤ 물질적 여유가 생기면서 문화에 대한 욕구가 다양해졌다.

인간은 성장 과정에서 자기 문화에 익숙해지기 때문에 어떤 제도나 관념을 아주 오래 전부터 지속되어 온 것으로 여긴다. 나아가 그것을 전통이라는 이름 아래 자기 문화의 본질적인 특성으로 믿기도 한다. 그러나 이런 생각은 전통의 시대적 배경 및 사회 문화적 의미를 제대로 파악하지 못하게 하는 결과를 초래한다. 여기에서 과거의 문화를 오늘날과는 또 다른 문화로 보아야 할 필요성이 생긴다.

홉스봄과 레인저는 오래된 것이라고 믿고 있는 전통의 대부분이 그리 멀지 않은 과거에 '발명'되었다고 주장한다. 예컨대 스코틀랜드 사람들은 킬트(kilt)를 입고 전통 의식을 치르며, 이를 대표적인 전통문화라고 믿는다. 그러나 킬트는 1707년에 스코틀랜드가 잉글랜드에 합병된 후, 이곳에 온 한 잉글랜드 사업가에 의해 불편한 기존의 의상을 대신하여 작업복으로 만들어진 것이다. 이후 킬트는 하층민을 중심으로 유행하였지만, 1745년의 반란 전까지만 해도 전통 의상으로 여겨지지 않았다. 반란 후, 영국 정부는 킬트를 입지 못하도록 했다. 그런데 일부가 몰래 집에서 킬트를 입기 시작했고, 킬트는 점차 전통 의상으로 여겨지게 되었다. 킬트의 독특한 체크무늬가 각 씨족의 상징으로 자리 잡은 것은, 1822년에 영국 왕이 방문했을 때 성대한 환영 행사를 마련하면서 각 씨족장들에게 다른 무늬의 킬트를 입도록 종용하면서부터이다. 이때 채택된 독특한 체크무늬가 각 씨족을 대표하는 의상으로 자리를 잡게 되었다.

킬트의 사례는 전통이 특정 시기에 정치·사회적 목적을 달성하기 위해 만들어지기도 한다는 것을 보여 준다. 특히 근대 국가의 출현 이후 국가에 의한 '전통의 발명'은 체제를 확립 하는 데 큰 역할을 담당하기도 하였다. 이 과정에서 전통은 그 전통이 생성되었던 시기를 넘어 아주 오래 전부터 지속되어 온 것이라는 신화가 형성되었다. 그러나 전통은 특정한 시공간에 위치하는 사람들에 의해 생성되어 공유되는 것으로, 정치·사회·경제 등과 밀접한 관련을 맺으면서 시대마다 다양한 의미를 지니게 된다. 그러므로 전통을 특정한 사회 문화적 맥락으로부터 분리하여 신화화(神話化)하면 당시의 사회 문화를 총체적으로 이해할 수 없게 된다.

낯선 타(他) 문화를 통해 자기 문화를 좀 더 객관적으로 바라볼 수 있듯이, 과거의 문화를 또 다른 낯선 문화로 봄으로써 전통의 실체를 올바로 인식할 수 있게 된다. 이러한 관점은 신화화된 전통의 실체를 폭로하려는 데에 궁극적 목적이 있는 것이 아니다. 오히려 과거의 문화를 타 문화로 인식함으로써 신화 속에 묻혀 버린 당시의 사람들을 문화와 역사의 주체로 복원하여, 그들의 입장에서 전통의 사회 문화적 맥락과 의미를 새롭게 조명하려는 것이다. 더 나아가 이러한 관점을 통해 우리는 현대 사회에서 전통이 지니는 현재적 의미를 제대로 이해할 수 있을 것이다.

1

위 글 전체의 논지 전개상 특징으로 가장 적절한 것은?

① 연관된 개념들의 상호 관계를 밝혀 문제의 성격을 규명하고 있다.

② 사례를 통해 사회적 통념의 역사적 변화 과정을 추적하고 있다.

③ 상반된 주장을 대비한 후 절충적인 견해를 제시하고 있다.

④ 논지를 제시하고 사례를 통하여 그것을 뒷받침하고 있다.

⑤ 사례의 비교를 통해 문제 해결 방안을 제시하고 있다.

2

위 글의 핵심 주장은?

① 신화화된 전통의 실체를 밝힘으로써 과거와 현재의 넘나듦이 가능하다.

② 전통을 올바로 이해하려면 과거의 문화를 낯선 타 문화로 볼 필요가 있다.

③ 전통은 근대 국가의 출현 이후 체제를 확립하고 유지하는 역할을 하였다.

④ 전통은 아주 오래 전부터 지속된 것으로서 문화의 본질적 특성을 이룬다.

⑤ 전통은 특정한 사회 문화적 맥락에서 분리해서 보아야 총체적으로 이해할 수 있다.

흔히 사람들은 자기 문화를 기준으로 다른 문화를 평가한다. 이러한 편견은 특정한 문화가 가지고 있는 현상들을 잘못 해석한 것이며, 그러한 시각은 사람들의 인식 속에 고정관념으로 자리한다. 자기 문화와 다른 특정 문화를 올바로 이해하기 위해서는 이러한 편견을 극복해야 한다.

인도인은 암소를 숭배한다. 이를 보고 어떤 사람들은 인도인들이 굶주리고 가난하게 살고 있는 가장 큰 이유가 암소 숭배의 전통 때문이며, 그러한 전통으로 인해서 농업 능률이 저하되고 있다고 주장한다. 산업화된 현대 농업 기술과 목축 기술에 익숙해 있는 서양인들에게는 인도인들의 암소 숭배가 터무니없는 짓이며, 더 나아가서는 스스로를 파멸시키는 행위로까지 여겨질 수 있다.

그러나 미국의 인류학자 마빈 해리스는 인도의 암소 숭배 관습이 그 지역의 변덕스런 환경 및 소규모 농업 경제가 낳은 필연적인 결과라고 말했다. 쉽게 말해 인도의 환경과 소규모 농업 경제 조건에서는 소를 잡아먹는 것보다는 그냥 놓아두는 것이 훨씬 경제적이라는 생각에서 암소 숭배 관습이 생겼다는 것이다. 인간이 직접 먹을 수 없는 볏짚, 겨, 풀, 쓰레기 등을 섭취하여 많은 양의 우유를 생산하기도 하고, 엄청난 열 에너지로 전환될 수 있는 분뇨를 만들기도 하며, 인간을 대신하여 엄청난 노동력을 제공하는 인도의 소들은 경제적으로 대단히 중요한 역할을 한다. 인도의 농업 체계는 저에너지와 소규모 가축 노동력을 바탕으로 하기 때문에 소야말로 산업 사회에서의 트랙터와 비료, 연료 생산 공장의 역할을 하고 있는 셈이다.

만일 인도의 농부가 주기적으로 찾아오는 가뭄과 기아를 겪는 동안 소를 잡아먹고 싶은 유혹에 굴복해 버린다면, 설사 가뭄에서 살아남는다고 하더라도 결국 자기 무덤을 스스로 파는 결과를 불러오게 될 것이다. 왜냐하면 소를 잡아먹게 되면 농사짓기에 좋은 날씨가 찾아와도 더 이상 토지를 경작할 수 없기 때문이다.

이렇게 볼 때, 힌두교의 암소 숭배 교리는 인도 농부들이 눈앞의 이익에 현혹되지 않게 해주는 기능을 하고 있음을 알 수 있다. 즉, 인도인들이 쇠고기 먹기를 꺼리는 것은 종교상의 이유나 민족의 특성 때문이라기보다는 생활의 절실한 필요에서 발생했음을 알 수 있다. 그런데 그것이 잘못 알려져 인도인들이 종교적 이유로 인해 소를 숭배한다는 오해를 받게 된 것이다.

이처럼 인도 사회에 속하지 않은 이방인들과 인도인들은 서로 상황이 다르기 때문에 생각과 입장에서 많은 차이를 보인다. 그리하여 그들의 현실을 올바로 인식하지 못한 채 '암소를 잡아 먹을 수 있는데도 암소 숭배로 인해 굶어 죽기까지 하는 아둔하고 어리석은 국민'이라는 판단을 내리게 된 것이다. 그러나 이런 ㉠이방인들의 주장은 인도 농부들의 사정을 잘 모르고 하는 소리이다. 오히려 인도 사람들은 소를 가장 합리적으로 이용하는 사람들인지도 모른다.

인간은 자연과 사회에 적응하면서 문화를 만들어 왔다. 사회마다 다양하고 독특한 문화적 특성은 오랜 세월에 걸쳐 축적되어 온 생활의 결과이며, 그것은 그 사회의 구성원들에게는 가치 있고 의미 있는 것이다. 따라서 어느 사회의 문화가 더 우수하고 어느 사회의 문화가 더 열등한가의 비교는 무의미하며, 특정 사회의 문화를 다른 사회의 기준을 가지고 평가해서는 곤란하다.

1

위 글의 전개 방식으로 알맞은 것은?

① 대립된 견해를 제시한 후 절충을 시도하고 있다.
② 개념 정의를 통해 논의 초점을 분명히 하고 있다
③ 권위자의 생각을 빌어 잘못된 통념을 비판하고 있다.
④ 서로 다른 주장을 객관적인 입장에서 소개하고 있다.
⑤ 의문을 던지는 방식으로 독자의 주의를 환기하고 있다.

2

위 글을 바탕으로 할 때, ㉠에 대해 할 수 있는 말로 적절한 것은?

① 언 발에 오줌 누는 격이군.
② 눈 가리고 아웅하는 격이군.
③ 소 잃고 외양간 고치는 격이군.
④ 장님 코끼리 다리 만지는 격이군.
⑤ 믿는 도끼에 발등 찍히는 격이군.

K-POP 사례로 본 문화 현상

'K-POP'은 전 세계적으로 동시에, 빠르게, 자연스럽게 퍼져나가 이른바 'K-POP 신드롬'을 일으켰다. 그런데 우월한 문화가 열등한 문화를 잠식하기 위해 의도적으로 문화를 전파한다는 기존의 문화 확산론으로는 이런 현상을 설명할 수 없었다.

그래서 새로 등장한 이론이 체험코드 이론이다. 오늘날과 같은 디지털 문화 사회에서 개인은 전 세계의 다양한 문화들을 커뮤니케이션 미디어*를 통해서 선택적으로 체험하게 된다. 이러한 체험을 통해 일종의 코드*가 형성되는데 이를 '체험코드'라고 말한다. 따라서 체험코드 이론은 커뮤니케이션 미디어 기술의 발전을 전제로 하고 있다. 현대의 문화는 커뮤니케이션 미디어에 담겨 문화 콘텐츠화되고, 세계화한 커뮤니케이션 미디어를 통해 소비된다.

또한 체험코드 이론은 문화 수용자 스스로의 판단에 의해 문화를 체험하는 개인주의적인 성향이 전 세계적으로 확대되고 있다는 점에 주목한다. 이제는 '우리 가문은 뼈대가 있고, 전통과 체면이 있으니 너 또한 그에 맞게 행동하여라.'라는 부모의 혈연 코드적이고 신분 코드적인 말은 잘 통하지 않는다. 과거의 이념인 민족·계급·신분 의식 등이 문화 소비와 수용 행위에 큰 영향을 주었던 것과 달리 오늘날은 문화 소비자의 개별적인 동기나 취향, 가치관 등이 더 중요하기 때문이다.

이처럼 커뮤니케이션 미디어의 발달과 개인주의의 확대는 기존의 코드를 뛰어 넘어 공통 문화를 향유하는 소비자들만의 체험코드를 형성하는 토대가 되었다. K-POP이 그 대표적인 예이다. K-POP이라는 문화 콘텐츠가 '유튜브' 등과 같은 커뮤니케이션 미디어를 통해 전 세계의 사람들에게 체험되어 하나의 코드를 형성했고 쌍방의 소통으로 더욱 확대되었기에 그러한 인기가 가능했던 것이다.

지난 시대의 문화 중심부와 주변부의 대립적 패러다임은 설득력을 잃고 있다. 오늘날의 사회는 서로의 문화를 체험하고 이해하고 공감하는 탈영토적인 문화 교류의 장(場)으로 변하고 있다. 이런 점에서 체험코드 이론은 앞으로 문화 교류가 나아가야 할 방향을 제시해주고 있다고 할 수 있다.

---

*커뮤니케이션 미디어(communication media): 의사소통 매체 또는 통신 매체로 각종 정보 단말기와 TV, 인터넷 매체 등을 말함.
*코드(code): 어떤 사회나 직업 따위에서 공유되어 굳어진 공통의 약속. 이 글에서는 공통의 인식 체계나 가치관이란 의미로 쓰임.

1

위 글에 사용된 논지 전개 방식을 〈보기〉에서 모두 고른 것은?

〈보기〉

ㄱ. 특정 현상을 사례로 제시하고 그 원인을 밝히고 있다.

ㄴ. 기존 이론의 한계를 밝히고 새로운 관점을 제시하고 있다.

ㄷ. 두 이론을 절충하여 새로운 이론의 가능성을 제시하고 있다.

ㄹ. 개념을 정의한 후 대상을 일정한 기준으로 나누어 설명하고 있다.

① ㄱ, ㄴ   ② ㄱ, ㄷ   ③ ㄱ, ㄹ   ④ ㄴ, ㄷ   ⑤ ㄷ, ㄹ

2

위 글을 통해 알 수 있는 내용으로 적절하지 않은 것은?

① 다수가 공유하는 문화 체험코드가 소수의 체험코드를 흡수해 통합한다.

② 기존의 문화 이론은 문화 수준의 차이가 있다는 것을 전제로 하고 있다.

③ 체험코드 이론은 과거 사회에서 중시되던 집단의식이 약화되면서 등장했다.

④ 커뮤니케이션 미디어의 발달로 시·공간적인 제약에서 벗어나 문화를 소비하게 되었다.

⑤ 일방적인 전달에서 쌍방의 소통으로 변화되면서 새로운 문화의 패러다임이 나타나게 되었다.

(가) 현대 사회의 간접적 의사 소통은 시간과 공간의 제약을 뛰어넘어 수많은 사람에게 메시지를 전달하는 대중 매체를 통해 이루어진다. 대중 매체는 개인, 가정, 학교, 직장에 그치지 않고 사회 전체의 문화, 정치, 교육, 의료, 환경 등에 이르기까지 현대인의 생활에 폭넓게 영향을 미친다.

(나) 대중 매체의 영향은 무엇보다 문화면에서 잘 드러난다. 대중 매체가 널리 보급되자 특정한 계층만 누리던 문화를 대중이 누릴 수 있게 되었다. 이는 문화 수용의 기회 균등이라는 면에서 큰 발전이다. 그러나 대중 매체를 통해 얻을 수 있는 정보는 똑같은 것이기 때문에 이를 통해 보급되는 문화는 현대인의 개성과 취미를 획일적으로 만들 가능성이 크다. 이런 맥락에서 대중 매체가 과연 사람들의 창의성을 북돋우고 문화를 비판적으로 수용할 수 있는 능력 신장에 도움이 되는지를 의심하는 목소리도 높다.

(다) 대중 매체는 사회적 갈등을 조절하는 역할도 할 수 있다. 현대 사회에서는 사람들의 이해 관계와 견해가 다양하므로 언제나 갈등이 있게 마련이다. 대중 매체는 이렇게 서로 갈등하는 이해 관계와 견해를 정확하게 보도하고 갈등 요인을 제시하여 중간자의 입장에서 갈등을 조절할 수 있다. 그러나 대중 매체는 특정 집단의 이해 관계만을 대변하는 도구로 전락(轉落)할 수도 있다. 이러할 경우 대중 매체는 갈등을 조절하기는커녕 오히려 심화시키기도 한다.

(라) 현대 사회에서 대중 매체는 중요한 정치적 기능도 수행한다. 대중 매체는 정부의 정책, 여러 정파의 정치적 견해, 국민의 여론을 보도함으로써 민주적 정치 질서를 유지하는 데 핵심 역할을 하고 있다. 또한 정치적 사안에 관해 공정하게 보도함으로써 국민의 건전한 비판 의식을 창출(創出)하고 관료주의의 병폐를 치유하는 데 이바지할 수 있다. 그러나 대중 매체는 정부의 정책을 일방적으로 홍보하고 특정 정파의 정치적 견해만을 대변하여 국민의 여론을 호도(糊塗)함으로써 민주적 정치 질서에 혼란을 초래할 수도 있다.

(마) 이와 같이 대중 매체는 순기능과 역기능을 함께 가지고 있다. 그렇다면 어떠한 방법으로 대중 매체의 역기능을 줄이고 순기능을 강화(强化)할 수 있을까? 이를 위해서는 무엇보다 대중 매체를 통해 문화를 수용하는 사람들 스스로 대중 매체를 감시해야 한다. 설사 대중 매체의 공급자들이 왜곡(歪曲)된 문화를 제공하더라도 수용자들이 건전한 비판 의식으로 이를 거부하면 대중 매체의 역기능은 줄어들 것이다.

1

〈보기〉는 한 학생이 위 글을 요약한 것이다. 각 문단의 중심 내용을 잘못 파악한 것은?

〈보기〉

(가) 현대 사회에서 영향력의 폭이 넓은 대중 매체

(나) 문화 수용 기회의 확대 ↔ 무의미한 정보의 제공

(다) 사회적 갈등의 조절 ↔ 사회적 갈등의 심화

(라) 국민의 비판 의식 양성과 민주적 정치 질서 유지에 이바지 ↔ 민주적 정치 질서에 혼란 초래

(마) 수용자의 건전한 비판 의식의 필요성

① (가)　　　　② (나)　　　　③ (다)　　　　④ (라)　　　　⑤ (마)

2

위 글의 내용을 반영하여, '대중 매체'의 특성을 적절하게 표현한 것은?

① 물 위의 기름

② 진흙 속의 진주

③ 세상의 빛과 소금

④ 양의 탈을 쓴 늑대

⑤ 잘 쓰면 약 못 쓰면 독

매체는 그 자체로서 하나의 수단이면서 어떤 내용을 전달한다는 점에서 넓은 의미의 문화라고 볼 수 있다. 자본주의 사회에서 대중 매체는 산업화의 과정을 통하여 상품화되며, 매체 산업은 문화 산업과 불가분의 관계를 맺고 있다. 이런 이유로 대중매체가 생산하는 문화 상품은 문화 '상품'이라는 점에서 경제적 성격이 있으며, '문화' 상품이라는 측면에서 문화적 성격을 갖게 되는 이중적 성격을 가지고 있다.

먼저 경제적 성격에 대해 알아보자. 매체 산업은 대중매체와 대중 문화를 상품화하여 이윤을 남겨야 한다. 이를 위해서 재원을 조달하고 이윤을 획득할 수 있는 수단이 필요하다. 방송국이나 신문사의 경우는 시청료나 구독료 외에 광고를 주요한 수입원으로 삼게 된다. 따라서 대중매체는 전체 국민이 아니라, 광고주를 주된 고객으로 한다. 이처럼 대중매체는 광고를 통하여 자본의 순환과 확대 재생산을 돕는다. 또한 대중 매체는 증권 소식이나 산업 정책 관련 소식을 전달함으로써 경제와 자본 일반의 원활한 작동을 돕는다.

한편 매체 산업은 문화적 성격도 띠고 있다. 여기서 문화는 '오락과 즐김'의 성격과 '이데올로기'의 성격을 동시에 지닌다. 청소년들이 즐겨 보는 오락 프로그램이나 가요 프로그램, 시청자가 참여하는 퀴즈 프로그램 등은 보는 이들에게 즐거움을 주는 오락의 성격을 지닌다. 그렇다면 매체는 어떤 점에서 이데올로기적인 성격을 지니게 되는가? 대중 매체를 통해 전달되는 정보는 감정, 가치관, 규범, 이념 등을 수반하게 마련이므로 대중 매체는 다양한 이데올로기를 전달하는 수단이 된다. 자본주의 사회 초기에 대중문화는 중산층을 위한 '고급문화'에 대비되는 '저급문화'로 인식되어 왔으며, 대중의 정치적 무관심으로 기존의 불평등한 사회체제를 정당화하는 데 기여한다는 지적을 받았다. 그런 흐름에서 대중매체는 광고 수입을 위해 구매력이 큰 중산층 이상의 사람들에게 호소할 수 있는 내용의 광고에 주력하게 되고, 그 방향은 보수적인 지배 이데올로기를 향하게 되었다.

그렇다고 해서 대중매체가 아무런 모순이나 갈등 없이 일방적으로 지배 이데올로기를 전파하는 것은 아니다. 현대사회에서는 다양한 집단 사이의 이해관계가 놓여 있기 때문에 구성원들은 갈등을 할 수도 있고, 때에 따라서는 자신이 속해 있는 집단을 위해서 화합하고 조정을 하기도 한다. 대중매체 역시 이러한 다양한 세력들이 자신의 능력을 동원하여 의사를 표현하고 조정하는 공간이다. 현대 민주주의 사회에서 대중매체는 단순히 지배세력의 힘만이 작용하는 것이 아니라 공적인 기구로서 어떤 규범적 힘도 작용한다. 이런 점에서 대중매체는 ㉠공론(公論)의 장(場) 역할도 한다. 그러므로 대중매체는 다양한 이해관계와 의견을 가진 개인, 집단, 세력들이 서로 토론하고 합의하고 갈등하고 대립하는 공간이 된다. 그러므로 오늘날 대중매체는 다양한 세력들 간의 문화적 · 이데올로기적 갈등과 조정을 통해 사회의 변화를 이끄는 매우 중요한 수단이 된다.

이처럼 대중매체는 인간의 삶을 풍요롭게 하는 원천이면서도 지배 이데올로기의 정당화에 대해 토론하고 갈등하는 이데올로기 투쟁의 장이기도 하다. 그러므로 문화의 민주주의를 위해서는 자본주의 사회에서 문화와 대중매체가 차지하는 위상을 올바로 인식하면서 자본과 권력으로부터 자유로운 문화를 만들어 나가려는 주체적인 노력이 필요하다.

1

위 글에 대한 서술 방식으로 알맞은 것은?

① 대상의 성격을 구분지어 고찰한 후 바른 이해를 당부하고 있다.
② 역사적 관점에서 다각도로 분석하여 대상의 성격을 규정짓고 있다.
③ 대상에 대한 다른 관점을 비판함으로써 특징을 부각시키고 있다.
④ 유사한 다른 사례와의 비교를 통해 대상의 속성을 드러내고 있다.
⑤ 대상의 속성에 대하여 전문가의 의견을 인용하여 설명하고 있다.

2

㉠에 해당하는 사례로 적절한 것은?

① 해외 유명 선수의 운동 경기를 중계하여 시청자의 대리 만족을 느끼게 한다.
② 동물 생태에 관한 다큐멘터리를 제작하여 어린이의 지적 호기심을 자극한다.
③ 평범한 사람을 드라마 주인공으로 등장시켜 현대인의 삶의 단면을 보여 준다.
④ 인기 연예인이 출현한 오락프로그램을 통해 시청자들이 보는 즐거움을 느끼게 한다.
⑤ 패널들이 출현한 TV 토론 프로그램을 통해 시사 쟁점에 대한 다양한 의견을 들어 본다.

뉴스는 우리 주변에서 일어나는 사실이나 사건을 보도한다. 하지만 모든 사실이나 사건이 뉴스가 되는 것은 아니다. 수많은 사실과 사건 가운데 뉴스가 될 만한 가치가 있는 것들을 기자가 선별하기 때문이다. 그런 의미에서 뉴스는 우리 주변에서 일어나는 사실이나 사건을 보도의 틀에 맞도록 재구성한 이야기라고 할 수 있다.

뉴스로서의 가치를 판단하는 기준으로는 영향력, 시의성, 변화, 저명성, 근접성, 신기성, 갈등 등을 들 수 있다. 영향을 받는 사람들의 수가 많은 사건일수록, 발생 후 오랜 시일이 지난 사건보다는 가장 최근에 발생한 사건일수록 뉴스로서의 가치가 커진다. 또 일정한 상태가 유지되는 것보다는 변화의 폭이 큰 것일수록, 평범한 사람들의 이야기보다는 유명 인사가 관련된 사건일수록 뉴스의 가치가 높아진다. 그리고 먼 곳에서 발생한 사건보다는 가까운 곳에서 발생한 사건이, 평범한 사건보다는 이상하고 기이한 사건이, 평화적인 상태보다는 분쟁을 야기하는 사건이 더 많은 뉴스 가치를 지닌다.

언론인들은 이러한 기준들을 바탕으로 보도할 뉴스를 선택하고 뉴스 프로그램이나 신문을 제작한다. 그러나 특정한 사건이 뉴스 가치를 지녔다고 해서 무조건 뉴스가 되는 것은 아니다. 어떤 사건이 뉴스로 수용자에게 전달되기 위해서는 여러 관문을 거치게 되는데, 어떤 것은 통과되고 어떤 것은 차단되거나 변형되기도 한다. 일단 뉴스로 채택된 경우에도 어느 정도의 중요성을 부여할 것인가, 어떤 관점에서 해석할 것인가, 어떠한 부분을 강조할 것인가 등에 따라 뉴스의 보도 양상이 달라진다. 이러한 과정을 '게이트키핑(gatekeeping)'이라 하는데, 이 과정에서 동료나 상사의 영향이 있을 수 있고, 외부의 정치 집단, 정부, 광고주, 그리고 수용자들의 요구나 압력이 작용할 수 있다.

뉴스가 사건을 보도하는 과정에서 현실을 재구성하는 측면이 있다는 점에서 정확하고 공정한 보도는 매우 중요하다. 특히 기자 스스로 올바른 시각을 가지고 사건을 직접 취재하는 것은 기자의 기본 임무이다. 기자가 특정 취재원의 일방적인 정보로만 기사를 작성할 때에는 정확성과 공정성 모두가 훼손될 가능성이 커진다. ㉠뉴스의 공정성에 대한 시비를 방지하기 위해서는 사회 구성원들의 정서나 여론을 기준으로 보도의 시각을 결정하는 것이 필요한 경우도 있다. 때로는 여론 주도층의 의견이 중요한 경우도 있는데, 특히 여론 주도층의 의견이 양분되어 있을 경우, 양쪽의 견해를 고루 반영하려는 노력이 필요하다.

공정성과 정확성은 기사를 수용할 때 기사에 대한 평가 기준이 되기도 한다. 상반된 입장이 있는 사안을 다룬 기사를 볼 때 뉴스의 수용자는 양쪽 모두의 입장을 공평하게 다루고 있는지를 살펴야 한다. 이때 상반된 입장의 두 주체를 명확히 파악했는지 판단하는 것도 중요하다. 상반된 두 주체를 명확하게 파악하지 못한 경우 겉으로 보기에는 공평하게 보이지만 실제로 대립적인 두 주체의 입장을 정확하게 전달하지 못하는 한계가 있기 때문이다. 또 쟁점이 있는 경우 논쟁 당사자들의 주장을 뒷받침하는 사실적 근거가 충분히 제시되어 있는가를 살펴보아야 한다. 명확한 사실적 근거가 없는 기사는 단순한 홍보용 기사나 반대를 위한 반대의 기사에 불과하기 때문이다.

1

위 글의 성격을 가장 잘 파악한 것은?

① 뉴스의 폐해를 지적하고 개선 방안을 제시한 글이다.

② 뉴스가 제작되는 과정을 설명하고 올바른 수용 방법을 제시한 글이다.

③ 뉴스의 사회적 영향력을 설명하고 기자의 윤리 의식을 강조한 글이다.

④ 뉴스의 변화 과정을 살펴보고 앞으로 나아가야 할 방향을 제시한 글이다.

⑤ 뉴스를 통해 공공의 이익을 실현하려는 언론의 소명 의식을 강조한 글이다.

2

㉠의 전제로 가장 적절한 것은?

① 공정한 보도는 여론의 지지를 받는다.

② 기자는 공정성보다 소신을 중시해야 한다.

③ 사회 구성원들의 정서나 여론은 항상 공정하다.

④ 뉴스 기사의 공정성 판단은 입장에 따라 다를 수 있다.

⑤ 뉴스의 공정성 여부는 내용의 정확성을 기준으로 판단한다.

9장

현대사회문제

우리는 흔히 어떤 현상이나 사람들의 행위가 정상적이지 못하거나 기대한 바와 다를 때, 혹은 잘못되었을 때, "문제가 있다."라는 표현을 쓴다. 이 때 문제라는 말 속에는 분명 그 현상에 대한 부정적인 이미지가 반영되어 있다. 그런데, 부정적인 이미지는 홀로 떠오르는 것이 아니라 어떤 준거를 필요로 한다. 말하자면, 무엇에 비추어 볼 때 부정적이고 무엇과 비교했을 때 비정상적인가를 판가름해 줄 수 있는 기준이 필요한 것이다. 그리고 문제라는 개념이 등장할 때에는 이미 그 문제 상황을 바꾸려 하거나 바꿀 수 있다는 기대 또한 내포되어 있는 것이 보통이다.

한편, 문제 상황은 개인적일 수도 있고 사회적일 수도 있다. 그러나 모든 사회적 현상이 다 사회 문제로 인식되는 것은 아니다. 예를 들어 어떤 사람이 감기에 걸렸다든지 일시적으로 실업자가 되었다 하자. 이것도 분명 문제 상황이긴 하지만, 사람들이 여기에 사회문제라는 개념을 적용시키지는 않는다. 또한, 홍수라든가 가뭄 등은 자연적 재해라고 하지 그 자체를 사회 문제라고 정의하지는 않는다. 흔히 우리는 신문에서 빈부 격차의 문제, 노동 문제, 실업 문제, 교육 문제, 가족 해체, 인구 문제, 청소년 비행, 교통 체증, 주택 문제, 부동산 투기 등의 내용과 마주치게 되는데, 이 때 이것들이 중대한 사회 문제라는 사실을 곧 느낄 수 있게 될 것이다. 분명한 것은 위에 열거된 상황들이 자연 현상에 관계되거나 개인적 차원의 문제가 아니라 어느 정도는 지속적이고 반복적인 사회적 차원의 문제들이라는 사실이다.

그런데 위의 문제 상황들 중에는 오래 전부터 인식되어 온 것들이 있는 반면, 최근에 들어와서야 비로소 부각되고 인식되는 문제들도 있다. 사회가 변화하고 복잡하게 됨에 따라 사회 문제로 포착되는 문제 상황들이 바뀌게 되는 것이다. 따라서 사회 문제라는 용어 속에 포괄되는 구체적인 상황들은 필연적으로 역사성을 띨 수밖에 없다.

한편, 사회 문제의 개념적 규정을 위해서는 문제가 되는 객관적 상황이 실제로 존재하고 있어야 한다. 그러나 객관적으로 존재하는 문제 상황이 모두 사회 문제로 규정되는 것은 아니다. 어떤 현상이 사회 문제라고 정의되기 위해서는 "문제되는 상황을 견디기 힘들다."라는 주관적 가치 판단이 덧붙여져야 한다. 이렇게 해서 동일한 상황에 대한 주관적 판단의 상이성과 상대성으로 말미암아 문제로 파악되는 방식과 영역은 달라지게 된다.

1

위 글에서 설명하지 않은 것은?

① 사회 문제의 다양한 측면
② 사회 문제의 객관성과 주관성
③ 사회 문제와 문제 상황의 관계
④ 사회 문제의 발생 원인
⑤ 사회 문제의 역사성

2

글쓴이의 견해와 부합하지 않는 것은?

① 노인 문제가 사회 문제의 하나로 부각된 것은 근대화가 일정한 수준에까지 진전된 시점부터이다. 따라서 노인 문제는 사회의 전반적인 변화와 밀접한 관련을 맺고 있다.

② 우리 사회의 심각한 사회 문제 가운데 하나는 권력형 비리와 부정 부패이다. 이러한 부정 부패가 근절되지 않는 한, 사회 개혁을 바라는 국민들의 기대 또한 계속 유지될 것이다.

③ 많은 사람들은 각종 선거에서 나타나는 지역감정을 시급히 없어져야 할 '망국병'으로 인식하고 있다. 그러나 이 문제의 심각성을 느끼는 정도는 사람에 따라 조금씩 다르다.

④ 환경 오염은 인류의 역사만큼이나 오래 되었다. 그러나 예전의 환경 오염과 오늘날의 환경 오염은 양적으로나 질적으로 차원을 달리하기 때문에, 비로소 그것이 사회 문제로 인식되었다.

⑤ 산업화가 진행됨에 따라 노사 문제가 발생한다는 것은 당연한 일이다. 이런 점에 비추어 볼 때, 일반적으로 사회 문제라고 하는 것은 개개인의 가치 판단과는 상관없이 존재하는 현상이다.

(가) 현대 도시는 공업화의 산물이다. 현대 공업 문명의 상징물로서 거대 도시는 '진보의 신화'를 구현한 것으로 여겨진다. 그러나 보드리야르는 "늑대 소년이 늑대들과 함께 생활하여 마침내 늑대가 된 것처럼, 우리들도 또한 서서히 기능적 인간이 되고 있다. 우리들은 사물의 시대에 살고 있다."라고 주장하였다. 도시의 편리한 삶은 결국 수많은 사물들의 도움을 받아 이루어지는 삶으로 기계화된 현대 사회의 일상이란 분명히 현대 도시의 일상을 가리키는 것이다. 현대인들은 하루 24시간 동안 도시 내의 모든 곳에서 기계의 도움을 받으면서 기계와 함께 살아간다. 그 결과 현대인들은 기계의 기능에 의존할 뿐만 아니라, 그 자신도 익숙해진 기능에 의해 스스로 사회적 기계로 전락하고 만다.

(나) 풍요의 문제도 역시 가난이나 공해와 같은 또 다른 체계의 위험으로 연결된다. 이에 대해서 다시 보드리야르는 "빈곤과 공해를 없애 버릴 수 없다면, 그것은 그 원인이 사회 경제적 구조 속에 있기 때문이다."라고 주장하였다. 이런 의미에서 도시의 생활이란 기계와 함께 살아가는 것일 뿐만 아니라 빈곤과 공해를 견디며 살아가는 것이기도 하다. 물론 이 경우의 빈곤은 전통적인 의미의 경제적 빈곤에만 국한되지 않고 도시화라는 풍요의 어두운 이면으로, 근대적 의미의 빈곤을 내포하는 것이다.

(다) 도시와 관련해서 특히 두드러지는 근대적 빈곤으로는 공간의 부족을 들 수 있다. 이와 관련하여 1960년대 프랑스의 일상생활을 분석한 르페브르는 "예전에는 빵이 부족하고 공간은 무제한으로 있었지만, 지금은 빵이 풍족하고 그 대신 공간이 점점 부족해지며, 시간도 점점 부족해진다."라고 하였다. 공간의 부족은 우선 토지의 경제적 가치를 상승시키는 것으로 나타난다. 이에 따라 투기가 발생하기 시작하면 공간의 부족은 한층 더 심해진다. 이 때문에 도시의 건물은 갈수록 하늘을 향한다. 거대 도시의 마천루들은 공학의 위대한 성과이기 이전에 사적 소유의 경제학에서 비롯된 현대의 악몽이다.

(라) 이러한 문제들에도 불구하고 근대화의 전개와 더불어 도시는 세계 전역에서 번성해 왔다. 도시화는 수많은 볼거리를 제공하고 장관(壯觀)으로서 사람들에게 다가온다. 문제는 우리 자신이 이러한 볼거리의 관찰자에 그치는 것이 아니라 다른 참여자들과 함께 무대 위에 올라 볼거리가 된다는 것이다. 우리 스스로 장관의 구성 요소가 된다는 것은 현실주의의 포로가 된다는 것을 뜻하기도 한다. 이에 대해 드보르는 장관의 사회학적 의미에 대해 "장관이라는 용어 자체에서 알 수 있듯이, 외양의 지배를 선언하며, 모든 인간적 삶, 즉 사회적 삶이 한갓 외양일 따름이라고 단언하는 것이며, 이는 삶에 대한 시각적 부정이자 삶에 대한 부정의 시각화"라고 주장한다.

(마) 도시에서는 고요를 대신하여 소음이, 어둠을 대신하여 불빛이 세상을 지배한다. 이렇게 해서 인간은 24시간 생활할 수 있게 되었지만, 그 대신에 우리가 존중해야만 하는 자연의 요청을 무시하게 되었다. 그 결과 도시에서 우리의 삶은 갈수록 '사이보그'화 되어간다. 삶의 환경이 점점 더 인공

화되기 때문에, 자연의 산물로서 인간이 설 자리는 점점 더 줄어들게 되는 것이다. 따라서 우리 자신이 인공화되어야 할 필요가 커지고, 실제로 인간의 인공화가 빠르게 일상의 현실이 되어 가고 있다. 이에 비해 비도시 지역의 삶은 생태적이라고 할 수 있지만 도시의 지배력은 더욱 더 강화되어 간다. 생태화가 새로운 도시화의 방향으로서 제시되기도 하지만, 실상은 도시의 확장 혹은 확산이 더 지배적인 상황이다. 우리의 일상은 그만큼 더 위태로워지고 있다.

1

위 글의 내용과 일치하지 않는 것은?

① 도시화가 진행됨에 따라 인간은 기능화 된다.

② 삶의 환경의 인공화는 인간의 인공화와 관련이 있다.

③ 도시의 마천루들은 공간의 경제적 가치를 하락시킨다.

④ 근대적 빈곤은 사회 경제적 구조에서 비롯된 현상이다.

⑤ 도시화는 인간으로 하여금 볼거리의 구성 요소가 되도록 한다.

2

위 글의 논지 전개 방식으로 가장 적절한 것은?

① 전문가의 견해를 논거로 삼아 주장을 강화하고 있다.

② 가설을 설정한 후 구체적 현상을 통해 검증하고 있다.

③ 특수한 사회적 현상을 제시하고 그 원인을 분석하고 있다.

④ 현상의 문제점을 제시한 후 그 해결 방안을 모색하고 있다.

⑤ 개별적인 사례들을 분석하여 일반적인 결론을 도출하고 있다.

　한국 사회는 구성원의 출신국이나 인종 등을 보면 이제 더 이상 단일 민족 국가라고 부를 수 없는 것이 현실이다. 이러한 변화에 대응하기 위해 우선 다문화 사회의 주요 패러다임에 대해 살펴보고, 다문화사회로서의 궁극적 지향점을 생각해 보기로 하자.

　다문화 사회를 정의하는 패러다임에는 차별 배제 모형, 동화 모형, 다문화 모형이 있다. 이 세 모형은 외국인과 이민자를 받아들이는 데 있어 국가가 어떠한 정책과 제도를 채택하고 있는지에 따라 분류한 것이다. 먼저 차별 배제 모형은 국가가 특정 경제 영역에만 외국인이나 이민자를 받아들이고, 복지 및 사회적 영역에서는 받아들이지 않는 배타적인 모형이다. 그러나 경제적 세계화의 거대한 흐름과 결혼 이민자의 증대와 맞물려 점차 그 입지가 제한되고 있다. 그리고 동화 모형은 외국인이나 이민자의 모든 면이 주류 사회와 똑같아져야 한다는 모형이다. 그러나 이 모형은 외국인이나 이민자의 정체성을 무시하였다는 비판과 함께 그들에 대한 불이익과 편견을 간과했다는 비난을 받고 있다. 이 두 모형과 달리, 다문화 모형은 다른 인종과 민족에 대해 포용적인 태도를 취하는 모형으로, 외국인이나 이민자가 그들만의 문화를 지키는 것을 인정하고 장려하며, 정책의 목표를 '동화'가 아닌 '공존'에 두고 있다. 따라서 지금까지 살펴본 모형들을 바탕으로 할 때, 현재 급속하게 변화하는 세계 속에서 한국 사회는 다문화 모형에 초점을 두고 접근할 필요가 있다.

　다문화 모형은 다시 문화다원주의와 다문화주의로 나눌 수 있다. 문화다원주의와 다문화주의는 다양성을 인정하고 사회적 통합을 추구한다는 점에서는 유사하다. 그러나 ㉠문화다원주의는 주류 사회가 존재함을 분명히 하면서 문화의 다양성과 다원성을 인정하는 정도의 소극적인 다문화 모형이다. 이에 비해 보다 발달된 개념인 ㉡다문화주의는 주류 사회의 중요성을 부각하기보다는 다양한 문화가 평등하게 인정되어야 함을 강조한다. 주류 사회 안에서 외국인과 이민자의 문화를 인정한다는 점에서 문화다원주의는 매력적으로 보일 수 있다. 그러나 '단일 민족 국가'라는 인식이 강하게 작용하는 한국 사회에서 외국인과 이민자에 대한 차별적 태도와 이중적 기준 적용의 문제를 해소하고 조화와 소통을 지향하기 위해서 한국 사회는 다문화주의라는 목표를 지향해야 할 것이다.

　그러나 사회 조직 내의 다양성을 강조하기만 하고, 다양성과 다문화적인 요소들을 제대로 운영하지 못하면 오히려 사회에 극심한 혼란만 더하게 되어, 사회의 통합이 아닌 분열을 조장할 수 있다. 따라서 한 사회의 다문화에 대한 목표가 정해지면, 그에 따른 정책들을 적정한 단계에 맞추어 진행해야 문제가 최소화될 수 있다. 그러므로 우리는 장기적 목표를 다문화주의에 두고, 단·중기적으로 실시할 수 있는 단계별 정책 목표와 구체적 사업을 정하고 추진해야 한다.

1

위 글을 통해 답을 구할 수 있는 물음이 아닌 것은?

① 다문화 모형의 정책 목표는 무엇인가?

② 다문화주의를 지향해야 하는 이유는 무엇인가?

③ 다문화 관련 정책 중 현재 시행되고 있는 것들은 무엇인가?

④ 다문화 사회를 정의하는 패러다임에는 어떤 것들이 있는가?

⑤ 다문화 모형에 초점을 두고 접근해야 하는 필요성은 무엇인가?

2

㉠과 ㉡에 대한 설명으로 적절하지 않은 것은?

① ㉠은 ㉡에 비해 다양한 문화적 가치들을 공유할 것을 강조한다.

② ㉠은 ㉡과 달리 주류 문화의 중요성을 부각하는 정책을 고수한다.

③ ㉡은 ㉠과 달리 주류 사회와 외국인이나 이민자들 간의 대등한 관계를 중시한다.

④ ㉡은 ㉠에 비해 외국인이나 이민자들의 고유문화를 유지하도록 하는 데 적극적이다.

⑤ ㉠과 ㉡은 모두 사회 구성원의 공존을 추구한다.

하루 더 놀면 행복해질까? 아니다. 여유로운 시간이 행복의 조건은 되지만 여가 시간이 늘어났다고 반드시 행복해지는 것은 아니다. 늘어난 여가 시간에 대한 국가 차원의 정책적 대안도 특별히 마련되어 있지 않은 것 같다. 국민이 스스로 알아서 잘 놀 것이라고 믿는 것 같다. 그러나 국민도 갑자기 늘어난 여가 시간을 제대로 감당하지 못한다. 집을 나서서 차를 끌고 고속도로에 나서봐야 극심한 주말 정체에 시달리기 일쑤이고, 그러다 보니 아이들 데리고 놀이공원에 몰려가는 것 이외에는 딱히 재미있는 일이 없어 보인다. 주5일 근무제에 대한 우리 사회의 준비는 여러 모로 부족하다고 할 수밖에 없다.

지난 세기, 전 세계를 뒤흔들었던 사회주의 혁명의 시작은 노동 시간 단축 요구에서 출발한다. 또 200~300년에 걸친 서구 근대화의 역사는 노동 시간 단축과 이를 통한 여가 시간 증가의 과정이라고 할 수 있다. 우리는 압축적 산업화를 통해 불과 50여 년 만에 이 과정을 따라 잡았다. 그러나 노동 시간 단축은 열심히 따라잡을 수 있었지만, 오랜 기간에 걸쳐 형성되어 안정된 서구사회의 여가 문화까지 따라잡기는 쉽지 않은 일이었다. 문화는 압축적으로 만들어지는 것이 절대 아니기 때문이다.

21세기 국가경쟁력은 여가 문화에서 결정된다는 말이 있다. 여가는 문화 생산과 문화 소비가 이뤄지는 곳이기 때문이다. 그러나 의미 있는 여가 문화나 특별히 재미있는 일이 준비되어 있지 않은 우리나라 사람들은 주말이나 저녁 시간을 대부분 술을 마시면서 보내는 경우가 많다. 이런 식의 여가 문화에서 그 어떠한 경쟁력 있는 문화 생산과 문화 소비를 기대할 수는 없을 것이다. 이를 해결하기 위해서는 우선 휴식과 노동의 철학부터 바꿔야 한다.

독일어로 여가는 '프라이차이트(Freizeit)'라고 한다. 자유 시간을 뜻한다. 이때 자유는 '자신이 원하는 것을 위한 자유'를 뜻한다. 여가는 단지 노동에서 지친 몸을 회복하는 시간이 아니다. 그것은 아무런 의식 없이 반복되는 일상에 대한 자기반성과 좀 더 나은 미래를 위한 준비의 시간이다. 일의 반대말은 여가나 휴식이 아니다. 일과 휴식은 동전의 양면이다. 일의 반대말은 권태, 나태다. 자신이 진정으로 행복해 하는 일을 발견하고 삶의 재미를 회복하는 것이 진정한 여가의 의미이다.

노동의 핵심을 쉬는 것에 두어야 창의성이 길러지고 일의 능률도 향상된다고 말한다면 지나친 비약일까? 주5일 근무제를 시작한 지 그리 오래되지 않은 우리 사회에서는 좀 성급한 얘기일지도 모르지만, '열심히 일하라.'만 강조할 것이 아니라, '우선 잘 쉬어라.'를 강조해야 할지도 모른다. 지금까지는 어떻게 열심히 일을 할 것인가만을 고민해 온 우리도 이제부터는 새로운 고민을 해야 할지도 모른다. 도대체 어떻게 잘 쉴 것인가. 어떻게 잘 쉬어서, 지금보다 더 창의적이고 새로운 시작을 준비할 것인가.

1

위 글의 내용과 일치하지 않는 것은?

① 여가는 노동과 대립되는 개념이다.

② 여가는 문화 생산과 문화 소비의 바탕이 된다.

③ 현재 우리 사회의 여가 문화 행태는 변해야 한다.

④ 여가는 소모적인 것이라기보다는 생산적인 것이다.

⑤ 여가 시간이 증가한다고 반드시 행복해지는 것은 아니다.

2

위 글의 전개 방식에 대한 설명으로 가장 적절한 것은?

① 시야를 점층적으로 확대하여 논지를 전개해 나가고 있다.

② 문제점에 대한 해결책을 모색하기 위해 문답법을 활용하고 있다.

③ 추상적인 개념을 구체화하여 이를 토대로 문제 해결 방안을 찾고 있다.

④ 새로운 가설을 제시하고 이를 증명해 나가면서 주제를 부각시키고 있다.

⑤ 일반적인 현상을 부각시킴으로써 대상에 대한 부정적 인식을 해소하려 하고 있다.

(가) 프랑스 시민 혁명 후에 나온 인권 선언문은 모든 인간이 평등하다고 천명하였다. 그러나 그 당시 법적인 평등권은 상당한 재산을 소유한 남성에게만 주어졌을 뿐이다. 시민혁명에 동참하였음에도 불구하고 여성과 신분이 낮은 남성에게는 법적인 평등권이 주어지지 않았다. 그리하여 프랑스 혁명 발발 2년 후인 1791년 올랭프 드 구즈를 중심으로 자유와 평등, 참정권을 주장하는 '여성 선언'이 발표되었고, 1792년 영국에서는 월스톤 크라프트가 여권옹호를 강력하게 주장하고 나섰다.

(나) 여성의 평등권에 대한 주장과 요구는 19세기에도 그대로 이어졌으나 여성이 법적인 시민권, 곧 보통 선거권을 획득한 것은 20세기 초의 일이다. 그 후 한동안 침체했던 여성 운동은 1960년대부터 다시 활성화되어 성 역할의 개선, 교육과 고용의 평등, 가사 노동의 가치 인정 등 여성의 자율과 평등에 관한 법률적 보장에 노력을 기울였다. 이와 더불어 여성 취업은 양적으로 늘어나고 여성의 사회적 지위도 어느 정도 상승되었다.

(다) 여성 문제에 관한 이론도 다양해지고 체계화되었다. 초기 여성 운동을 주도해 왔던 자유주의적 여성 해방론 외에 마르크스주의 여성 해방론, 사회주의 여성 해방론, 급진주의 여성 해방론 등이 새로이 출현하였고, 성 차별의 사회화에 관한 문제들이 사회학과 심리학 분야에서 발전적으로 논의되었다. 이로써 남녀의 능력 차이는 선천적인 것이 아니라 사회적 환경과 교육에 의한 결과라는 사실이 이론적으로 뒷받침되었다. 또 가부장제 사회에서 남녀의 성 역할과 성격 형성이 사회적, 문화적 특성에 따라 바뀔 수 있다는 사실이 인류학 분야의 연구를 통해서 밝혀지기도 하였다. 그 결과 사회적 역할에서 남성이 여성보다 본질적으로 더 우월한 존재는 아니며, '여성다움'과 '남성다움'이라는 고정 관념은 성 차별의 사회화 결과로서 그릇된 인간관을 형성시키는 원인이 된다는 인식이 사회적으로 확산되었다.

(라) 그러나 이것으로써 남녀의 불평등 구조가 아주 개선된 것은 아니다. 남편은 생산 활동을 하고 부인은 가사를 전담하는 식으로 가정에서의 남녀 역할이 엄격하게 구분되어 있는 한, 생산 활동에서 소외된 여성은 경제적으로 남성에게 의지할 수밖에 없다. 여성이 사회에 진출하는 경우에도 여성은 남성에 비해 많은 차별 대우를 받는다. 여성이 직업을 갖는 일이 점차 늘어 가고는 있으나, 여성의 노동력은 자본가의 필요에 따라서 이용되거나 버려지기 쉬운, 매우 불안정한 고용 상태에 놓여 있다. 임금 역시 여성은 대체로 남성에 비해 적은 편이다. 그렇지만 이처럼 불안정한 고용과 낮은 임금의 조건 속에서도 일하지 않을 수 없는 대다수의 저소득층 여성들로서는 자본을 위해 값싼 노동력의 저수지 역할을 그만둘 수가 없는 것이다. 그리고 생산 활동에 참여할 때에도 가사 노동의 부담에서 벗어날 수가 없는 이들은 직장과 가정에서의 이중 역할로 인한 정신적, 신체적 고통에 시달리게 된다.

(마) 오늘날 여성의 지위에 대한 사회적 인식은 점차 개선되고 있다. 그렇지만 여성의 가치나 능력에 대한 평가는 여전히 잘못되어 있다. 사회의 구성이나 역할에서 여성이 차지하는 비중을 볼 때, 이

것은 여성만의 문제가 아니라 우리 사회 전체의 문제가 된다. 따라서 이러한 문제들은 사회 구성원 각자의 인식 변화를 통하여 해결하려고 하기보다는 실질적인 남녀 고용 평등과 육아에 관한 법규를 개정하는 등의 제도 개선을 통하여 해결하여야 할 것이다. 이와 동시에 여성에 대한 편견을 극복하기 위한 교육적인 노력도 병행하여야 할 것이다.

1

위 글의 내용과 일치하는 것은?

① 1960년대 이후에 남녀간의 사회적 지위는 대등해졌다.

② 20세기 이전까지는 여성의 참정권이 보장되지 않았다.

③ 여성의 지위는 개인의 인식 변화를 통하여 개선해야 한다.

④ 여성들은 가사 노동 때문에 생산 활동에 참여할 수가 없다.

⑤ 프랑스 혁명 직후에는 모든 사람에게 시민권이 보장되었다.

2

위 글에서 말하지 않은 것은?

① 여성 문제를 개선하는 방안

② 여성 운동이 전개되어 온 과정

③ 여성 문제에 관한 이론의 발전

④ 여성이 사회에서 차별되는 현실

⑤ 여성의 사회적 기여에 대한 평가

(가) 사회 복지는 "누구든지 인간의 존엄성과 가치를 훼손당하지 않으면서 인간답게 살 수 있어야 한다"라는 이념을 전제로 한다. 사회 복지 실천을 위한 방법론은 바로 이 이념을 실현하기 위해서 발달하였다. 사회 복지 방법론은 고통을 받고 있는 사람들이 인간답게 살 수 있도록 도와주는 데 필요한 전문 지식과 기술로 구성되는데, 이는 크게 둘로 나눌 수 있다. 하나는 도움을 필요로 하는 개인에 초점을 맞추고 문제를 개별화하여 그 해결 방안을 찾는 미시적 방법론이고 다른 하나는 문제를 집합적으로 보면서 전체적인 사회 차원에서 그 해결 대책을 강구하는 거시적 방법론이다. 사회 복지 전문가들은 이러한 방법론에 따라 도움이 필요한 사람들로부터 문제를 찾아내어 그 원인을 진단해 냄으로써 그들 스스로 자신의 문제를 해결할 수 있도록 도움을 주기도 하며, 다른 한편으로는 정부 정책이나 제도에 영향을 미침으로써 문제의 해결에 도움을 주기도 한다.

(나) 이러한 두 가지 방법론은 사회 체제와의 관계에서도 차이가 있다. 미시적 방법론을 활용하는 사회 복지 전문가들은 사회 체제 자체에 별 관심을 보이지 않고, 따라서 사회 정책을 입안하고 집행하는 데에도 그다지 관여하려 하지 않는다. 이들은 단지 사회 체제 안에서 개인에게 도움을 줄 수 있는 효과적인 방법들, 곧 자신이 담당하고 있는 임상(臨床) 분야의 전문성을 강화하는 데 관심을 기울인다. 반면에 거시적 방법론을 주장하는 전문가들은 개인의 생활에 영향을 미치는 정부의 정책이나 사회 체제 자체를 매우 중요시한다. 왜냐 하면, 정부의 정책을 변화시키거나 사회 체제에 영향을 미침으로써, 그것이 궁극적으로 개인에게 도움을 줄 수 있다고 보기 때문이다. 따라서, 이들은 사회의 발전 과정에서 나타나는 사회 세력들간의 역동적인 측면에 관심을 보이며, 정부의 정책 과정 및 그것을 둘러싼 정책 환경에 관련된 지식들을 바탕으로 사회 복지 방법론의 지식과 기술을 발전시키고자 한다.

(다) 역사적으로 볼 때, 사회 복지 방법론은 미시적 방법론을 중심으로 발전하였다. 현재의 사회 복지 방법론을 구성하고 있는 내용 중 대부분은 사회학, 심리학, 사회심리학, 정신의학, 집단역학(集團力學) 등 인접 학문으로부터 빌려 온 많은 지식들을 바탕으로 사람들을 돕는 데 필요한 실천 지향적인 전문 지식과 기술로 이룩된 것들이다. 그 결과 사회 복지 방법론은 개별적인 차원에서 문제들을 다루거나, 복지 서비스를 효과적으로 전달하는 데 필요한 전문적인 지식과 기술을 갖추는 데에는 일단 성공을 하였다. 그러나 도움을 받는 사람과 사회 체제의 관계, 사회적 약자의 욕구가 정책에 반영되는 과정, 그리고 사회 체제에 내재해 있는 편향성 등의 문제에 대해서는 간과하는 경향이 있다.

(라) 이처럼 한쪽으로 치우쳐 발전된 사회 복지 방법론은 단지 사회 복지 서비스를 전달하는 일 자체에만 관심을 집중함으로써 '인간의 존엄성과 가치의 유지 및 보존'이라는 사회 복지 본래의 목표 달성을 어렵게 만들었다. 왜냐하면, 기형적으로 발전된 이러한 사회 복지 방법론만 가지고서는 사회 복지를 실천하는 데 영향을 미칠 수 있는 정부의 정책을 비판하기 어렵고, 창조적 대안을 제시할 수

없기 때문이다.

(마) 우리는 사회 복지 방법론의 발전 과정을 고찰함으로써 미시적인 사회 복지 방법론만으로는 사회 복지의 이념을 달성하는 데 한계가 있을 수밖에 없으며, 따라서 미시적 방법론과 거시적 방법론을 균형 있게 발전시키는 것이 바람직하다는 교훈을 얻을 수 있다. 사회 복지 문제를 해결하기 위해서는 임상적 지식이 필요한 것은 물론, 사회 정책을 입안하거나 개선하기 위한 활동도 역시 필요하기 때문이다. 결국 미시적 방법론과 거시적 방법론을 양측으로 하는 사회 복지 방법론을 발전시키는 것만이 사회 복지의 이념을 효과적으로 앞당겨 달성할 수 있게 해 줄 것이다.

1

각 문단의 중심 내용과 거리가 먼 것은?

① (가) ─ 사회 복지 방법론의 개념과 유형
② (나) ─ 미시적 방법론과 거시적 방법론 차이점
③ (다) ─ 사회 복지 방법론과 인접 학문의 관계
④ (라) ─ 사회 복지 방법론의 현재 상황
⑤ (마) ─ 사회 복지 방법론의 바람직한 방향

2

위 글에서 이끌어 낼 수 없는 주장은?

① 미시적 방법론과 거시적 방법론의 균형적 발전이 필요하다.
② 사회 복지 전문가는 정책 과정에 적극적으로 관여해야 한다.
③ 사회 복지 방법론의 발전을 위해서는 학문간의 교류가 필요하다.
④ 사회 체제의 개혁을 통해서 사회 복지의 전문성을 확보해야 한다.
⑤ 사회 복지 실현을 위하여 거시적 방법론을 더욱 발전시킬 필요가 있다.

세계경제포럼의 일자리 미래 보고서는 기술이 발전함에 따라 향후 5년 간 500만 개 이상의 일자리가 사라질 것으로 경고했다. 실업률이 증가하면 사회적으로 경제적 취약 계층인 저소득층도 늘어나게 되는데, 지금까지는 '최저소득보장제'가 저소득층을 보호하는 역할을 담당해 왔다.

최저소득보장제는 경제적 취약 계층에게 일정 생계비를 보장해 주는 제도로 이를 실시할 경우 국가는 가구별 총소득에 따라 지원 가구를 선정하고 동일한 최저생계비를 보장해 준다. 가령 최저생계비를 80만 원까지 보장해 주는 국가라면, 총소득이 50만 원인 가구는 국가로부터 30만 원을 지원 받아 80만 원을 보장 받는 것이다. 국가에서는 이러한 최저생계비의 재원을 마련하기 위해 일정 소득을 넘어선 어느 지점부터 총소득에 대한 세금을 부과하게 된다. 이때 세금이 부과되는 기준 소득을 '면세점'이라 하는데, 총소득이 면세점을 넘는 경우 총소득 전체에 대해 세금이 부과되어 순소득이 총소득보다 줄어들게 된다. 그런데 국가에서 최저생계비를 보장할 경우 면세점 이하나 그 부근의 소득에 속하는 일부 실업자, 저소득층은 일을 하여 소득을 올리는 것보다 일을 하지 않고 최저생계비를 보장 받는 것이 더 유리하다고 판단할 수 있다. 또한 지원 대상을 선정하기 위한 소득 및 자산 심사를 하게 되므로 관리 비용이 추가로 지출되며, 실제로는 최저생계비를 보장 받을 자격이 있지만 서류를 갖추지 못해 지원 대상에서 제외되는 가구가 생기기도 한다.

이러한 문제로 인해 기존의 복지 재원을 하나로 모아 국가 또는 지방자치단체에서 모든 구성원 개개인에게 아무 조건 없이 정기적으로 현금을 지급하는 ㉠'기본소득제'가 대안으로 제시되고 있다. 모든 국민에게 일정액을 현금으로 지급할 경우 저소득층 또한 일을 한 만큼 소득이 늘어나게 되므로 최저생계비를 보장 받기 위해 사람들이 일부러 일자리를 구하지 않을 가능성이 낮다는 것이다. 동시에 기본소득제는 자격 심사 과정이 없어 관리 비용이 절약될 뿐만 아니라 제도에서 소외된 빈곤 인구도 줄일 수 있다. 하지만 기본소득제는 모든 국민에게 일정액이 지급되는 만큼, 이에 만족하는 사람들이 늘어나면 최저소득보장제를 실시할 때보다 오히려 일자리를 찾는 사람이 전체적으로 줄어들 것이란 우려도 동시에 제기되고 있다. 또한 복지 예산이 상대적으로 부족한 국가에서는 시행하기 어렵고 기본 소득 이상의 혜택을 받아야 하는 취약 계층에 더 많은 경제적 지원을 할 수 없는 문제 등이 있어 기본소득제를 현실 사회에 적용하기까지는 많은 난관이 있을 것으로 예상된다.

그럼에도 불구하고 기본소득제의 도입을 모색하고 있는 국가나 지방자치단체는 모든 국민들이 소득을 일정 부분 보장 받는 만큼 생산과 소비가 촉진되고, 이로 인해 전체 경제가 활성화될 것이라 예상한다. 그래서 기본소득제는 최근 인공 지능과 같은 기술의 발달이 몰고 올 실업 문제와 경제 불황을 효율적으로 극복하기 위한 현명한 대안으로 검토되고 있는 것이다.

1

위 글을 통해 해결할 수 없는 질문은?

① 최저소득보장제와 기본소득제의 개념은 무엇인가?

② 최저소득보장제는 사회에서 어떤 역할을 담당하였는가?

③ 기본소득제를 도입하여 얻을 수 있는 경제적 효과는 무엇인가?

④ 기본소득제가 최저소득보장제의 대안으로 제시된 이유는 무엇인가?

⑤ 기본소득제를 국가나 지방자치단체 차원에서 도입한 사례에는 어떤 것이 있는가?

2

위 글을 바탕으로 할 때, ㉠을 시행할 경우 나타날 수 있는 문제점으로 가장 적절한 것은?

① 과도한 생산으로 자원이 낭비되어 국가 경제가 침체될 것이다.

② 국가의 지원에 만족하는 사람이 늘어나 일자리가 전체적으로 줄어들 것이다.

③ 기본 소득을 동일하게 제공하므로 경제적 취약 계층에 대한 차등 지원이 어려울 것이다.

④ 소득에 대한 자격 심사를 하지 않아 국가 지원에서 제외되는 빈곤 인구가 늘어날 것이다.

⑤ 경제적 사회 안전망이 취약해지므로 일부 실업자는 국가의 지원을 받을 수 없을 것이다.

친환경적 삶의 방식

"만약 이 세상에 살고 있는 모든 사람이 자동차를 운전한다면 지구는 어떻게 될까요?"라는 달라이 라마의 질문은 답이 불가능한 사실에 근거를 두고 있기 때문에 공안(公案)이라고 할 수 있다. 공안(公案)이란 논리적 해답이 없는 것이 특징이다. 하지만 해답을 찾아 탐구하다 보면 어느 순간 번쩍이는 깨달음을 얻게 된다.

지구 자원에 부담을 많이 주는 곳이 북아메리카이고 미국이다. 미국은 지구의 기후를 변화시키는 온실가스를 가장 많이 배출하고 있다. 에너지를 기준으로 계산해 보면, 인간이 소비하는 식량은 고래와 비슷한 수준으로 하루에 2500~3000칼로리 정도이다. 우리가 소비하는 모든 에너지는 대부분 화석 연료에서 나오는데, 미국인이 평균 소비하는 에너지 총량은 하루에 18만 칼로리로 거대한 사향고래의 평균 에너지 소비량과 맞먹는다. 미국인이 소비하는 에너지는 사람 크기의 다른 포유류 동물이 소비하는 양보다 훨씬 많다.

인류는 매년 육지에서 자라고 있는 모든 식생의 40퍼센트를 사용하며, 청정 지역을 거쳐 흘러나오는 담수를 3분의 1이나 오염시킨다. 인류는 세계 삼림의 3분의 2와 초원의 4분의 3을 훼손하였고, 인간의 지방질에 250종류나 되는 새로운 화학물을 첨가하였으며, 공룡이 지구를 거닐던 시절 이후에 가장 대규모로 생물종을 멸종시켰다. 참으로 엄청난 일이 아닐 수 없다.

물론 80억 인류가 미국인처럼 대량 소비한다는 것은 불가능한 일이다. 그러나 그러한 세계를 상상해 봄으로써 우리는 자신의 모습을 다른 각도에서 바라볼 수 있다. 앞서 인용한 공안(公案)은 인류가 혼잡해진 지구에서 함께 살기 위하여 필요한 새로운 생활 방식, 즉 지구를 살리는 방법에 대하여 탐구하도록 우리를 인도한다. 어떻게 하면 인류는 지구에게 과도한 부담을 주지 않고 필요한 식량과 집, 지식과 오락을 얻을 수 있을까?

우리가 추구하고 있는 경제 활동의 파괴성을 뒤집어 보면 지구에게 미치는 충격을 줄이면서도 인류의 복지를 향상시킬 수 있는 기회는 많이 있다. 우리의 경제 체제는 지구로부터 얻은 자원을 사용하는 과정이 너무 비효율적이어서, 우리가 환경에 미치는 엄청난 피해의 대부분은 사실 별 어려움 없이 줄일 수 있다. 농업, 공업, 교통 등 일상 생활의 여러 분야에서 지금까지 익숙한 방식보다 더 친환경적이고 비용이 덜 드는 실현 가능한 대안들이 이미 소개되었다. 이처럼 도처에서 생태계가 파괴되는 와중에서도 우리의 경제가 환경에 주는 피해를 줄이면서도 더 잘 운용될 수 있다는 것을 아는 것은 큰 희망을 준다.

우리 앞에는 커다란 도전이 기다리고 있다. 이러한 도전은 매우 위압적이기는 하지만 우리는 희망을 잃지 말아야 한다. 세계의 기후를 안정시키면서 동시에 지구 상에 사는 10억 명의 절대 빈곤층에게 적절한 경제적인 희망을 갖게 하는 것이 우리가 지향해야 할 분명한 목표라는 것이다.

1

위 글에 대한 설명으로 가장 적절한 것은?

① 가설을 제시하고 구체적 자료를 통해 검증하고 있다.

② 시간의 흐름에 따른 대상의 변화 과정을 살펴 보고 있다.

③ 여러 이론적 입장을 대비시켜 주장하는 바를 서술하고 있다.

④ 문제를 색다른 각도에서 바라봄으로써 해결책을 찾으려 하고 있다.

⑤ 말하고자 하는 대상 전체를 세부 항목으로 나누어 설명하고 있다.

2

위 글을 읽고 보인 반응으로 적절한 것은?

① 환경 문제를 해결하기 위해서는 결국 인구를 줄이는 수밖에 없겠어.

② 파괴된 생태계를 복원할 수 있는 새로운 환경 기술의 개발이 중요해.

③ 친환경적인 새로운 생활 방식을 실천하는 것이 무엇보다 시급한 일이야.

④ 과학 기술 문명이 생태계 파괴의 주범이므로 농경 시대의 삶으로 돌아가야 돼.

⑤ 머잖아 고갈될 지구 자원을 대체할 다른 에너지원을 태양계 안에서 찾아 봐야 해.

범죄란 사회 질서를 파괴하고 타인의 육체나 정신에 고통을 주거나 재산 또는 명예에 손상을 입히는 행위로, 사회의 안녕과 개인의 안전에 해를 끼친다. 그래서 사람들은 여러 논의를 통해 범죄 발생률을 낮추려고 노력해 왔고, 그 결과 탄생한 것이 바로 '범죄학'이다.

㉠'고전주의 범죄학'은 법적 규정 없이 시행됐던 지배 세력의 불합리한 형벌 제도를 비판하며 18세기 중반에 등장했다. 고전주의 범죄학에서는 범죄를 포함한 인간의 모든 행위는 자유 의지에 입각한 합리적 판단에 따라 이루어지므로, 범죄에 비례해 형벌을 부과할 경우 개인의 합리적 선택에 의해 범죄가 억제될 수 있다고 보았다. 고전주의 범죄학의 대표자인 베카리아는 형벌은 법으로 규정해야 하고, 그 법은 누구나 이해할 수 있도록 문서로 만들어야 한다고 강조했다. 또한 형벌의 목적은 사회 구성원에 대한 범죄 행위의 예방이며, 따라서 범죄를 저지를 경우 누구나 법에 의해 확실히 처벌받을 것이라는 두려움이 범죄를 억제할 것이라고 확신했다. 이러한 고전주의 범죄학의 주장은 각 국가의 범죄 및 범죄자에 대한 입법과 정책에 많은 영향을 끼쳤다.

19세기 중반 이후 사회 혼란으로 범죄율과 재범률이 증가하자, 범죄의 원인을 과학적으로 증명하려 한 ㉡'실증주의 범죄학'이 등장했다. 실증주의 범죄학은 고전주의 범죄학의 비과학성을 비판하며, 범죄의 원인을 개인의 자유 의지로는 통제할 수 없는 생물학적·심리학적·사회학적 요소에서 찾으려 했다. 이 분야의 창시자인 롬브로소는 범죄 억제를 위해서는 범죄자들의 개별적 범죄 기질을 도출하고 그 기질에 따른 교정이나 교화, 또는 치료를 실시해야 한다고 생각했다. 이를 위해 그는 범죄자만의 특성과 행위 원인을 연구하여 범죄자들의 유형을 구분하고 그 유형에 따라 형벌을 달리할 것을 주장했다. 그는 출생부터 범죄자의 기질을 타고나 범죄를 저지를 수밖에 없는 범죄자의 경우 초범일지라도 무기한 구금을 해야 하지만, 우발적으로 범죄를 저지른 범죄자의 수감에는 반대했고, 이러한 생각은 이후 집행 유예 제도의 이론적 기초가 되었다. 비록 차별과 편견이 개입됐다는 비판을 받기는 했지만, 롬브로소의 연구는 이후 범죄 생물학, 범죄 심리학, 범죄 사회학의 탄생과 발전에 큰 영향을 끼쳤다.

이러한 범죄학의 큰 흐름들은 범죄를 억제하려는 그동안의 법체계와 정책의 근간이 되어 왔다. 하지만 1970년대 이후 이러한 시도들의 범죄 감소 효과에 대한 비판이 일면서, 환경에 의한 범죄 유발 요인과 환경 개선을 통한 범죄 기회의 감소 효과 등을 연구하는 '환경 범죄학'이 주목받기 시작했다. 이러한 가운데 건축학이나 도시 설계 전문가들은 범죄의 원인과 예방의 해법을 환경과 디자인에서 찾아야 한다고 주장했다. 바로 '셉테드(CPTED)'라 불리는 범죄 예방 설계가 그것이다. 셉테드는 건축 설계나 도시 계획 등을 통해 대상 지역의 방어적 공간 특성을 높여, 범죄 발생 가능성을 줄이고 지역 주민들이 안전감을 느끼도록 하여 궁극적으로 삶의 질을 향상시키는 종합적인 범죄 예방 전략을 의미한다.

셉테드는 다음의 원리로 이루어진다. 우선 '자연적 감시의 원리'는 공간과 시설물에 대한 가시권을 확보하고 잠재적 범죄자의 은폐 장소를 최소화시킴으로써 내부인이나 외부인의 행동을 주변 사람들이 자연스럽게 관찰할 수 있게 만드는 것이다. 다음으로 '접근 통제의 원리'는 보행로, 조경, 문 등을 통해 사람들의 통행을 일정한 경로로 유도하여 허가받지 않은 사람들의 출입을 통제하거나 차단하는 것을 말한다. '영역성의 원리'는 안과 밖이라는 공간 영역을 조성하여 외부인의 침범 기준을 명확히 확립하는 것을 말한다. 이 외에도 공공장소 및 시설에 대한 내부인들의 활발한 사용을 유도하여 그 근방의 범죄를 감소시킨다는 '활동의 활성화 원리', 공공장소와 시설물이 처음 설계된 대로 지속적으로 유지 및 관리되어야 한다는 '유지 및 관리의 원리'가 있다. 이 모든 원리는 범죄 예방의 전략과 목표를 범죄자 개인이 아닌 도시 및 건축 환경의 설계와 계획에 두고 있다는 점에서 공통적이다.

우리나라는 2005년 즈음부터 셉테드를 도입하여 도시 설계와 건축물에 범죄 예방 설계 활용을 본격화하기 시작했다. 그동안의 법과 정책, 그리고 셉테드가 동시에 강화된다면 좀 더 안전한 사회를 만들 수 있을 것이다.

1

위 글에 대한 설명으로 가장 적절한 것은?

① 예상되는 반론을 반박하며 주장을 강화하고 있다.

② 필자의 관점을 명시한 후 다른 관점과 비교하고 있다.

③ 핵심 개념의 가치와 효용을 비유적으로 제시하고 있다.

④ 통시적 관점에서 문제 해결을 위한 방법들을 설명하고 있다.

⑤ 두 이론의 장점을 절충하여 새로운 이론으로 통합하고 있다.

2

㉠과 ㉡에 대한 이해로 적절하지 않은 것은?

① ㉠은 법적 근거 없이 부과된 형벌은 정당하지 않다고 지적하고 있군.

② ㉡은 범죄자들의 특성과 행위 원인을 바탕으로 범죄자의 유형을 구분해야 한다고 말하고 있군.

③ ㉠은 ㉡과 달리 연구의 초점을 범죄의 처벌보다는 범죄의 원인에 두고 있군.

④ ㉠은 ㉡과 달리 범죄에 따른 형벌을 예외 없이 적용하는 것이 범죄율을 낮출 수 있다고 보고 있군.

⑤ ㉡은 ㉠과 달리 인간의 자유 의지를 통해서는 범죄 욕구를 제어할 수 없다고 판단하고 있군.

　　사회 이론은 사회 구조나 사회적 상호 작용을 연구하는 이론들을 통칭한다. 사회 이론은 과학적 방법을 적용하면서도 연구 대상뿐 아니라 이론 자체가 사회 상황이나 역사적 조건에 긴밀히 연관된다는 특징을 지닌다. 19세기의 시민 사회론을 이야기할 때 그 시대를 함께 살펴보게 되는 것도 바로 이와 같은 이유 때문이다.

　　시민 사회라는 용어는 17세기에 등장했지만, 19세기 초에 이를 국가와 구분하여 개념적으로 정교화한 인물이 헤겔이다. 그가 활동하던 시기에 유럽의 후진국인 프러시아에는 절대주의 시대의 잔재가 아직 남아 있었다. 산업 자본주의도 미성숙했던 때여서, 산업화를 추진하고 자본가들을 육성하며 심각한 빈부 격차나 계급 갈등 등의 사회 문제를 해결해야 하는 시대적 과제가 있었다. 그는 사익의 극대화가 국부(國富)를 증대해준다는 점에서 공리주의를 긍정했으나, 그것이 시민 사회 내에서 개인들의 무한한 사익 추구가 일으키는 빈부 격차나 계급 갈등을 해결할 수는 없다고 보았다. 그는 시민 사회가 개인들이 사적 욕구를 추구하며 살아가는 생활 영역이자 그 욕구를 사회적 의존 관계 속에서 추구하게 하는 공동체적 윤리성의 영역이어야 한다고 생각했다. 특히 시민 사회 내에서 사익 조정과 공익 실현에 기여하는 직업 단체와 복지 및 치안 문제를 해결하는 복지 행정 조직의 역할을 설정하면서, 이 두 기구가 시민 사회를 이상적인 국가로 이끌 연결 고리가 될 것으로 기대했다. 하지만 빈곤과 계급 갈등은 시민 사회 내에서 근원적으로 해결될 수 없는 것이었다. 따라서 그는 국가를 사회 문제를 해결하고 공적 질서를 확립할 최종 주체로 설정하면서 시민 사회가 국가에 협력해야 한다고 생각했다.

　　한편 1789년 프랑스 혁명 이후 프랑스 사회는 혁명을 이끌었던 계몽주의자들의 기대와는 다른 모습을 보이고 있었다. 사회는 사익을 추구하는 파편화된 개인들의 각축장이 되어 있었고 빈부 격차와 계급 갈등은 격화된 상태였다. 이러한 혼란을 극복하기 위해 노동자 단체와 고용주 단체 모두를 불법으로 규정한 르 샤플리에 법이 1791년부터 약 90년간 시행되었으나, 이 법은 분출되는 사익의 추구를 억제하지도 못하면서 오히려 프랑스 시민 사회를 극도로 위축시켰다. 뒤르켐은 이러한 상황을 아노미, 곧 무규범 상태로 파악하고 최대 다수의 최대 행복을 표방하는 공리주의가 사실은 개인의 이기심을 전제로 하고 있기에 아노미를 조장할 뿐이라고 생각했다. 그는 사익을 조정하고 공익과 공동체적 연대를 실현할 도덕적 개인주의의 규범에 주목하면서, 이를 수행할 주체로서 직업 단체의 역할을 강조하였다. 국가의 역할을 강조한 헤겔의 영향을 받았음에도 불구하고, 뒤르켐은 직업 단체가 정치적 중간 집단으로서 구성원의 이해관계를 국가에 전달하는 한편 국가를 견제해야 한다고 보았던 것이다.

　　헤겔과 뒤르켐은 시민 사회를 배경으로 직업 단체의 역할과 기능을 연구했다는 공통점이 있었다. 하지만 직업 단체에 대한 두 사람의 생각은 달랐다. 이러한 차이는 두 학자의 시민 사회론이 철저하게 시대의 산물이라는 점을 보여 준다. 이들의 이론은 과학적 연구로서 객관적으로 타당하다는 평가를 받기도 하지만, 이론이 갖는 객관적 속성은 그 이론이 마주 선 현실의 문제 상황이나 이론가의 주관적인 문제의식으로부터 근본적으로 자유로울 수는 없는 것이다.

1

위 글의 내용 전개 방식에 대한 설명으로 가장 적절한 것은?

① 논지를 제시한 후, 대표적인 사례를 검토하는 과정을 통해 주제를 명료화하고 있다.

② 화제를 소개한 후, 예외적인 사례를 배제하는 과정을 통해 주제를 일반화하고 있다.

③ 주장을 제시한 후, 예상되는 반증 사례를 검토하는 과정을 통해 주제를 강화하고 있다.

④ 쟁점을 도출한 후, 각 주장의 근거 사례를 비교 평가하는 과정을 통해 주제를 정당화하고 있다.

⑤ 주제를 제시한 후, 동일한 사례를 다른 관점에서 분석하는 과정을 통해 주제를 초점화하고 있다.

2

위 글을 통해 알 수 있는 내용으로 적절하지 않은 것은?

① 19세기 초 프러시아에는 절대주의의 잔재와 미성숙한 산업자본주의가 혼재하였다.

② 프랑스 혁명 후 수십 년간 프랑스는 개인들의 사익 추구가 불가능한 상황이었다.

③ 헤겔은 국가를 빈곤 문제나 계급 갈등과 같은 사회 문제를 해결할 최종 주체라고 생각하였다.

④ 뒤르켐은 혁명 이후의 프랑스 사회를 이기적 욕망이 조정되지 않은 아노미 상태로 보았다.

⑤ 헤겔과 뒤르켐은 공리주의가 시민 사회의 문제를 해결하지 못할 것으로 보았다.

10장

기타

　　문화가 발전하려면 저작자의 권리 보호와 저작물의 공정 이용이 균형을 이루어야 한다. 저작물의 공정 이용이란 저작권자의 권리를 일부 제한하여 저작권자의 허락이 없어도 저작물을 자유롭게 이용하는 것을 말한다. 비영리적인 사적 복제를 허용하는 것이 그 예이다. 우리나라의 저작권법에서는 오래전부터 공정 이용으로 볼 수 있는 저작권 제한 규정을 두었다.

　　그런데 디지털 환경에서 저작물의 공정 이용은 여러 장애에 부딪혔다. 디지털 환경에서는 저작물을 원본과 동일하게 복제할 수 있고 용이하게 개작할 수 있다. 따라서 저작물이 개작되더라도 그것이 원래 창작물인지 이차적 저작물인지 알기 어렵다. 그 결과 디지털화된 저작물의 이용 행위가 공정 이용의 범주에 드는 것인지 가늠하기가 더 어려워졌고 그에 따른 처벌 위험도 커졌다.

　　이러한 문제를 해소하기 위한 시도의 하나로 포괄적으로 적용할 수 있는 '저작물의 공정한 이용' 규정이 저작권법에 별도로 신설되었다. 그리하여 저작권자의 동의가 없어도 저작물을 공정하게 이용할 수 있는 영역이 확장되었다. 그러나 공정 이용 여부에 대한 시비가 자율적으로 해소되지 않으면 예나 지금이나 법적인 절차를 밟아 갈등을 해소해야 한다. 저작물 이용의 영리성과 비영리성, 목적과 종류, 비중, 시장 가치 등이 법적인 판단의 기준이 된다.

　　저작물 이용자들이 처벌에 대한 불안감을 여전히 느낀다는 점에서 저작물의 자유 이용 허락 제도와 같은 '저작물의 공유' 캠페인이 주목을 받고 있다. 이 캠페인은 저작권자들이 자신의 저작물에 일정한 이용 허락 조건을 표시해서 이용자들에게 무료로 개방하는 것을 말한다. 누구의 저작물이든 개별적인 저작권을 인정하지 않고 모두가 공동으로 소유하자고 주장하는 사람들과 달리, 이 캠페인을 펼치는 사람들은 기본적으로 자신과 타인의 저작권을 존중한다. 캠페인 참여자들은 저작권자와 이용자들의 자발적인 참여를 통해 자유롭게 활용할 수 있는 저작물의 양과 범위를 확대하려고 노력한다. 이들은 저작물의 공유가 확산되면 디지털 저작물의 이용이 활성화되고 그 결과 인터넷이 더욱 창의적이고 풍성한 정보 교류의 장이 될 것이라고 본다. 그러나 캠페인에 참여한 저작물을 이용할 때 허용된 범위를 벗어난 경우 법적 책임을 질 수 있다.

　　한편 ㉠다른 시각을 가진 사람들도 있다. 이들은 저작물의 공유 캠페인이 확산되면 저작물을 창조하려는 사람들의 동기가 크게 감소할 것이라고 우려한다. 이들은 결과적으로 활용 가능한 저작물이 줄어들게 되어 이용자들도 피해를 입게 된다고 주장한다. 또 디지털 환경에서는 사용료 지불 절차 등이 간단해져서 '저작물의 공정한 이용' 규정을 별도로 신설할 필요가 없었다고 본다. 이들은 저작물의 공유 캠페인과 신설된 공정 이용 규정으로 인해 저작권자들의 정당한 권리가 침해받고 있으므로 이를 시정하는 것이 오히려 공익에 더 도움이 된다고 말한다.

1

위 글에 대한 이해로 적절하지 않은 것은?

① 저작자의 권리 보호는 문화 발전의 한 축을 이룬다.

② 디지털 환경 이전에도 공정 이용과 관련된 규정이 있었다.

③ 저작권자의 동의가 없을 경우에도 저작물의 공정 이용은 성립할 수 있다.

④ 공정 이용의 대상이 되는 저작물에도 저작권이 인정된다.

⑤ 저작물이 모두의 소유라는 주장은 저작물 공유 캠페인의 핵심이다.

2

㉠의 주장에 가장 가까운 것은?

① 이용 허락 조건을 저작물에 표시하면 창작 활동을 더욱 활성화한다.

② 저작권자의 정당한 권리 보호를 위해 저작물의 공유 캠페인이 확산되어야 한다.

③ 비영리적인 경우 저작권자의 동의가 없어도 복제가 허용되는 영역을 확대해야 한다.

④ 저작권자가 자신들의 노력에 상응하는 대가를 정당하게 받을수록 창작 의욕이 더 커진다.

⑤ 자신의 저작물을 자유롭게 이용하도록 양보하는 것은 다른 저작권자의 저작권 개방을 유도하여 공익을 확장시킨다.

우리는 노동을 제공하면 으레 그에 합당한 크기의 보상을 받기를 원한다. 그리고 합당한 보상을 받으면 만족을 경험하고, 그렇지 못한 경우는 불만족을 경험한다. 그런데 자신이 받은 보상의 크기가 합당한 것인지를 어떻게 판단하는 것일까? 이와 관련해 중요한 것이 바로 '공정성'이다. 공정성은 크게 '배분 공정성'과 '절차 공정성'으로 나뉜다. 예를 들어 기업에서 종업원이 사용자로부터 기업의 이윤에서 임금으로 얼마를 배분받느냐가 '배분 공정성'에 관한 문제라면, 얼마의 임금을 배분받을지 결정되기까지의 절차가 공정하게 이루어졌느냐는 '절차 공정성'의 문제이다.

배분 공정성은 사람들이 자신의 노력, 업적 등에 합당한 보상이 이루어지기를 기대하는 것과 관련이 있다. 사람들은 자신이 받은 보상이 합당한 것인가를 판단하기 위해 타인이 받은 보상과 비교를 한다. 이에 대해 공정성 이론을 주창했던 아담스는 다음의 산술식을 활용해 설명했다.

$$\frac{\text{산출(P)}}{\text{투입(P)}} = \frac{\text{산출(O)}}{\text{투입(O)}} \quad \text{(P=자신, O=타인)}$$

이 산술식에서 '투입'은 개인의 노력, 업적, 기술, 연령, 교육, 경험 등을 가리키며, '산출'은 조직이 개인에게 주는 보상으로 임금, 후생 복지, 승진, 지위, 권력 등을 포함한다. 아담스는 개인이 이러한 투입 대비 산출의 비율을 타인과 비교해 그 비율이 같은 경우에는 공정성을 지각해 자신이 배분받은 것에 만족하는 반면, 지나치게 낮거나 높은 경우에는 불공정성을 지각해 불만이나 죄책감을 느낀다고 보았다. 그에 따르면, 이러한 공정성과 불공정성의 지각은 개인의 동기 부여에 영향을 미친다.

배분 공정성은 '내부 공정성'과 '외부 공정성'으로 구분된다. 내부 공정성은 조직 내부의 공정성으로 조직의 직무·직능·근속 및 성과에 따라 보상을 달리하는 제도를 잘 갖춤으로써 공정성을 유지·확보하는 것이다. 내부 공정성의 확보는 개인의 만족과 그로 인한 업무 효율성 증대에 중요한 역할을 한다. 외부 공정성은 해당 조직의 구성원이 받는 보상 수준이 다른 조직의 구성원이 받는 보상 수준에 비해 공정한가에 관한 것이다. 외부 공정성의 확보는 조직의 인력 수급을 원활하게 하고 대외 경쟁력을 확보하는 데에 중요한 역할을 한다.

보상 수준을 결정하는 절차가 공정했는지에 관한 ⓐ절차 공정성은 배분 공정성의 전제가 되어야 한다. 배분을 어떻게 할 것인지에 대한 결정이 투명하고 합리적인 과정을 통해 이루어지면 그 결정에 대한 사람들의 수용성이 높아진다. 절차 공정성을 확보하기 위해서는 보상 수준의 결정에 활용되는 정보가 정확해야 하며, 고충 처리 절차나 이의 제기 절차가 있어 오류를 수정할 수 있어야 한다. 특히 배분이 이루어지는 절차가 배분을 통해 보상을 받는 개인들의 윤리·도덕 기준에 부합되게 이루어지면 절차 공정성이 극대화될 수 있다.

배분 공정성과 절차 공정성에 대한 구성원들의 지각은 조직의 목표 달성을 위한 구성원들의 행동을 촉진시켜 궁극적으로 조직의 성과 향상에 기여할 수 있다. 그렇기 때문에 이러한 공정성을 높이는 것은 어느 조직에서나 중요한 과제가 되고 있다.

1

위 글로부터 알 수 있는 내용으로 적절하지 않은 것은?

① 투입에 비해 산출이 클수록 '배분 공정성'을 더 많이 확보할 수 있다.

② 투입과 산출의 비율을 타인과 비교해 '배분 공정성'을 지각할 수 있다.

③ 자신의 보상이 합당한지를 판단할 때 '공정성'이 기준이 될 수 있다.

④ 구성원의 '공정성'에 대한 지각은 조직의 성과 향상과 관련이 있다.

⑤ '외부 공정성'은 조직의 인력 수급과 대외 경쟁력에 영향을 미칠 수 있다.

2

㉠에 대해 이해한 내용으로 적절한 것은?

① 보상이 공정하게 이루어졌다고 판단할 때 개인의 주관이 많이 개입된다는 말이로군.

② '배분 공정성' 없이 '절차 공정성'만 확보되면, '공정성' 확보의 효과가 반감된다는 말이로군.

③ 개인들의 윤리·도덕 기준이 우선적으로 고려되어 배분의 절차가 진행되어야 한다는 말이로군.

④ '배분 공정성'이 '절차 공정성'으로 인해 초래될 수 있는 문제점을 해결하는 방안이 된다는 말이로군.

⑤ 배분이 공정한 절차를 통해 결정되면, 그 결정에 대해 '공정성'을 지각하는 사람들이 더 많아진다는 말이로군.

어떤 제약 회사에서 특정한 병에 효과가 있는 새로운 약을 만들고 있다고 가정해 보자. 신약 개발은 엄청난 자본이 들어가는 일이기 때문에 경영자는 신중하게 판단을 해야 한다. 경영자는 신약이 효과가 있다는 것을 확인하기 위해 가설 검정의 방법을 사용할 수 있다. 가설 검정은 모순된 관계에 있는 두 개의 가설을 세우고 실험을 통해 얻은 통계 자료로 가설의 참 또는 거짓을 판단하는 것이다. 가설 검정을 위해 경영자는 '신약이 효과가 있다.'와 '신약이 효과가 없다.'라는 가설을 설정한다. 전자는 판단하는 이가 주장하려는 가설로 '대립(對立)가설'이라 하고 후자는 주장하고 싶은 내용과는 반대되는 가설인 '귀무(歸無)가설'이라 한다.

　'신약이 효과가 있다.'라는 대립가설을 입증하기 위해서는 특정 질병을 겪고 있는 모든 환자에게 신약을 투약해 보면 된다. 하지만 전체를 대상으로 실험하는 것은 현실적으로 불가능하기 때문에 대립가설을 기준으로 가설 검정을 하지는 않는다. 대신 가설 검정에서는 귀무가설이 참이라고 가정한 상태에서, 일부 환자에게 투약해서 얻은 자료를 바탕으로 확률에 근거하여 귀무가설의 기각 여부를 결정한다. '신약이 효과가 없다.'라는 귀무가설 아래에서 투약하였는데 관찰한 결과 병이 호전된 경우가 많았다고 하자. 이는 '신약이 효과가 없다.'가 타당하지 않은 것이므로, 경영자는 귀무가설을 버리고 대립가설을 채택하면 된다. 한편 '신약이 효과가 없다.'라는 귀무가설 아래에서 투약하였고, 관찰 결과 병이 낫지 않은 경우가 더 많았다고 하자. 이때는 귀무가설을 버릴 수 없다. 이처럼 가설 검정은 '귀무가설을 기각한다.' 또는 '귀무가설을 기각하지 못한다.'라는 의사 결정을 중심으로 대립가설의 채택 여부가 결정된다.

　경영자가 의사 결정을 하는 과정에서는 두 가지 오류가 발생할 수 있다. 귀무가설이 참인데도 불구하고 귀무가설을 기각하는 결정을 내린 것을 '1종 오류'라고 한다. 앞선 예에서 실제로는 약효가 없는데도 약효가 있다고 판단하는 것이다. 그리고 귀무가설이 참이 아닌데 귀무가설을 기각하지 못한 결정을 내린 것을 '2종 오류'라고 한다. 실제로는 약효가 있지만 약효가 없다고 판단하는 것이다. 이러한 오류는 판결에서도 나타날 수 있다. 증거에 의해 '피고인은 유죄이다.'라는 대립가설이 채택되기 전까지는 '피고인은 무죄이다.'라고 가정한다. 판사는 확보된 증거를 바탕으로 귀무가설의 기각 여부를 판단해야 한다. 이때 판사가 무죄인 사람에게 유죄를 선고하는 것은 1종 오류, 유죄인 사람에게 무죄를 선고하는 것은 2종 오류에 해당한다.

　오류들 중 상대적으로 더 심각한 문제를 초래하는 것은 1종 오류이다. 효과가 있는 약을 출시하지 못해서 기업이 수익을 창출할 기회를 잃어버리는 상황에 비해, 시장에 출시했는데 약의 효능이 없어서 회사가 신뢰를 잃는 위험이 더 크다. 또한 죄가 있는데 무죄 판결을 내리는 것보다 결백한 사람에게 유죄 판결을 내리는 것이 더 심각한 문제이다. 그런데 두 가지 오류를 동시에 줄일 수는 없다. 한쪽 오류를 줄이면 그만큼 반대쪽 오류는 늘어나기 때문이다. 만약 경영자가 약의 효능과는 무관하게 일단은 약을 출시하기로 결정했다면 2종 오류는 배제할 수 있지만 그만큼 1종 오류는 늘어나게 된다.

따라서 가설 검정 과정에서는 1종 오류가 발생할 확률의 최대 허용 범위인 유의 수준을 가급적 낮게 정한다. 예를 들어 유의 수준이 5%라면 백 번의 시행 중 다섯 번 이내로 1종 오류가 발생하더라도 우연히 일어난 일로 보고 대립가설을 채택하지만, 이 값을 넘어서면 귀무가설을 기각하지 못한다는 것이다. 또한 유의 수준은 실험을 하기 전에 미리 정하며, 사람의 생명이나 인권과 결부된 것이라면 유의 수준은 더 낮게 잡아야 한다.

1

가설 검정에 대하여 위 글을 통해 답을 찾을 수 없는 질문은?

① 귀무가설을 기각할 때 새롭게 설정하는 가설은 무엇인가?

② 대립가설을 기준으로 가설을 검정하지 않는 이유는 무엇인가?

③ 대립가설의 채택 여부를 판단하기 위해 사용하는 가설은 무엇인가?

④ 1종 오류와 2종 오류를 함께 줄일 수 없는 이유는 무엇인가?

⑤ 1종 오류와 2종 오류 중 더 심각한 문제를 초래하는 오류는 무엇인가?

2

위 글의 내용과 일치하는 것은?

① 귀무가설이 기각되면 대립가설은 채택될 수 없다.

② 판결에서 대립가설의 기각 여부는 피고인이 판단한다.

③ 귀무가설은 대립가설이 채택될 때 받아들여지는 가설이다.

④ 귀무가설은 참과 거짓을 알기 전까지는 거짓으로 간주한다.

⑤ 신약 개발을 하는 경영자가 채택하고 싶은 것은 대립가설이다.

　㉠혁신의 확산이란 특정 지역이나 사회 집단의 문화나 기술, 아이디어가 시간의 경과에 따라 다른 지역 또는 사회 집단으로 전파되는 과정을 말한다. 지리학에서는 혁신의 확산이 시공간적인 요인에 따라 이루어진다고 보고 시간에 따른 공간 확산 과정을 발생기, 확산기, 심화·포화기의 3단계로 설명한다. 혁신의 발생기에는 혁신 발생원과 가까운 지역에서 혁신이 이루어지는 반면, 먼 지역에서는 혁신이 이루어지지 않기 때문에 혁신 수용률에서 지역 간의 격차가 크게 나타난다. 확산기에는 초기의 혁신 수용 지역에서 먼 지역까지 혁신의 확산이 일어난다. 심화·포화기에는 최초 발생원과의 거리에 관계없이 전지역에서 혁신의 확산이 이루어지고 수용률에서 지역 간의 격차가 점차 사라진다.

　혁신의 공간적 확산은 전염 확산과 계층 확산으로 설명된다. 혁신 발생원과 잠재적 수용자 간의 거리가 가까울수록 혁신 확산이 빠르게 이루어진다는 인접 효과에 의해 나타나는 것이 전염 확산이다. 발생원과 수용자 간의 거리가 가까우면 대면 접촉의 기회가 많아지게 되어, 혁신의 확산이 ㉡대중 매체보다 주로 개인 간의 의사소통에 의해 이루어진다. 한편 도시 규모가 클수록 혁신 확산이 잘 이루어진다는 계층 효과에 의해 나타나는 것이 계층 확산이다. 계층 확산에 의해 규모가 큰 도시로부터 그보다 규모가 작은 도시로 혁신이 전파된다. 그런데 실제 상황에서는 전염 확산과 계층 확산이 동시에 이루어질 수도 있다. 가령 거대 도시에서 발생한 혁신은 먼 거리의 대도시로 전파되면서 동시에 거대 도시 주변의 중소 도시에도 전파될 수 있다.

　혁신의 수용자 수는 시간에 따라 변화를 보인다. 초기에는 혁신 수용자의 수가 완만하게 증가하다가 어느 시점에서 급격하게 증가하기 시작하여 결국에는 포화 상태를 이루게 된다. 이는 개별 수용자들이 혁신을 수용하는 시기에 차이가 있기 때문이다. 혁신 수용자는 혁신을 수용하는 시간적 순서에 따라 네 집단으로 나뉜다. 즉 혁신을 가장 먼저 받아들이는 소수의 혁신자, 일정 기간 심사숙고하여 혁신을 수용하는 다수의 전기 수용자, 다른 사람들이 혁신을 수용하는 것을 보고 수용하는 다수의 후기 수용자, 새로운 것을 시도하기를 꺼려서 한참 지나서야 혁신을 수용하는 소수의 지각자가 그것이다.

1

㉠에 대한 설명으로 적절하지 않은 것은?

① 수용자의 수용 시기에는 차이가 있다.

② 도시 규모가 혁신 확산에 영향을 미친다.

③ 혁신의 수용자 중에는 소극적인 수용자들도 있다.

④ 수용자 수는 시간의 경과에 따라 일정하게 증가한다.

⑤ 심화 · 포화기의 수용률은 거리에 따른 차이가 거의 없다.

2

㉡에 해당하는 사례로 적절하지 않은 것은?

① 최신 미용 기법이 미용 관련 텔레비전 프로그램보다 주로 미용사들의 지역 모임을 통해 전파되었다.

② 새로 출시된 금융 상품의 가입자가 경제 뉴스가 아닌 직장 동료들의 추천에 의해 크게 증가하였다.

③ 신개발 농산품의 구매자 수가 증가한 것은 신문 광고가 아니라 직거래 구매자들의 입 소문에 의한 결과였다.

④ 새로운 여행 상품의 예약 폭주는 주 고객층에 초점을 맞춘 여행사의 인터넷 광고보다 텔레비전 광고의 결과였다.

⑤ 새로운 음식 메뉴를 개발한 전문 식당의 분점이 급속히 퍼진 것은 라디오 광고보다 주로 손님들의 호평 덕택이었다.

유엔해양법협약은 해양의 이용을 둘러싸고 발생하는 국가 간의 상반된 이익을 절충하고 갈등을 해결하는 규범의 역할을 담당하고 있다.

유엔해양법협약에 따르면 해양을 둘러싸고 해당 협약에 대한 해석이나 적용에 관해 국가 간 분쟁이 발생하였을 때, 분쟁 당사국들은 우선 의무적으로 분쟁 해결에 관하여 신속히 의견을 교환해야 하고 교섭이나 조정 절차 등 국가 간 합의에 의한 평화적 수단을 통해 분쟁 해결을 위해 노력해야 한다. 이러한 평화적 분쟁 해결 수단을 거쳐야 할 의무를 당사국에 부과하는 이유는 국제법의 특성상, 분쟁 해결의 원리가 기본적으로 각 국가의 동의를 바탕으로 적용되기 때문이다. 그런데 만약 이러한 방법으로도 분쟁이 해결되지 못할 경우에는 구속력 있는 결정을 수반하는 절차에 들어가게 되는데 이를 강제절차라고 한다.

강제절차란 분쟁 당사국들이 국제적인 분쟁 해결 기구를 통해 분쟁을 해결하는 절차이다. 이때 당사국들은 자국의 이익이나 분쟁 내용 등을 고려해 분쟁 해결 기구를 선택할 수 있는데, 선택 가능한 기구에는 중재재판소, 국제해양법재판소 등 유엔해양법협약에 의해 설립된 분쟁 해결 기구들이 있다. 이 중 중재재판소는 필요할 때마다 분쟁 당사국 간의 합의를 통해 구성되고, 국제해양법재판소는 상설 기구로 재판관 임명이나 재판소 조직 등이 사전에 결정되어 있다. 만약 분쟁 당사국들이 분쟁 해결 기구를 선택하지 않았거나 양국이 동일한 선택을 하지 않은 경우에는 별도의 합의를 하지 않는 한, 사건이 중재재판소에 회부된다.

본안 소송을 담당하는 재판소가 분쟁에 대한 최종 판결을 내리기 위해서는 먼저 본안 소송 관할권의 존재 여부를 판단하여 확정하는 심리 절차를 거쳐야 한다. 여기서 관할권이란 회부된 사건을 재판소가 다룰 수 있는 권한을 의미하는데, 이후 본안 소송의 관할권이 확정된 사안에 대해 해당 재판소는 재판 과정을 거쳐 분쟁에 대한 최종 판결을 내리게 된다.

그런데 재판의 최종 판결이 내려지기까지 일정 시간이 소요되기 때문에, 해당 재판소는 분쟁 당사국의 요청이 있으면 필요한 경우 잠정조치를 명령할 수 있다. 이때 잠정조치란 긴급한 상황에서 분쟁 당사국의 이익을 보호하거나 해양 환경의 중대한 피해를 방지할 목적으로 내려지는 구속력 있는 임시 조치이다. 잠정조치는 효력이 임시적이므로 본안 소송의 최종 판결이 내려지면 효력이 종료된다.

분쟁 당사국이 소송을 제기하여 재판소에 사건이 회부되면 소송 절차가 개시되고, 그 이후 분쟁 당사국들은 언제든지 잠정 조치를 요청할 수 있다. 일반적으로 잠정조치는 사건이 회부된 재판소에서 담당하지만, 본안 소송의 재판소와 잠정조치를 명령하는 재판소가 다른 경우도 있다. 본안 소송과 마찬가지로 잠정조치도 관할권을 필요로 한다.

예를 들어 유엔해양법협약에 의한 중재재판소에 사건이 회부되었지만, 사안이 긴급하여 재판소 구성을 기다릴 수 없는 경우에 국제해양법재판소가 잠정조치를 담당할 수 있다. 이때 본안 소송을 담당하는 중재재판소의 관할권이 확정되지 않았더라도, 잠정조치가 요청된 국제해양법재판소에서 ㉠본안 소송의 관할권을 심리한 결과, 중재재판소가 관할권을 갖게 될 가능성이 예측되어야 국제해양법재판소는 ㉡잠정조치의 관할권을 가질 수 있다. 기본적으로 잠정조치에 대한 관할권은 본안 소송을 담당하는 재판소가 관할권을 갖게 될 가능성이 큰 경우에 인정되기 때문이다. 결국 사건이 회부된 중재재판소의 본안 소송의 관할권 존재 가능성이 예측되고, 분쟁 해결이 긴급하여 잠정조치의 필요성이 인정되면, 분쟁 당사국의 이익을 보호하거나 해양 환경의 중대한 피해를 방지하기 위해 국제해양법재판소가 잠정조치 재판을 통해 잠정조치를 명령할 수 있는 것이다.

1

위 글에서 알 수 있는 내용으로 적절하지 않은 것은?

① 잠정조치 재판에서 내려진 결정은 구속력이 없는 임시 조치이다.
② 분쟁 당사국들은 자국의 이익을 고려하여 분쟁 해결 기구를 선택할 수 있다.
③ 유엔해양법협약에 따른 분쟁 해결 원리는 각 국가의 동의를 바탕으로 적용된다.
④ 국제해양법재판소는 유엔해양법협약에 의해 설립된 국제적인 분쟁 해결 기구이다.
⑤ 유엔해양법협약은 분쟁 당사국들에게 분쟁 해결에 대한 신속한 의견 교환 의무를 부과하고 있다.

2

㉠, ㉡에 대한 이해로 가장 적절한 것은?

① ㉠의 존재 가능성이 예측되어야 ㉡은 인정된다.
② ㉠에 대한 판단에 앞서 ㉡의 존재 여부를 판단한다.
③ ㉡이 확정되지 않으면 ㉠은 인정되지 않는다.
④ 본안 소송의 최종 판결 이후 ㉠이 확정된다.
⑤ 본안 소송의 개시 시점은 ㉡의 인정 시점과 일치한다.

정보 통신 기술의 발달로 개인에 대한 정보가 데이터베이스화되면서 개인정보 유출로 인한 피해가 증가하고 있다. 이에 따라 최근 개인정보를 보호해야 한다는 사회적 인식이 커지고 있다. 개인은 자신에 관한 정보가 언제, 누구에게, 어느 범위까지 알려지고 이용될 것인지를 스스로 결정할 수 있는 권리를 가지는데, 이러한 권리를 '개인정보자기결정권'이라고 한다. 이는 타인에 의해 개인정보가 함부로 공개되지 않도록 보장받을 권리와 개인정보에 대해 열람, 삭제, 정정 등의 행위를 요구할 수 있는 권리 등을 포함한다. 우리나라는 헌법 제17조에 명시된 사생활의 비밀과 자유가 보장되어야 한다는 내용을 주된 근거로 개인정보자기결정권이 기본권 중 하나임을 인정하고 있다.

이러한 개인정보자기결정권을 보호하기 위해 제정된 법률이 개인정보보호법이다. 개인정보보호법에서 규정하는 개인정보는 살아 있는 개인에 관한 정보이다. 사망자에 관한 정보나 단체 혹은 법인에 관한 정보는 개인정보에 포함되지 않는다. 또한 성명, 주민등록번호, 사진이나 동영상 등과 같이 개인을 알아볼 수 있는 정보여야 한다. 그리고 주어진 정보만으로 특정 개인을 알아볼 수 없더라도 다른 정보와 쉽게 결합하여 알아볼 수 있다면 이 역시 법적 보호 대상으로서의 개인정보에 포함된다. 가령 휴대 전화 번호의 뒷자리 숫자를 집 전화번호와 같은 다른 정보와 결합하여 사용자를 식별할 수 있다면 개인정보에 해당한다.

개인정보보호법에 따른 사전 동의 제도는 정보 주체인 개인이 개인정보에 대한 자기 결정을 표현할 수 있다는 점에서 개인정보자기결정권을 보호하는 중요한 수단이다. 개인정보를 처리하는 개인이나 단체를 의미하는 개인정보 처리자는, 정보 주체의 동의를 구할 때 정보 수집·이용의 목적, 수집 항목, 보유 및 이용 기간 등을 고지해야 한다. 또한 동의를 거부할 권리가 있다는 사실과, 동의 거부에 따른 불이익이 있는 경우 그 불이익의 내용 역시 알려야 한다.

수집·이용하려는 개인정보 중 고유 식별 정보와 민감 정보는 별도로 동의를 받아야 한다. 고유 식별 정보는 여권 번호와 같이 개인을 고유하게 구별하기 위해 부여된 정보이며, 민감 정보는 건강 정보나 정치적 견해와 같이 주체의 사생활을 현저히 침해할 우려가 있는 정보이다. 이때 정보 주체가 알아보기 쉽도록 수집하려는 고유 식별 정보와 민감 정보의 항목을 밑줄이나 큰 글씨로 강조해야 한다.

개인정보보호법에서는 개인이 수집·이용에 동의했더라도 개인정보가 무분별하게 이용되어 개인의 권리가 침해되는 것을 막기 위해 수집 목적을 달성할 수 있는 한에서 개인정보를 ㉠익명 정보로 처리하여 보존하거나 이용하도록 하고 있다. 익명 정보란 다른 정보를 사용하더라도 더 이상 개인을 알아볼 수 없는 정보를 의미한다. 익명 정보는 시간이나 비용, 현재의 기술 수준이나 충분히 예견될 수 있는 기술의 발전 등을 고려했을 때 원래의 개인정보로 복원되는 것이 불가능하다고 판단되는 정보로, 익명 처리를 마친 정보는 수집 목적 이외의 분야에서 활용하기 어렵다는 제약이 있다.

최근 정보 활용의 중요성이 커지면서 개인정보 활용의 유연성을 높여야 한다는 주장이 대두되었다. 이에 개인정보보호법에서는 개인정보를 익명 정보가 아닌 가명 정보로 가공하여 활용할 수 있도록 하는 방안을 마련하였다. ㉥가명 정보는 개인 정보의 일부를 삭제 혹은 대체한 것으로, 추가 정보와 비교적 쉽게 결합하여 개인을 식별할 수 있으므로 개인정보보호법의 보호 대상이 된다. 이러한 가명 정보는 통계 작성, 과학적 연구, 공익적 기록 보존 등을 위해 정보 주체의 동의 없이 이용·제공될 수 있다. 단, 가명 정보는 익명 정보와 달리 개인정보와 일대일 대응이 가능하기 때문에 가명 정보를 제3자에게 제공하는 경우 특정 개인을 알아보는 데 사용될 수 있는 정보를 포함해서는 안 된다.

1

위 글에서 알 수 있는 내용으로 적절하지 않은 것은?

① 개인정보자기결정권의 개념
② 개인정보를 익명 처리하는 과정
③ 개인정보보호법을 제정하게 된 목적
④ 개인정보 활용의 유연성을 높이는 방안
⑤ 개인정보 보호에 대한 인식이 확산된 배경

2

㉠과 ㉡에 대한 설명으로 적절한 것은?

① ㉠은 익명 처리되기 전의 개인정보와 일대일로 대응한다.
② ㉡은 이용 목적에 상관없이 정보 주체의 동의가 필수적이다.
③ ㉠은 ㉡과 달리 개인정보보호법의 보호 대상이 아니다.
④ ㉡은 ㉠과 달리 수집 목적 이외의 분야에서 활용되기 어렵다.
⑤ ㉠과 ㉡은 모두 개인정보 처리자가 제3자에게 제공할 수 없다.

도시에서 업무, 상업, 주거, 공업 등 각종 기능 지역이 나름의 질서를 가지고 배치되어 있는 것을 '도시내부구조'라고 한다. 그렇다면 이러한 도시내부구조는 어떻게 형성될까? 20세기 전반에 이를 설명하기 위해 동심원모델과 선형(扇形)모델이 제시되었다.

　　먼저 동심원모델은 1920년대 시카고를 대상으로 도시내부구조를 모형화한 것으로, 도시가 도심을 중심으로 동심원을 이루며 커진다고 보았다. 즉 도심의 인접 지역에 인구가 유입되면 점차 이곳이 과밀화되고 여기에 거주하던 사람들이 도심 인접 지역 바깥으로 이동하게 된다. 한편 쾌적한 환경을 찾아 도심으로부터 벗어나려는 일부 거주자들이 더 외곽으로 이동하게 되면서 동심원의 형태를 띤 도시가 이루어졌다고 본 것이다. 하지만 동심원모델은 시카고만의 특성을 반영한 모형이기 때문에 도시의 일반적인 구성 요소인 지형, 철도, 공업 지대의 위치 등이 반영되지 않아 다른 도시에 적용하기에는 한계가 있었다.

　　이에 지대(地代)*와 교통로에 따라 도시가 도심을 중심으로 부채꼴 모양처럼 형성된다고 본 선형모델이 등장하게 된다. 이 모델은 도심에서 외곽으로 부챗살 모양의 간선 교통로가 생기게 되면 이를 중심으로 지대가 상승하여 고급 주거 지구가, 여기에 인접하여 중급 주거 지구가 형성된다고 보았다. 또한 철도나 수로(水路)와 같이 화물을 운반할 수 있는 대규모 교통시설이 입지하는 곳에는 경공업 지구가, 그 주변은 지대가 싼 저급 주거 지구가 형성된다고 보았다.

　　하지만 교통이 발달하고 도시 내부가 더욱 복잡해지면서 이전의 두 모델로는 도시내부구조를 설명할 수 없게 되었다. 이에 등장한 것이 도시가 여러 개의 핵심을 중심으로 형성된다는 다핵심모델이다. 도시가 커지면서 핵심을 중심으로 여러 기능 지구가 분화하게 된다. 다핵심모델에서는 이러한 기능 지구가 다음의 4가지 양상으로 분화한다고 보았다.

　　첫째, 활동마다 유리한 입지 지점에 따라 분화한다. 예를 들어 교통이 편리한 지점에 도매업 지구가 입지하고, 수륙 교통 관계가 좋은 곳에 공업 지구가 입지한다. 둘째, 어떤 활동은 유리한 입지 지점의 높은 지대를 지불할 능력이 없는 경우 다른 지점에 입지한다. 예를 들어 도매업이나 창고업은 도심 주변에 입지하는 것이 유리하지만, 넓은 토지를 필요로 하기 때문에 도심 주변은 지대가 비싸서 입지하기가 어렵다. 셋째, 동종의 활동은 집적의 이익을 볼 수 있기 때문에 집중하여 분화한다. 그래서 금융기관, 도매업, 소매업 등은 각기 일정한 장소에 집단화하여 상권을 유지하게 된다. 넷째, 상이한 활동은 집적하면 불이익이 발생하기 때문에 서로 분리되어 위치한다. 그래서 주택 지구는 공업 지구와, 소매업 지구는 공업 지구와 서로 분리된다.

　　최근에는 경제적, 사회적, 행정적 요인을 바탕으로 도시내부구조를 분석하는 다양한 모델들이 등장하고 있다. 이러한 모델들을 적용하여 도시내부구조를 이해하는 것은 도시의 각종 기능 지역들이 배치된 질서와 논리를 규명하여 도시의 변화를 예측하고 도시 계획을 수립하는 데 도움을 줄 수 있다.

*지대(地代): 지료(地料). 지상권자가 토지 사용의 대가로 토지 소유자에게 지급하는 금전이나 그 외의 물건.

1
위 글의 내용 전개 방식으로 가장 적절한 것은?
① 사회적 통념에 대한 문제점을 비판하고 있다.
② 유사한 개념을 하나의 이론으로 통합하고 있다.
③ 대상을 설명하는 다양한 이론을 소개하고 있다.
④ 다양한 가설들에 대한 한계와 의의를 평가하고 있다.
⑤ 한 이론의 관점에서 일관되게 다른 이론을 비판하고 있다.

2
위 글의 내용과 일치하지 않는 것은?
① 도시의 기능 지역은 나름의 질서를 가지고 배치된다.
② 다핵심모델은 도시 내부가 복잡해지면서 등장하였다.
③ 동심원모델은 여러 도시의 내부 구조를 분석한 모델이다.
④ 도시내부구조의 파악을 통해 도시의 변화를 예측해 볼 수 있다.
⑤ 선형모델은 주거 지구의 형성이 교통로의 발달과 관련 있다고 보았다.

언론 보도로 명예가 훼손되는 경우 피해를 구제 받으려면 어떻게 해야 할까? 우리 민법은 명예 훼손으로 인한 피해를 구제 받기 위해 손해 배상과 같은 금전적인 구제와 아울러 비금전적인 구제를 청구할 수 있다고 규정하고 있다. 이러한 비금전적인 구제 방식의 하나가 '반론권'이다. 반론권은 언론의 보도로 피해를 입었다고 주장하는 당사자가 문제가 된 언론 보도 내용 중 순수한 의견이 아닌 사실적 주장(사실에 관한 보도 내용)에 대해 해당 언론사를 상대로 지면이나 방송으로 반박할 수 있는 권리이다. 반론권은 일반적으로 반론 보도를 통해 실현되는데, 이는 정정 보도나 추후 보도와는 다르다. 정정 보도는 보도 내용이 사실과 달라 잘못된 사실을 바로잡는 것이며, 추후 보도는 형사상의 조치를 받은 것으로 보도된 당사자의 무혐의나 무죄 판결에 대한 내용을 보도해 주는 것이다.

반론권 제도는 세계적으로 약 30개 국가에서 시행되고 있는데, 우리나라의 반론권 제도는 의견에도 반론권을 적용하는 프랑스식 모델이 아닌 사실적 주장에 대해서만 반론권을 부여하는 독일식 모델을 따르고 있다. 우리나라 반론권 제도의 특징은 정부가 반론권 제도를 도입하면서 이를 언론중재위원회를 통하여 행사하도록 했다는 것이다. 반론권 도입 당시 우리 정부는 언론중재위원회를 통한 반론권 행사가 언론에는 신뢰도 하락과 같은 부담을 주지 않고, 개인에게는 신속히 피해를 구제 받을 기회를 주기 때문에 효율적이라고 주장하였다. 이에 대해 언론사와 일부 학자들은 법정 기구인 언론중재위원회를 통해 반론권을 행사하도록 하는 것이 언론의 편집 및 편성권을 침해하여 궁극적으로 언론 자유의 본질을 훼손할 수 있다는 우려를 나타냈다.

그러나 헌법재판소는 반론권 존립 여부에 대해 판단하면서, 반론권은 잘못된 사실을 진실에 맞게 수정하는 권리가 아니라 피해를 입은 자가 문제가 되는 기사에 대해 자신의 주장을 게재하는 권리로서 합헌적인 구제 장치라고 보았다. 또한 대법원은 반론권 제도를 이른바 무기대등원칙(武器對等原則)에 부합하는 것으로 판단하였다. 즉 사회적 강자인 언론을 대상으로 일반인이 동등한 공격과 방어를 할 수 있도록 균형 유지 수단을 제공하는 것이므로 정당하다는 것이다.

반론권 청구는 언론중재위원회 또는 법원에 할 수 있으며, 두 기관에 동시에 신청할 수도 있다. 이때 반론권은 해당 언론사의 잘못이나 기사 내용의 진실성 여부에 상관없이 청구할 수 있다. 언론 전문가들은 일부 학자들의 비판적인 시각에도 불구하고 언론과 관련된 분쟁은 법정 밖에서 해결하는 것이 가장 바람직하다는 측면에서 언론중재위원회를 통한 반론권 제도의 중요성을 인정하고 있다. 그러나 그 효율성을 제고하기 위해서는 당사자가 모두 만족할 수 있도록 중재의 합의율과 질적 수준을 높여야 할 것이다.

1

위 글의 논지 전개 방식으로 적절한 것은?

① 외국의 사례를 열거하여 공통적인 논지를 도출한다.

② 일반인의 상식을 제시한 후 이를 논리적으로 비판한다 .

③ 새로운 이론을 통해 기존의 주장을 반박하고 재해석한다 .

④ 개념을 정의한 후 대립되는 주장을 소개하고 필자의 견해를 밝힌다.

⑤ 현상이나 사실을 설명한 뒤 필자의 생각과 반대되는 견해의 장단점을 분석한다 .

2

위 글을 통해서 확인할 수 있는 것은?

① 반론권 제도는 프랑스에서 가장 먼저 도입하였다.

② 보도 내용이 진실한 경우에도 반론권을 청구할 수 있다.

③ 피해자는 반론 보도와 정정 보도를 동시에 청구할 수 있다.

④ 반론권은 개인은 물론이고 법인이나 단체, 조직도 행사할 수 있다.

⑤ 반론권은 문제가 된 보도와 같은 분량의 지면이나 방송으로 행사되어야 한다.

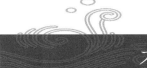 

　지도는 지표(地表) 공간에 관한 인간의 의사 소통 수단으로 매우 유용하기 때문에 일찍부터 활용되어 왔다. 아마도 먼 옛날에는 흙이나 모래 또는 돌 위에 간단하게 공간 정보를 나타내어 이용하였을 것이다. 우리나라의 경우 약 3천 년 전의 선사인(先史人)이 남긴 암각화에 공간 정보가 그려져 있는 것이 확인되었고, 고구려 벽화에서는 요동성시(遼東城市) 그림이 발견되었다. 삼국 시대와 고려 시대에 군사용 혹은 행정용 지도가 제작되었다는 사실도 다양한 문헌 자료에 의하여 밝혀졌으나, 지금은 전하지 않는다. 이후 제작 기술이 발달하고 그 쓰임이 다양해짐에 따라, 지도는 많은 변천을 거치며 오늘날에 이르렀다.

　우리나라에 현존하는 지도는 조선 시대 이후에 제작된 것이다. 조선 초기에는 조선 건국의 에너지가 각종 지도로 표현되었다. 한 예로, 1402년에 제작된 '혼일강리역대국도지도(混一疆理歷代國都之圖)'는 중국, 일본에서 유럽과 아프리카까지 당시의 세계를 종합적으로 나타낸 지도였다. 이 지도는 실제로 측량을 해서 만든 것이 아니라 당대의 기존 지도를 조합하여 제작한 것으로, 신흥 국가 조선을 세계 속에서 확인하고 싶어했던 당시 사람들의 소망을 담고 있다. 조선 후기에는 목판 인쇄술의 발달로 목판본 지도가 많이 제작되었는데, 지도의 크기가 대형화되었으며 지도에 표시되는 정보도 상세하고 풍부해졌다. 그런데 조선 시대에 제작된 지도들의 대부분은 관(官) 중심으로 만들어져 통치와 행정의 수단으로 주로 활용되었다.

　개항 이후에는 서양의 인쇄 기술과 지도 제작 기술이 도입되었고, 일제 강점기에는 주로 일본인에 의해 서양의 정밀한 지도 제작 기술이 도입되었다. 이들은 한반도 수탈을 위해 지도를 제작하였으며, 그런 점에서 지도는 여전히 통치와 행정의 도구 역할을 했다. 광복 이후가 되어서야 비로소 지도는 대중에게 보급될 수 있었다.

　근래 컴퓨터의 이용이 보편화되고 컴퓨터 용량이 대형화됨에 따라 컴퓨터 지도가 발달하였다. 컴퓨터 지도는 수치 지도(디지털 지도)라는 점에서 기존의 종이 지도와는 크게 다르다. 수치 지도는 기존의 지도에서 사용되던 기호 체계를 사용하되, 각종 지리 정보들을 표준 코드로 분류하여 저장한 지도이다. 수치 지도는 토지 이용도, 지적도, 지하 시설물 위치도, 도로 지도, 기상도, 식생도와 같은 주제도(主題圖)에 널리 활용되고 있는데, 이와 같이 수치 지도를 활용하는 체계를 '지리 정보 체계(GIS)'라고 부른다.

　지금까지 살펴본 바와 같이 지도는 각 시대의 필요에 따라 점진적으로 발달해 왔다. 지도는 인간이 살아가는 공간에 대한 다양한 정보를 담고 있는데, 이들 정보는 당대 사람들의 삶에 의미를 가지는 것들이다. 우리는 여러 가지 지도를 통해서 우리 자신뿐 아니라 먼 과거에 살았던 사람들, 나아가 한 번도 가 보지 못한 곳에서 살아가는 사람들을 만나서 그들의 생각과 삶의 모습을 접할 수 있게 된다. 이런 점에서 지도는 세계를 바라보는 창(窓)이라 할 수 있다. 우리가 지도라는 창을 통해 세계를 이해하고 갖가지 의미를 이끌어 낼 때 지도는 다양하고 풍부한 정보를 담은 두툼한 한 권의 책이 되는 것이다.

1

위 글의 내용과 일치하지 않는 것은?

① 지도는 인간의 의사 소통 수단 중의 하나이다.

② 시대의 흐름에 따라 지도 사용 계층이 확대되었다.

③ 옛 지도는 주로 행정과 통치의 수단으로 활용되었다.

④ 과학 기술의 발달은 지도의 발달에 많은 영향을 주었다.

⑤ 지도의 크기가 대형화되면서 다양한 주제도가 발달하였다.

2

위 글의 내용을 바탕으로 '지도'의 개념을 바르게 기술한 것은?

① 공간 정보를 기호 체계로 표현한 것이다.

② 공간 정보를 인쇄 매체로 구현한 것이다.

③ 공간 정보를 표준 코드로 체계화한 것이다.

④ 공간 정보를 비공간 정보와 결합한 것이다.

⑤ 공간 정보를 수치를 이용하여 저장한 것이다.

　고대인들은 평상시에는 생존하기 위해 각자 노동에 힘쓰다가, 축제와 같은 특정 시기가 되면 함께 모여 신에게 제의를 올리며 놀이를 즐겼다. 노동은 신이 만든 자연을 인간이 자신에게 유용하게 만드는 속된 과정이다. 이는 원래 자연의 모습을 훼손하는 것이기에 신에게 죄를 짓는 것이다. 이러한 죄를 씻기 위해 유용하게 만든 사물을 다시 원래의 상태로 되돌리는 집단적 놀이가 바로 제의였다. 고대 사회에서는 가장 유용한 사물을 희생물로 바치는 제의가 광범하게 나타났다. 바친 희생물은 더 이상 유용한 사물이 아니기에 신은 이를 받아들였다. 고대인들은 신에게 바친 제물을 함께 나누며 모두 같은 신에게 속해 있다는 연대감을 느꼈다.

　고대 사회에서의 이러한 놀이는 자본주의 사회에 와서 많은 변화를 겪었다. 자본주의 사회는 노동을 합리적으로 조직하여 생산성을 극대화하고자 한다. 이를 위해 노동의 강도를 높이고 시간을 늘렸지만, 오히려 노동력이 소진되어 생산성이 떨어지는 문제점이 발생하였다. 그래서 노동 시간을 축소하고 휴식 시간을 늘릴 필요가 있었다. 하지만 이 휴식 시간마저도 대부분 상품을 소비하는 과정으로 이루어진다. 예를 들어, 여행을 가려면 여행 상품을 구매하여 소비해야 한다. 이런 소비는 소비자에게는 놀이이지만 여행사에는 돈을 버는 수단이다. 결국 소비자의 놀이가 자본주의 시대에 가장 유용한 사물인 자본을 판매자의 손 안에 가져다준다.

　놀이가 상품 소비의 형식을 띠면서 놀이를 즐기는 방식도 변화한다. 과거의 놀이가 주로 직접 참여하는 형식으로 이루어졌다면, 자본주의 사회의 놀이는 대개 참여가 아니라 구경이나 소비의 형태로 이루어진다. 생산자가 이미 특정한 방식으로 소비하도록 놀이 상품을 만들어 놓았기 때문이다. 여행의 예를 다시 들면, 여행사는 여러 가지 여행 상품을 마련해 놓고 있고 소비자는 이를 구매하여 수동적으로 소비한다. 놀이로서의 여행은 탐구하고 창조하기보다는 주어진 일정에 그저 몸을 맡기면 되는 그런 것이 되었다.

　그런데 이른바 디지털 혁명이 일어나면서 놀이에 자발적으로 직접 참여하여 즐기고자 하는 사람들이 늘어나고 있다. 이런 성향은 비교적 젊은 세대로 갈수록 더하다. 젊은 세대는 놀이의 주체가 되려는 욕구가 크다. 인터넷은 그런 욕구의 실현 가능성을 높여 준다. 인터넷의 주요 특성은 쌍방향성이다. 이는 텔레비전과 같은 대중 매체가 대다수의 사람들을 구경꾼으로 만들었던 것과 근본적으로 차이가 있다. 거의 모든 인터넷 사이트에서 사람들은 구경꾼이면서 참여자이며 수신자이자 송신자로 활동하며, 이러한 쌍방향적 활동 중에 참여자들 사이에 연대감이 형성된다.

1

위 글의 전개 방식에 대한 설명 중 가장 적절한 것은?

① 두 개념의 장단점을 비교하여 우열을 가리고 있다.

② 필자의 관점을 명시한 후 다른 관점과 비교하고 있다.

③ 다양한 경험적 사례를 바탕으로 개념의 타당성을 따지고 있다.

④ 서로 다른 두 이론을 통합하여 새로운 이론을 도출하고 있다.

⑤ 시대의 변화에 따른 중심 화제의 성격 변화를 서술하고 있다.

2

위 글의 내용과 일치하지 않는 것은?

① 고대 사회에서는 종교적 제의와 집단적 놀이가 결합되어 있었다.

② 고대 사회에서는 희생 제의를 통해 자연을 유용하게 만들려고 하였다.

③ 자본주의 사회에 들어서면서 휴식이 상품 소비의 성격을 띠게 되었다.

④ 자본주의 사회에서 놀이가 상품화되면서 놀이를 즐기는 방식도 변화되었다.

⑤ 인터넷의 쌍방향성은 놀이의 주체가 되려는 젊은 세대의 욕구 충족 가능성을 확대시켰다.

정답 · 해설

001 정치 문화 유형

[출처] 정치학 총론_ 진영재
2014학년도 9월 고1 전국연합학력평가

1. 마지막 문단에서 정치 문화 유형 연구는 어떤 사회의 민주주의 구현에 필요한 것이 무엇인가에 대한 답을 제시하고 있다고 하였다. 제시문은 국민의 정치 참여 정도를 주요 변인으로 하여 정치 문화 유형에 대해 변화를 기술하고 있다. 정답 ①.

2. 갑국의 시민 단체의 활동은 국민이 정부에게 하는 정치적 요구인 투입이다. 그러나 정부는 아직 이 요구를 검토하지 않고 있다고 하였으므로 산출은 투입보다 활성화되지 않았다고 할 수 있다. 정답 ①.

002 대의 민주주의의 딜레마

2013학년도 6월 평가원 모의수능평가

1. 제시문은 입법안을 둘러싸고 국회의원과 소속 지역구 주민들의 생각이 다른 경우에 누구의 의사를 우선시해야 하는지에 대한 문제를 제기하면서 국민과 대표자 사이의 관계를 논하고 있는 글로, 민주주의 국가에서 국민과 국민이 선출한 대표자의 관계에 대해 '명령적 위임 방식'과 '자유 위임 방식'의 특징과 장단점에 대해 서술하는 방식으로 글을 전개하고 있

다. 정답 ①

오답 피하기 ②두 견해가 시간적 순서로 나온 것이 아니므로 적절하지 않다. ③명령적 위임 방식의 장점과 단점이 역으로 자유 위임 방식에서는 단점과 장점이 될 수 있음을 이야기하고 있긴 하지만 두 견해가 서로 인과 관계에 있는 것은 아니다. ④두 견해는 국민과 대표자의 관계에 있어서 서로 다른 견해를 보이고 있다. ⑤두 견해를 균형잡힌 시각에서 소개하고 있을 뿐 어느 특정 견해를 지지하거나 특정 견해에 배타적인 태도를 보이는 글이 아니다.

2. 일정 연령에 도달한 국민에게 대표자 선출권을 부여하는 것은 대표자 선출권을 통해 간접적으로 대표자를 통제하는 '자유 위임 방식'의 특징으로 볼 수 있다. 직접 민주주의적 제도는 대표자를 선출하는 선거가 아니라 개별 사안에 대한 판단을 국민이 직접할 수 있는 권리를 주는 것이다. 정답 ④

오답 피하기 ①자유 위임 방식 아래에서 나타날 수 있는 부정적인 현상을 보완할 수 있는 방법으로 직접 민주주의적 제도가 도입될 수 있다. ②개별적 사안에 대해 국민이 투표로 직접 결정하는 것이 직접 민주주의 제도이다. ③명령적 위임 방식을 도입할 때 나타날 수 있는 문제점, 즉 국민들이 국가 전체의 이익을 고려하기 보다 자신들의 이익을 우선시하여 정책을 결정하는 문제점이 국민이 직접적으로 의사 결정을 하는 직접 민주주의적 제도에서도 나타날 수 있다. ⑤자유 위임 방식에서 국민과 대표자의 신뢰 관계가 약화될 수 있다는 점을 보완하기 위해 직접 민주주의적 제도가 도입될 수 있음을 알 수 있다.

003 정치적 지배와 상징 조작

[출처] 상징 조작_ 이극찬
2005학년도 9월 고1 전국연합학력평가

1. 제시문은 정치적 지배 방법의 종류와 그 특징을 설명하면서 정치적 지배가 어떻게 이루어지고 있는지를 설명하고 있다. 정답 ①.

오답 피하기 ②상징 조작의 종류를 설명하고는 있으나, 장단점을 밝혀 우열을 드러내고 있지는 않다.

2. 3문단에서 '기념관'은 '미란다'라 하였으므로, '현충사'는 상징 조작에 해당한다. 정답 ⑤.

오답 피하기 2문단에서 일반적인 상징의 의미를 '어떤

것을 대신 나타내 주는 사물이나 기호'라고 하였으므로 ①의 '신호등', ③의 '화장실 표지', ④의 '사이렌 소리'는 일반적인 상징에 해당하고, ②의 '수영'은 상징과는 무관하다.

004 여론 조사의 신뢰성
[출처] 여론 조사의 비밀_ 유우종
2010학년도 10월 고1 학업성취도평가

1. 제시문에서는 여론 조사 기간이 길수록 신뢰도가 높아지는데 비용상의 문제로 정확한 결과보다 신속함을 요구한다고 하였다. 정답 ⑤.
2. 제시문을 보면 설문 문항은 공정하고 객관적인 질문, 모든 사람에게 동일하게 해석되는 질문으로 작성해야 한다고 되어 있다. 응답자의 지식을 키우는 것은 여론 조사의 목적과 관계가 없다. 정답 ④.

005 매니페스토
2007학년도 10월 고1 학업성취도평가

1. 매니페스토는 후보자가 자신의 공약을 검증 가능한 형태로 제시하는 '정책 약속'이며, 이러한 매니페스토가 우리나라 선거문화를 변화시킬 수 있는 시도라고 주장하는 글이다. 정답 ⑤.
2. 제시문은 1834년 영국에서 매니페스토가 시작되었다는 것과 1997, 2001년의 사례를 들어 매니페스토에 대한 독자의 이해를 돕고 있다. 정답 ②.

006 역의제설정 현상
[출처] 의제설정과 역의제설정_ 임영호
2013학년도 6월 고2 전국연합학력평가

1. 제시문의 표제가 되는 중심 내용은 SNS에 의해 일반 시민들의 여론 형성이 가능해졌다는 것이며, 이를 전통적 언론에서 의제화하여 보도하는 '역의제설정' 현상의 긍정적, 부정적 측면 및 SNS 이용자가 갖춰야 할 태도에 대해서 소개하고 있다. 정답 ①.
오답 피하기 ②전통적 언론의 한계는 (다)문단, SNS의 부정적 측면은 (라)문단에서만 언급하고 있다. ③전통적 언론에서 SNS의 등장까지의 변화 과정은 (나)

문단에만 소개되어 있다. ⑤전통적 언론의 영향력보다 SNS를 통한 '역의제설정'을 주로 다루고 있다.
2. (라)와 (마)문단에서는 '역의제설정' 현상에서 검증되지 못한 정보를 토대로 형성된 여론이 부정적인 영향을 끼칠 수 있다는 점에 대해서 언급하고 있다. 이로 보아 필자가 SNS를 통해 여론이 형성될 때 신중한 태도로 수용해야 한다는 점을 강조하고 있음을 알 수 있다. 정답 ③.
오답 피하기 ①(라)문단에서는 잘못된 정보를 토대로 형성된 여론이 부정적인 영향을 끼치고 있음을 언급하고 있다. ②여론의 검증이 전통적 언론에 의해 이루어져야 한다는 내용은 언급하지 않고 있다. ④'괴담이 확산되는 것'이 여론이 비밀스럽게 형성된다는 의미는 아니다. ⑤(라)문단에서는 역의제설정 현상에서 발생할지 모를 부작용에 대해서 말하고 있다.

007 공공선택론
[출처] 공공선택론_ 김성준
2022학년도 7월 고3 전국연합학력평가

1. 제시문은 공공선택론의 관점에서 정치인과 유권자가 유발하는 사회적 문제의 원인을 중위투표자 정리 모형과 합리적 무지 모형으로 설명하고 있다. 또한 이러한 문제를 해결하기 위한 방법으로 헌법 개정을 주장한 뷰캐넌의 헌법정치경제학을 소개하고 있다. 하지만 사회적 문제를 해결하기 위해 정치인의 공약을 강조한다는 내용은 확인할 수 없다. 정답 ⑤.
오답 피하기 ①1~4문단에서 공공선택론이 기존의 정치학과 다르게 방법론적 개인주의, 경제 인간, 교환으로서의 정치라는 세 가지 가정을 하고 있음을 확인할 수 있다. ②2문단에서 공공선택론에서 사회 현상을 분석하는 단위를 개인으로 보고 있음을 확인할 수 있다. ③4문단에서 정치시장은 경제시장과 달리 거래 행위가 거래 당사자들뿐만 아니라 거래에 참여하지 않는 사람들에게도 영향을 미친다는 것을 확인할 수 있다.
2. 2문단에서 공공선택론은 첫 번째 가정인 방법론적 개인주의를 통해 의사결정과 행위의 주체를 개인으로 보고 국가는 의사결정을 할 수 있는 주체가 아니라 개인들의 집합체에 불과하다고 여기고 있음을 알 수 있다. 따라서 정치시장에서 국가는 정책적 목

적을 달성하기 위해 의사결정을 하는 주체가 된다고 보지 않음을 알 수 있다. 정답 ②.

오답 피하기 ①3문단의 '비용, 편익, 효용은 사람마다 다르다'를 통해 정치인들의 효용도 각자 다르다는 것을 알 수 있다. ③3문단에서 의사결정의 주체는 자신의 이해관계를 최우선시하고 구체적 목적을 달성하는 과정에서 비용을 최소화하고 편익을 극대화하려고 한다는 내용을 통해 의사결정의 주체들이 자신의 경제적 이해에 따라 효율적인 것을 선택하는 능력을 지니고 있음을 알 수 있다. ④6문단에서 합리적 무지가 발생하면 정치인들이 제공하는 공공재와 행정서비스가 그들과 결탁한 이익집단에만 집중된다는 내용을 통해 정치인이 선거에 무관심한 유권자보다 특정 문제에 이해관계를 가지고 정치인에게 편익을 제공하는 이익집단에 유리한 정치적 의사결정을 한다는 것을 알 수 있다. ⑤6문단에서 유권자는 정보를 습득하는 비용과 정보로부터 얻을 편익을 비교하여 정보의 습득 여부를 결정한다는 내용을 통해 유권자는 정치인의 정책 공약을 습득함으로써 얻을 수 있는 이익과 정책 공약을 습득하기 위한 비용을 비교하여 비용이 더 크면 정책 공약에 대한 정보를 습득하지 않을 것임을 알 수 있다.

008 동맹의 이해

[출처] 국제정치 패러다임_ 박재영
2018학년도 9월 고2 전국연합학력평가

1. 특정한 패권 국가가 출현하면 그 힘을 견제하기 위한 국가들 간의 동맹이 형성되기도 하고, 그 힘에 편승하는 동맹이 형성되기도 한다. 그러나 패권국이 출현하기 위해서 동맹이 필요한 것은 아니므로, 패권 국가가 출현하기 위해 그 힘에 편승한 세력들의 동맹이 필요하다는 것은 적절하지 않다. 정답 ③.

2. 3문단에서 현실주의자들은 국제 사회의 변화를 힘의 균형점이 이동함에 따라 세력 균형을 찾아가는 과정으로 보고 있음을 알 수 있고, 4문단에서 구성주의자들은 국제 사회의 변화를 구성원이 상호 작용하며 서로에 대한 인식을 형성하는 과정으로 보고 있음을 알 수 있다. 따라서 현실주의자들은 국제 사회의 문제를 힘의 관계에, 구성주의자들은 상호 인식 관계에 주목하여 설명하였음을 알 수 있다. 정답 ①.

009 퍼트남의 양면 게임 이론

[출처] 외교 정책의 이론과 이해_ 김달중 편저
2011학년도 3월 고3 전국연합학력평가

1. 제시문은 국가 간의 통상이나 외교 협상에 대한 퍼트남의 양면 게임 이론 핵심 개념인 윈셋의 의미를 설명하고, 윈셋의 크기를 조절하는 전략으로 자국과 상대국의 경우를 제시하고 있다. 정답 ①.

2. 제시문에서는 국내 집단에 공개적인 약속을 하거나 협상안을 정치 쟁점화하여 여론의 흐름을 강경한 쪽으로 유도하면 자국의 윈셋을 축소시킬 수 있고, 협상 결과에 따른 이득을 재분배하거나 국가 안보에 중대한 것이라는 식으로 문제의 성격을 전환하면 윈셋을 확대할 수 있음을 제시하고, 상대국이 선호하는 이슈와 자국이 원하는 이슈를 연계하거나 정책 결정자가 상대국 내 집단에 직접 호소하여 윈셋을 확대하는 전략을 언급하고 있다. 하지만 자국과 상대국의 협상 전략을 비교하여 분석한다는 내용은 언급하고 있지 않다. 정답 ②.

010 마키아벨리의 『군주론』

[출처] 고전으로 철학하기_ 김용석
2006학년도 10월 고2 학업성취도평가

1. 제시문은 군주제의 우월함을 밝힌 것은 아니다. 정답 ⑤.

오답 피하기 ①1문단에서, ②5문단에서, ③④는 마지막 문단에서 확인할 수 있다.

2. 글쓴이는 국민들의 정치 의식 수준이 낮다면 결국 자유가 억압당할 수밖에 없으니 국민들 스스로가 정치 의식을 높여야 한다고 촉구하고 있다. 『군주론』을 뒤집어 바라본 것이라 할 수 있다. 정답 ③.

	1 2		1 2		1 2		1 2
011	③ ③	012	⑤ ③	013	② ④	014	② ⑤
015	① ②	016	① ②	017	③ ②	018	③ ②
019	⑤ ④	020	⑤ ②				

011 경제인
2004학년도 9월 고2 전국연합학력평가

1. 제시문은 경제학에서 다루는 '경제인'의 개념을 명확히 알고, 그 토대 위에서 경제학을 이해해야 한다는 내용을 담고 있다. '경제인'에 대한 이해는 경제학을 이해하는 기본 전제가 된다는 것이다. 그러므로 제시문은 경제학을 처음 접하는 사람들에게 경제학의 기본적인 개념을 명확하게 이해시키는 내용으로 제시할 수 있다. 정답 ③.

2. 경제인은 이기적이고 합리적인 선택을 한다. 나의 재화 소비량이 증가하면 나의 행복도 증가하고 소비량이 감소하면 행복도 감소한다는 것이 경제인의 입장이다. 이 때 다른 사람의 소비량은 나의 행복에 전혀 영향을 미치지 않는다는 것이다. ③의 경우 제시된 상황의 '나'가 행복감을 느끼고 있는 것은 사실이지만, 경제인의 관점에서 본다면 그것은 비합리적인 행동일 뿐이다. 정답 ③.

012 보드리야르, 소비의 사회
[출처] 보드리야르의 『소비의 사회』 읽기_ 배영달
2022학년도 3월 고1 전국연합학력평가

1. 2문단을 보면, 보드리야르는 기호가치가 경제적

가치를 결정한다고 보았으며 5문단을 보면, 기호 체계는 사회적 상징체계와 동일 표현으로 사용되고 있다. 4문단을 보면, 소비자가 기호가치 때문에 사물을 소비한다고 보았음을 확인할 수 있어 ⑤가 적절한 진술임을 확인할 수 있다. 정답 ⑤.

오답 피하기 ①마르크스는 사용가치가 고정적 가치이지만 교환가치는 사물의 생산 비용에 의해 결정된다는 점에서 유동적이라고 보았다. ②마르크스는 소비를 생산에 종속된 현상으로 보아 소비자의 욕구를 중요하게 생각하지 않았다. ③보드리야르는 사용가치가 경제적 가치를 결정하며, 이때의 사용가치는 욕망의 대상으로서 기호가 지니는 기능적 가치라고 설명했다. ④보드리야르는 개인의 욕구가 자유로워 보이지만 사실은 강제된 욕구에 따르는 것에 불과하다고 보았으며, 집단 간의 사회적 차이는 현대 소비사회에서 더욱 강화된다.

2. 〈보기〉에서는 현대 사회에서 개인이 개성을 추구하는 여러 사례를 제시하고 있다. 5문단을 보면, 보드리야르는 현대인은 자연 발생적인 욕구에 따라 자유롭게 소비하는 것처럼 보이지만 사실은 사회적으로 강제된 욕구에 따르는 것에 불과하다고 주장했음을 알 수 있다. 개인에게 사회가 강제하는 욕구는 소비자가 속하고 싶은 집단과 다른 집단 간의 차이를 부각해야 한다는 욕구이다. 이런 욕구는 대중매체를 통해 더 강화되는데, 대중매체를 통해 전달되는 현실은 현실 그 자체가 아니라 다른 기호와 조합될 수 있는 기호로 추상화되기 때문이다. ③에서 '찢어진 청바지'는 개인의 자유로운 개성 추구처럼 보이겠지만, 보드리야르는 이를 개인만의 고유한 특성이 아니라 사회적으로 강제된 욕구로 보았다. 정답 ③.

013 기업과 이익
[출처] 기업이 추구하는 목적과 이익_ 신유근
2002학년도 대학수학능력시험

1. 제시문은 자본주의 체제와 이익 사이의 상관 관계를 밝히고, 이익 추구의 변화에 따른 자본주의 체제와 기업의 변화 양상을 설명하면서, 기업이 나아가야 할 방향을 제시하고 있다. 문제와 관련하여, 2문단을 보면 '기업은 단기 이익의 극대화가 장기 이익의 극대화와 상충될 때 단기 이익을 과감히 포기하기

도 한다.'고 하였다. 그러나 이를 통해 '단기적 손해가 장기이익을 보장한다'고 하면 이것은 논리의 비약이다. 정답 ②.

2. 제시문에서는 자본주의 초기 단계에서의 기업은 자본가의 이익만을 추구했지만, 오늘날의 기업은 장기적인 이익의 보장을 위해 경제적 이익뿐만 아니라 사회적 이익까지 포함된 다원적인 목적을 추구하게 되었다고 하였다. 즉, 자신의 고유한 목적만을 추구하지 않고 주변과의 조화도 생각하게 되었다는 것이다. ④는 생존이라는 인간의 고유한 목적이 주위 환경과의 조화라는 방향으로 변화한 것이므로 제시문과 가장 유사하다. 정답 ④.

오답 피하기 ①은 대형화 추세를, ②는 인간의 지식이 넓어졌음을, ③은 자동화의 이점을, ⑤는 불안정한 미래에 대비하려는 성향을 말하고 있다.

014 독점 기업의 부정성

[출처] 새 열린 경제학_ 이준구
2004학년도 11월 고2 전국연합학력평가

1. ②는 2문단 '상품 생산량이 최적 수준에 미치지 못해 사회 후생이 줄어드는 것을 독점이 가져다주는 사회적 손실의 첫 번째 것으로'에서 잘못된 진술임을 확인할 수 있다. 정답 ②.

오답 피하기 ①은 1문단에서, ③은 3문단에서 확인할 수 있다. ④는 5문단의 '독점체제는 효율성의 측면에서 문제를 가질 수 있다는 것이다. 경쟁자도 없이 마음대로 시장을 요리할 수 있는 독점 기업의 경우에는 아무래도 최대한의 효율성을 발휘하기 어렵다.'에서 확인할 수 있다.

2. 전체적으로 제시문은 독점이 나쁜 이유를 네 가지 구체적인 이유에 대한 분석을 제시하여, 완전 경쟁 시장의 효율성과 장점을 강조하고 있다. 정답 ⑤.

015 소득 분배 불평등도 측정법

[출처] 한국은행의 알기 쉬운 경제 이야기_ 임경
2013학년도 9월 고1 전국연합학력평가

1. 제시문의 설명 대상은 소득 분배의 불평등 정도를 측정하는 방법이다. 이 대상을 세 가지로 나누어

각각의 특성을 설명하고 있다. 정답 ①.

2. 5문단에서 지니계수는 특정 계층의 소득 분배 상태를 알 수 없다는 내용을 확인할 수 있고, 2문단에서 10분위 분배율은 계층별 소득 점유율을 근거로 산출하므로 특정 계층의 소득 분배 상태를 알 수 있다. 정답 ②.

오답 피하기 ①그림으로 단순하게 표현하는 것은 로렌츠곡선이다. ③로렌츠곡선으로 나라별 비교가 불가능한 경우에 이를 보완하여 수치화하는 지표가 지니계수이다. ④2문단에 10분위 분배율이 가장 널리 사용되고 있음이 언급되어 있다. ⑤10분위 분배율과 지니계수는 비례 관계가 아니며 로렌츠곡선은 값을 내는 지표가 아니다.

016 과시소비

[출처] 고급소비에 관한 사회학적 고찰_ 이상민
2008학년도 5월 고1 학업성취도평가

1. 제시문에서는 과시적 소비에 대한 분석을 통해 여기에 담긴 사회적, 문화적 의미를 밝히고 있다. 과시적 소비는 상류층과 중하류층을 구별짓는 역할을 함과 동시에 중하류층에 모방 동기를 제공함으로써 소비를 진작시키는 역할을 한다는 것이다. 따라서 글쓴이가 말하고 있는 소비는 자신의 필요만 충족시키는 단순한 경제 행위를 넘어 소비를 통해 인간 자신의 사회적, 문화적 욕구를 충족하려는 수단인 것이다. 정답 ①.

2. 〈보기〉는 설탕이 18세기 영국 사회에서 귀족층만 향유할 수 있는 사치품이었음을, 또한 설탕이 어떤 과정을 거쳐서 대중화 되었는지 말하고 있다. 이러한 내용은 2문단 및 3문단과 관련지어 볼 수 있다. 즉, 영국 사회에서 설탕을 귀족층만 사용함으로써 상류층은 다른 계층과 차별화되기를 원했고, 반면 중하류층은 설탕을 취득함으로써 사회적·문화적으로 그들과 동일한 지위를 얻고 싶은 동기가 있었던 것이다. 이런 과정에서 설탕이 대량 생산되자 설탕의 소비는 급속히 증가할 수밖에 없었던 것이다. 그래서 설탕은 더 이상 사치품의 역할을 하지 못하고 일상품이 되어 버린 것이다. 이에 비해 '포틀래치'는 자신의 지위를 지탱하기 위한 단순한 파괴를 통한 소비이므로 설탕의 소비 확대와는 다른 경우이다. 정답 ②.

017 현재소비와 미래소비
[출처] 청소년 경제나라_ 한국은행
2010학년도 7월 고3 전국연합학력평가

1. 월급을 쪼개어 적금을 붓는 행위는 시간 선호에 따른 현재소비의 즐거움을 포기하고 미래의 이자 수익을 올리는 행위이다. 정답 ③.

2. 제시문에서는 현재소비를 부정적이라고 보는 것이 아니라, 미래소비와 현재소비는 모두 만족을 주는 것으로, 일정하게 소비하는 것이 합리적 소비라고 보고 있다. 정답 ②.

018 소비형태의 변화
[출처] 베블런과 브룩스로 읽는 소비의 종말_ 안광복
2016학년도 6월 고1 전국연합학력평가

1. 제시문은 생산 혁명 및 유통 혁명, 소비 혁명이 일어나는 과정에서 나타난 소비형태의 변화를 설명한 글이다. 5문단에서 베블런과 라이벤스타인이 주장한 이론의 특징을 요약하고 그 이론이 현대 사회의 과시적 소비 형태를 설명할 수 있다는 의의를 밝히고 있다. 정답 ③.

2. 스놉 효과(속물 효과)는 특정 제품에 대한 소비가 증가하게 되면 제품의 수요가 줄어들며 남과 다르다는 속물근성에 기반을 둔 현상을 말한다. 아무나 가질 수 있다면 특별할 수 없다는 것은 다른 사람들과의 차별을 강조하는 것이므로 스놉 효과를 노린 광고라고 할 수 있다. 정답 ②.

오답 피하기 ①제품의 기능을 강조한 광고이다. ③모방 효과를 강조한 광고이다. ④이미 사용해 본 사람들이 인정하였다는 내용의 합리적 소비, 혹은 모방을 강조한 광고이다. ⑤제품의 좋은 질과 저렴한 가격을 내세운 합리성에 호소한 광고이다.

019 행동경제학
[출처] 브랜드, 행동경제학을 만나다_ 곽준식(재구성)
2014학년도 6월 고2 전국연합학력평가

1. 제시문은 심리학과 경제학을 접목하여 인간의 경제 행위를 분석하는 학문인 행동경제학에 대해 소개하고 있는 글이다. 제시문에 따르면 사람들은 이익

과 손실의 크기가 같더라도 손실 회피성으로 인해 이익보다 손실을 2배 이상 크게 생각하는 경향이 있다. 정답 ⑤.

2. 정가와 이보다 낮은 판매가격을 함께 제시하면 정가가 기준점으로 작용하여 사람들은 제한된 판단을 하게 된다. 이로 인해 판매가격을 상대적으로 싸다고 인식하므로, ④의 사례는 기준점 휴리스틱을 활용한 사례로 볼 수 있다. 정답 ④.

오답 피하기 ②호감도가 높은 연예인을 내세워 소비자들이 쉽게 받아들이게 하는 광고는 감정 휴리스틱을 활용한 사례이다. ③인지도가 높은 제품이 경제 행위의 기준점으로 작용한 것은 아니다.

020 절약의 역설
[출처] 절약의 역설_ 김상규
2006학년도 9월 고1 전국연합학력평가

1. 제시문은 고전파 경제학자와 케인스의 이론을 대비적으로 소개한 후, 대공황 당시 최적의 해법을 제시했던 케인스의 이론에 초점을 맞추어 서술되고 있다. 정답 ⑤.

오답 피하기 ③대립되는 두 주장을 제시하고는 있지만, 두 이론을 절충시키고 있는 것은 아니다.

2. 고전파 경제학자는 '아담 스미스의 이론'과 '세이의 법칙'을 따랐기 때문에 공황을 정확하게 진단하지 못했지만, 케인스는 고전파 경제학자의 주장을 부정하고 '유효수요 이론'이라는 새로운 이론을 통해 공황의 원인과 해법을 제시했다. 정답 ②.

오답 피하기 ③고전파 경제학자는 시장 경제의 자동 조절 작용을 강조했지만, 케인스는 정부의 적극적인 개입을 강조했다. ④고전파 경제학자는 '공급이 수요'를, 케인스는 '수요가 공급'을 결정한다고 보았다. ⑤케인스는 공황의 해법으로 '소비의 증대'를 강조했지만, 고전파 경제학자가 '생산 증대'를 공황의 해법으로 제시한 것은 아니다.

021 국내총생산, 국내순생산, 국민총생산

[출처] 경제학 강의(재구성)
2017학년도 6월 고2 전국연합학력평가

1. 제시문은 한 나라의 생산량을 잘 보여 주는 지표인 국내총생산(GDP), 국내순생산(NDP), 국민총생산(GNP)에 대해 설명하고 있다. 문제와 관련하여 3문단에 '감가상각을 계산하는 방법에 대해 의견 일치가 이루어지지 않았기' 때문이라는 진술만 있을 뿐 감가상각을 산출하는 다양한 방법에 대한 진술은 제시문에서 확인할 수 없다. 정답 ①.

2. 총생산량은 시장에서 거래되는 금전적 가치를 통해서만 산출된다. 따라서 시장에 내다팔지 않아 시장 가격을 계산할 수 없는 영세한 자급농의 농산물과 시장 밖에서 생산되어 시장 가격을 계산할 수 없는 주부의 가사 노동은 총생산량에서 제외될 수밖에 없다. 정답 ②.

022 경기 변동의 원인

[출처] 거시경제학_ 이종화, 신관호/ 거시경제론_ 정운찬, 김영식(재구성)
2016학년도 3월 고3 전국연합학력평가

1. 제시문은 경기 변동의 주원인에 대한 여러 견해를 소개하고 있다. 먼저 1970년대 이전의 견해와 1970년대 이후의 견해를 소개하고 있다. 그 다음에 루카스의 '화폐적 경기 변동 이론'을 소개하고, 이어서 루카스의 견해에 대한 비판을 제시한 뒤, '실물적 경기 변동 이론'과 해외 부문을 경기 변동의 중요한 요소로 거론하는 최근의 견해에 대해 순차적으로 소개하고 있다. 정답 ①.

오답 피하기 ②3문단과 4문단에서 경기 변동이 일어나는 과정을 가상의 사례를 들어 설명하고 있으나, 경제 주체들이 대응하는 방식을 대조하고 있지 않다. ③경기 변동을 촉발하는 주원인에 대해 여러 견해를 소개하고 있을 뿐, 경기 변동으로 인해 나타나는 현상의 장점과 단점을 분석하고 있지는 않다. ⑤5문단을 보면 생산량이 증가하면 경기가 상승한다는 것을 알 수 있지만, 경기 변동으로 인한 생산량의 변화가 초래할 수 있는 상황에 대해서는 예측하고 있지 않다.

2. 5문단을 보면 실물적 경기 변동 이론에서 경기 변동의 주원인을 기술 혁신, 유가 상승과 같은 실물적 요인으로 설명한다고 한다. 유가가 상승하면 기업은 생산 과정에서 에너지를 덜 쓰게 되므로 고용량과 생산량이 줄어든다고 하였으므로, 유가 상승이 생산 과정에서 쓰이는 에너지를 감소시켜서 생산량을 늘리는 실물적 요인으로 작용한다고 본다는 진술은 적절하지 않다. 정답 ③.

오답 피하기 ①1문단에서 장기적으로 꾸준히 성장하는 국가라 하더라도 경기는 좋을 때도 있고 나쁠 때도 있다고 하였으므로, 경제가 지속적으로 성장하는 국가에서도 실질 GDP가 단기적으로 하락하는 기간이 있을 수 있다. ②2문단을 보면 1970년대까지는 경기 변동이 일어나는 주원인을 민간 기업의 투자 지출 변화에 의한 총수요 측면의 충격에 있다는 견해가 우세하였는데, 이 입장에서는 정부가 적절한 총수요 관리 정책을 실시하면 경기 변동을 억제할 수 있다고 보았다. 그러므로 민간 기업의 투자 지출 변화에서 오는 충격을 경기 변동의 주원인으로 보는 입장에서는 정부의 적절한 총수요 관리 정책을 통해 경기 변동을 억제할 수 있다고 본다는 진술은 적절하다. ④5문단을 보면 루카스의 견해로는 대규모의 경기 변동을 모두 설명하기 어렵다는 비판이 제기되었고, 이에 따라 일부 학자들이 경기 변동의 주원인을 실물적 요인에서 찾는 '실물적 경기 변동 이론'을 주장하였다고 했으로, 실물적 경기 변동 이론에서는 대규모로 일어나는 경기 변동을 설명하기 어렵다는 점을 들어 화폐적 경기 변동 이론을 비판한다는 진술은 적절하다. ⑤6문단을 보면 세계 각국의 경제적 협력이 밀접해지면서 각국의 경기 변동이 서로 높은 상관관계를 가진다고 한다. 상관관계란 두 가지 가운데 한쪽이 변화하면 다른 한쪽도 따라서 변화하는 관계이므로, 경제적 협력이 밀접한 두 국가 사이에서 한 국가의 경기 변동이 다른 국가의 경기 변동에 영향을 미칠 수 있다고 보는 입장이 있다는 진술은 적절하다.

023 유효수요이론
[출처] 경제학 원론_ 이준구, 이창용
2015학년도 7월 고3 전국연합학력평가

1. '유효수요이론'은 정부가 조세를 감면하고 지출을 늘려 국민소득과 투자를 증가시키는 인위적인 수요팽창정책이 필요함을 주장한다. 따라서 '유효수요이론'에서는 정부가 경기 회복을 위해 중요한 역할을 한다고 본다. 정답 ①.
오답 피하기 ②케인스는 인위적인 수요팽창정책을 주창했다. ⑤고전파 경제학자들은 인위적 시장 개입이 상황을 악화시킬 것이라고 생각했다.
2. ㉠은 저축을 부정적인 것으로 단정하고 있는 데 비하여, 〈보기〉는 상황에 따라 저축이 부정적으로 작용할 수도, 긍정적으로 작용할 수도 있다고 말하고 있다. 따라서 〈보기〉의 관점에서는 ㉠을 다른 상황이 있을 수 있음을 무시하고 대상을 지나치게 일반화하고 있다고 평가할 수 있다. 정답 ③.

024 통화정책과 재정정책
[출처] 경제학 들어가기_ 이준구
2015학년도 4월 고3 전국연합학력평가

1. 제시문에서 안정화 정책의 변화 과정은 언급되고 있지 않다. 정답 ⑤.
오답 피하기 ①2문단에서 '통화정책은 정부가 화폐 공급량이나 기준금리 등을 조절하여 경제의 안정성을 유지하려는 정책이다.'를 통해 확인할 수 있다. ②3문단에서 '정책시차는 내부시차와 외부시차로 구분

된다.'를 통해 확인할 수 있다. ③4문단에서 자동안정화장치는 '재량적 재정정책과 마찬가지로 외부시차가 짧을 뿐만 아니라, 재량적 재정정책과는 달리 내부시차가 없어 경제 상황의 변화에 신속하게 대응할 수 있다는 장점이 있다.'를 통해 확인할 수 있다. ④4문단에서 '경기 불황에 의해 실업률이 급격하게 증가할 때 정부는 공공근로사업 등에 대한 지출을 늘려 일자리를 창출하는데'를 통해 확인할 수 있다.
2. 3문단에서 외부시차는 '시행된 정책이 경제에 영향을 끼쳐 그에 따른 효과가 나타나는 데까지 걸리는 시간'을 의미한다. '실제로 정책을 수립 · 집행하는 시점까지의 시간'은 내부시차에 대한 설명이므로 적절하지 않다. 정답 ⑤.
오답 피하기 ①4문단에서 통화정책은 '외부시차가 길다.'와 자동안정화장치는 '내부시차가 없어'에서 확인할 수 있다. ②4문단에서 재량적 재정정책은 '외부시차가 짧다.'와 통화정책은 '소비지출 및 투자지출의 변화가 즉각적으로 나타나지 않기 때문에 외부시차가 길다.'에서 확인할 수 있다. ③4문단에서 자동안정화장치는 '재량적 재정정책과 마찬가지로 외부시차가 짧을 뿐만 아니라, 재량적 재정정책과는 달리 내부시차가 없어 경제 상황의 변화에 신속하게 대응할 수 있다는 장점이 있다.'에서 확인할 수 있다. ④4문단에서 재량적 재정 정책은 '입법과정과 국회의 동의 절차를 거쳐야하기 때문에 내부시차가 길다. 이에 비해 통화정책은 별도의 입법 절차를 거칠 필요 없이 정부의 의지만으로 수립 · 집행될 수 있기 때문에 내부시차가 짧다.'에서 확인할 수 있다.

025 정부 지출과 승수효과
[출처] 맨큐의 경제학_ 그레고리 맨큐
2010학년도 11월 고2 전국연합학력평가

1. 화폐 공급량을 조절하는 정책을 혼합해 사용한다는 내용이 마지막 문단에 나와 있지만, 그 방법에 대해서는 언급한 바 없다. 정답 ③.
오답 피하기 ①정부가 지출을 증가시키면 그 금액만큼 총수요가 증가할 뿐 아니라 추가적으로 수요가 증가하는 승수효과가 나타난다는 내용이 2문단부터 4문단에 걸쳐 언급되어 있다. ②승수효과가 경제에 미치는 영향은 침체된 경기를 활성화시키는 것으로 제시

시문 전체에서 언급하고 있다. ④1문단에서 정부의 대응 방법을 언급하였다. ⑤마지막 문단에서 그 이유를 언급하였다.

2. 제시문은 정부지출에 의해 발생하는 승수효과의 의미를 그 과정을 중심으로 밝히고 있다. 정답 ①.

026 조세전가의 원리
2009학년도 6월 평가원 모의수능평가

1. 4문단을 보면 소비자와 생산자의 실제 조세 부담 비중은 '소비자나 생산자가 제품 가격의 변화에 어떤 반응을 보이는가에 따라 달라진다'고 언급하고 있다. 정답 ①.

오답 피하기 ②4문단을 보면 '가격 변화에도 불구하고 소비자가 구입량을 크게 바꾸지 못하는 경우, 어느 측에 세금을 부과하든 소비자가 더 많은 세금을 부담하게 된다.'고 언급하고 있다. ③조세전가가 발생하면 그에 따라 제품의 가격이 달라질 뿐 물품세의 단위당 조세액이 달라지는 것은 아니다.

2. ⑤의 경우 유행이 바뀌어 재고를 처분해야 하는 액세서리 생산자는 제품 가격을 낮추어서라도 제품을 판매하려고 할 것이다. 제품 가격 인하는 생산자가 더 많은 세금을 부담하게 되는 경우에 해당한다. 정답 ⑤.

오답 피하기 ①,②,③소비자가 가격 변화에 따라 즉각적으로 반응하여 소비량을 변화시킬 경우 생산자의 조세 부담이 커지게 된다. ④생산자가 생산량(공급량) 조절에 유연하게 대응할 수 있는 경우 소비자에게 조세 부담이 전가된다.

027 환율과 경상수지
2011학년도 9월 평가원 모의수능평가

1. 마지막 문단을 보면 경상 수지 개선을 위해 고환율 정책을 선택하는 것은 필연적인 것이 아니라 선호에 의한 선택이기 때문에 신중하게 검토되어야 한다는 것을 알 수 있다. 정답 ②.

오답 피하기 ①과 ③은 2문단, ④는 3문단, ⑤는 1문단에서 알 수 있다.

2. 2문단에 따르면 'J커브 현상'은 환율 상승에 따라

가격이 변하고 그 가격 변화에 대응하여 수요 변동이 발생한다는 것이다. 이 과정에서 경상 수지가 개선된다. 반면 ㉠은 환율 상승에 따른 가격 조정이 발생했음에도 불구하고 경상 수지가 개선되지 못하는 현상을 설명하고 있다. 따라서 ㉠이 나타나는 이유를 시장의 수요 변동이 발생하지 않았다고 해석할 수 있다. ③에 있는 '국내외 상품 수요가 가격에 민감하지 않을 수 있다'는 것은 바로 그 수요의 변동이 일어나지 않았다는 뜻이다. 정답 ③.

028 통화량 파악과 통화 지표
[출처] 화폐와 금융시장_ 정운찬, 김홍범
2017학년도 4월 고3 전국연합학력평가

1. 제시문에서는 우리나라의 통화 지표의 종류에 대해서 언급하고 있으나, 다른 나라의 통화 지표의 종류에 대해서는 언급하지 않았으므로 ④의 진술은 적절하지 않다. 정답 ④.

2. 3문단에서 2003년 이전에는 '통화'와 '총통화'는 현금과 예금은행의 금융상품들이 포함되어 있고, '총유동성'은 비은행금융기관의 금융상품들이 포함되어 있다고 하였다. 이렇듯 주로 금융기관의 유형에 따라 지표를 나누었다. 그러나 IMF의 통화금융통계매뉴얼에 따라 새로 나눈 통화지표에서는 예금을 취급하는 모든 금융기관의 금융상품 중에서 유동성이 매우 높은 상품은 '협의통화'에 포함시켰고, 유동성이 낮은 상품들은 '광의통화', 유동성이 매우 낮은 상품들은 'Lf'에 추가하였다고 밝혔다. 따라서 금융기관의 유형보다는 유동성의 정도를 기준으로 통화 지표를 편제할 필요가 있다고 강조했을 것이다. 정답 ③.

029 기본 모델과 자기참조 모델
[출처] 금융시장은 무엇에 필요한가?_ 앙드레 오를레앙
2005학년도 3월 고3 전국연합학력평가

1. '기본 모델'에서는 증권시장에서 주식의 가격이 '기업의 내재적인 가치'라는 객관적인 기준에 근거하여 결정된다고 보는 반면 '자기참조 모델'에서는 주식의 가격이 증권시장에 참여한 사람들의 여론에 의해, 즉 인간의 주관성에 의해 결정된다고 본다는 것이 제

시문의 핵심적인 내용이다. 제시문은 주가 변화의 원리에 초점을 맞추어 상이한 관점들을 대비하고 있다. 정답 ④.

2. 글쓴이는 객관적인 기준을 중시하는 기본 모델은 주가 변화를 제대로 설명하지 못하지만, 인간의 주관성을 중시하는 자기참조 모델은 주가 변화를 제대로 설명하고 있다고 보고 있다. 따라서 증권시장의 객관적인 기준이 인간의 주관성보다 합리적임을 보여준다는 진술은 제시문의 내용과 다르다. 정답 ①.

030 국제 무역의 이해
[출처] 국제무역론_ 도미니크 살바토레
2017학년도 3월 고1 전국연합학력평가

1. 제시문은 '무역의 발생 원인→무역의 발생 원인으로서 비교 우위→비교 우위의 발생 원인으로서 헥셔의 이론→비교 우위의 변화 원인'의 단계에 따라 이론의 내용을 설명하고 있으나, 이론의 한계에 대해서는 언급하고 있지 않다. 정답 ①.

2. 5문단에서 '재화마다 각 생산요소들이 투입되는 비율은 다르'다고 설명하면서, 자동차·선박 등은 자본이 집약된 재화이고, 신발·의류 등은 노동이 집약된 재화라고 사례를 들고 있다. 또한 노동 집약재에 비교 우위를 지닌 국가는 노동이 상대적으로 풍부한 국가라고 설명하고 있다. 하지만, 재화 생산 시 각 생산요소의 투입 비율이 왜 다른지, 또는 재화 생산에 투입되는 각 생산요소의 비율은 재화마다 어떻게 결정되는지에 대한 설명은 찾을 수 없다. 정답 ③.

오답 피하기 ①6문단에서 '각국의 비교 우위 산업은 국가 간 생산요소 부존량의 상대적 차이가 변화함에 따라 바뀔 수 있다.'라고 설명하고 있다. ②자발적인 무역이 발생할 경우 각국은 자국의 비교 우위 산업을 특화해 이익을 얻을 수 있다. 따라서 무역은 각 재화 생산량의 변화를 일으킬 수 있다. ④자발적인 무역이 발생할 경우, 각국의 비교 우위 산업의 재화가 수출품이 되고, 그 반대는 수입품이 된다. ⑤국가 간 생산요소 부존량의 상대적 차이는 비교 우위의 원인이 되고, 이는 무역의 이익을 낳을 수 있다.

031 수요의 가격탄력성
[출처] 수요의 가격탄력성(재구성)
2021학년도 6월 고1 전국연합학력평가

1. 제시문은 상품의 가격 변화에 따른 수요량의 변화를 나타내는 지표인 수요의 가격탄력성을 다루고 있다. 수요의 가격탄력성에 영향을 미치는 대표적인 세 요인을 대체재의 존재 여부, 필요성의 정도, 소득에서 지출이 차지하는 비중으로 나누어 설명하고 있다. 또한 수요의 가격탄력성을 산출하는 방식을 살펴보고, 구체적인 사례를 들어 수요의 가격탄력성이 총수입에 미치는 영향을 서술하고 있다. ⑤와 관련하여 2문단에 따르면, 수요의 가격탄력성에 영향을 미치는 요인으로 대체재의 존재 여부와 필요성의 정도, 소득에서 지출이 차지하는 비중 세 가지를 언급하고 있으나 그 세 요인들 간의 관계를 설명하고 있지는 않다. 정답 ⑤.

2. 4문단에 따르면, 일반적으로 수요의 가격탄력성이 비탄력적인 경우 가격이 상승하면 총수입이 증가하지만, 탄력적인 경우에는 총수입이 감소하게 된다. 이처럼 수요의 가격탄력성이 판매자의 총수입 증가 여부에 영향을 미치기 때문에, 수요의 가격탄력성을 파악하는 것은 판매자에게 매우 중요하다. 정답 ④.

오답 피하기 ①,②,③,⑤ 수요의 가격탄력성으로 파악할 수 있는 정보는 상품의 가격 변화에 따른 수요량의 변화와 그에 따른 총수입의 증감이므로 소비자의 소득 규모, 판매 상품의 문제점, 생산 단가, 판매자의 판매 수입과 소비자의 지출액 차이를 파악할 수는 없다.

032 수요 변화의 요인

[출처] 소득 효과와 열등재_ 김철환
2014학년도 6월 고1 전국연합학력평가

1. 제시문은 수요의 변화를 설명하기 위해 정상재와 열등재의 개념을 설명하고 정상재, 열등재와 수요의 소득탄력성과의 관계를 제시하면서 수요의 변화가 발생하는 여러 요인에 대해 설명하는 글이다. 그런데 제시문에서는 사치재와 필수재의 예에 대해서는 언급하고 있지 않다. 정답 ②.

오답 피하기 ①3문단에 정상재이면서 소득탄력성이 1보다 큰, 즉 소득이 증가하는 것보다 수요량이 더 크게 증가하는 경우가 있는데, 경제학에서는 이를 사치재라고 한다고 제시되어 있다. ③4문단에 수요의 변화는 재화의 가격뿐만 아니라 그 재화를 대체하거나 보완하는 다른 재화의 가격, 소비자의 소득, 취향, 장래에 대한 예상 등의 여러 요인에 의하여 결정된다고 하였다. ④2문단에 소득의 증가에 따라 수요가 증가하는 재화를 정상재라고 하는데, 소득이 증가하면 오히려 수요가 감소하는 재화가 있고 이를 열등재라고 한다고 제시되어 있다. ⑤1문단에 특정한 상품의 가격은 변하지 않는데도 다른 요인으로 인하여 그 상품의 수요량이 변하는 현상을 '수요의 변화'라고 한다고 하였다.

2. 〈보기〉는 지하철 요금의 인하가 학생의 소득(용돈)이 증가했을 때와 같은 효과를 유발하는 것을 보여 준다. 2문단에 소비자의 소득 변화는 한 재화의 가격에 변동이 없음에도 불구하고 소득이 증가해서 한 재화에 대한 수요가 증가할 수 있다는 정보가 있다. 이를 추론하면 한 재화의 가격이 인하되면 소득이 증가하는 것과 같은 효과가 나타나므로, 한 재화에 대한 수요가 증가할 수 있다. 정답 ④.

오답 피하기 ②,⑤4문단에 수요의 변화는 재화의 가격뿐만 아니라 그 재화를 대체하거나 보완하는 다른 재화의 가격, 소비자의 소득, 취향, 장래에 대한 예상 등의 여러 요인에 의하여 결정된다고 제시되어 있다.

〈보기〉는 재화의 가격이 인하되어 수요가 증가한 것이다. ③3문단에 수요의 소득 탄력성이란 소득이 1% 변할 때 수요량이 변하는 정도를 말한다고 제시되어 있다. 〈보기〉에서 지하철 요금이 500원으로 내려서 한 달에 40번 지하철을 탈 수 있게 된 것이 지하철 요금이 1,000원일 때 용돈이 4만원으로 오른 것과 같다면 지하철은 수요의 소득탄력성이 1인 재화로 수요의 소득 탄력성은 변하지 않았다.

033 플랫폼과 가격구조

[출처] 미시경제학_ 이준구
2022학년도 11월 고1 전국연합학력평가

1. 1문단에서 '플랫폼 사업자인 신용 카드 회사 입장에서는~가맹점들 모두가 고객이 된다.'라고 하였으므로 ②의 진술은 적절하지 않다. 정답 ②.

오답 피하기 ①1문단에서 '대표적인 플랫폼으로 신용 카드 회사가~카드 결제 시스템을 들 수 있다.'라고 하였으므로 적절하다. ③3문단에서 가격구조는 '양쪽 이용자 집단 모두를 플랫폼에 참여하도록 유도'하는 것이라고 하였고 '한쪽 이용자 집단에 보조금을 지급하는 경우도 있다'고 하였다. ④1문단에서 '플랫폼이란 양쪽 이용자 집단의~제도적 환경을 일컫는다'고 하였고, 플랫폼 이용자들은 '플랫폼을 통해 상대 집단과~편익을 창출'한다고 하였으므로 적절하다. ⑤6문단에서 프리미엄 전략은 '무료에서 유료로 전환한 이용자의~유료 이용자로 전환되도록 하는 것'이라고 하였으므로 적절하다.

2. 3문단에서 가격구조는 '플랫폼 이용료를 각각의 ~어떻게 부과하느냐를 의미한다'고 하였고 '플랫폼 사업자는 플랫폼 이용료를 통해~참여하도록 유도'하는 것이라고 하였으므로 ①은 적절하다. 정답 ①.

034 독점적 지위와 가격 결정

[출처] 미시 경제학_ 김봉호
2016학년도 3월 고2 전국연합학력평가

1. 제시문은 다섯 문단으로 구분되어 있다. 1문단에서는 가격 차별의 개념과 성립 조건이, 2문단에서는 가격 차별의 유형과 1급 가격 차별에 대한 설명이, 3

문단에서는 2급 가격 차별에 대한 설명과 간단한 예시가, 4문단에서는 3급 가격 차별에 대한 설명과 간단한 예시가, 5문단에서는 독점 시장의 문제점과 가격 차별의 경제적 효용이 기술되어 있다. 특히 4문단에는 수요의 가격 탄력성에 대한 설명이 언급되어 있다. 수요의 가격 탄력성이란 가격의 변화에 따라 수요가 얼마나 민감하게 변화하느냐를 나타내는 수치이다. 가격이 1만큼 오르거나 내렸을 때 상품의 판매량이 얼마만큼 덜 팔리고 더 팔리느냐로 설명할 수 있다. 그러나 제시문에서는 상품 특성에 따라 수요의 가격 탄력성이 어떻게 변하는지 진술되어 있지 않다. 정답 ⑤.

2. ㉠의 앞 문장에서 독점 시장의 문제점을 지적하였다. 사회적으로 바람직한 수준보다 생산량을 적게 하여 자원 배분의 효율성이 떨어진다는 것이다. 즉 생산량이 적어지면 자원 배분의 효율성이 떨어진다. 이를 통해 반대의 경우를 생각하면 생산량이 늘어날 경우 자원 배분의 효율성이 늘어나리라는 것을 추론할 수 있다. 상품이 단일 가격으로 책정된다면 비싸서 구매하지 않는 소비자들이 있을 수 있지만 가격이 낮아지면 구매하려는 소비자들이 늘어나고 따라서 생산량도 증가하리라는 것을 추론할 수 있다. 생산량이 증가하면 자원 배분의 효율성이 증가할 것이다. 정답 ⑤.

오답 피하기 ①가격이 낮아서 많이 팔리던 상품의 판매량과는 상관이 없다. 가격 차별은 동일한 상품에 다른 가격을 매겨 판매하는 것이다. ②가격 차별이 일어나면 생산량이 증대되어 자원 분배의 효율성이 증대되는 것이기 때문에 가격 차별을 무력화시키는 것은 근거가 되기 어렵다. ④㉠은 생산량이 늘어날 것이라는 것을 전제로 삼고 있기 때문에 '생산량을 줄일 것이다'라는 진술은 적절하다고 보기 어렵다.

035 최고 가격제와 최저 가격제
[출처] 최고 가격제와 최저 가격제_ 김대식 외
2008학년도 10월 고3 전국연합학력평가

1. 최저 임금제는 임금(상품)의 최저 가격을 설정하고 이 가격 이하로 내려가지 못하게 통제하는 제도이기 때문에 최저 가격제의 일종이다. 최저 임금제(최저 가격제)는 근로자(노동 생산자)의 이익을 보호하기 위한 것이기 때문에, 기업(노동 소비자)에게는 불리한 제도이다. 따라서 최저 임금제가 시행되면 근로자에 대한 기업의 고용량은 감소한다. 정답 ④.

2. ㉠'가격의 상한선을 설정'은 최고 가격제를 의미하기 때문에, ㉠으로 인해 생길 수 있는 문제는 공급 부족이다. 이에 대한 해결책으로 가장 대표적인 방식이 각 소비자에게 배급표를 나누어 주고 그 배급표만큼 상품을 살 수 있게 하는 배급제이다. 정답 ①.

036 시장집중률
[출처] 시장집중률_ 최정표
2014학년도 3월 고2 전국연합학력평가

1. 제시문은 '시장집중률은 시장 내 일정 수의 상위 기업들이 차지하는 비중을 나타내 주는 수치, 즉 일정 수의 상위 기업의 시장점유율을 합한 값이다.'라는 개념을 제시하고 있다. 그리고 이를 통해 시장 구조를 구분하고, 시장 내의 공급이 기업에 집중되는 양상을 파악할 수 있다는 의의를 밝히고 있다. 정답 ②.

오답 피하기 ③공급이 기업에 집중되는 양상에 따라 시장 구조를 구분하면서 독점시장과 경쟁시장을 언급하고 있지만 이들 간의 비교가 제시문의 핵심은 아니다. ④우리나라 시장점유율의 특성이 아니라 우리나라 시장집중률의 특성이 되어야 성립 가능하다.

2. ㉠은 시장 안에서 특정 기업이 차지하고 있는 비중을 의미하는 수치이며, 상위 3개 기업의 ㉠을 더하면 ㉡ 값을 산출할 수 있으므로 ②가 적절한 진술이다. 정답 ②.

오답 피하기 ①㉠은 ㉡의 이해를 위한 전제이지 ㉡의 불확실성을 보완하는 것은 아니다. ③㉡은 시장 구조를 구분하는 기준이 된다. ④㉠은 ㉡을 산출하기 위한 도구일 뿐 상위 개념으로 보기 어렵다. ⑤㉡은 ㉠을 합산한 결과이다.

037 시장설계
[출처] 시장 설계의 이론과 응용_ 홍성훈
2013학년도 7월 고3 전국연합학력평가

1. 제시문은 시장 설계의 필요성에 대해 언급한 후,

상황에 따라 적용해야 하는 시장 설계의 방법과 특징을 제시하고 있다. 정답 ②.

2. ①,②,③,⑤는 제안자와 수락자 사이에 매칭이 이루어지고 있지만 ④는 정보만 제공할 뿐 매칭이 이루어지고 있지 않다. 정답 ④.

038 가격 분산

[출처] 소비자 의사결정론_ 박명희
2012학년도 9월 고1 전국연합학력평가

1. 7문단에서 가격 분산의 발생은 필연적이고 구조적인 것이라 하였다. 정답 ③.

오답 피하기 ①은 1문단에서, ②는 5문단에서, ④는 7문단에서, ⑤는 8문단에서 추측할 수 있다.

2. 가격 분산에 따른 가격 차이에서 구매 이득을 얻는 것이 합리적 소비이다. 정답 ①.

오답 피하기 ②동일한 제품을 구입한 것으로 볼 수 없다. ③가격 분산이 일어났으나 구매가 합리적이지 않다. ④동일 시점이 아니다. ⑤가격 차이가 없어 가격 분산이 아니다.

039 추격 사이클 이론

[출처] 경제추격론의 재창조_ 이근
2020학년도 11월 고1 전국연합학력평가

1. 1문단의 '그런데 오늘날의 국제~추격 사이클 이론이 있다.'와 4문단의 '결국 기업의 추격 사이클은~결과라고 할 수 있다.'를 보면 제시문은 산업의 주도권 이동이 기업들 사이에서 어떻게 이루어지는지에 대해 설명하고 있다는 것을 알 수 있으므로 ④의 설명은 적절하다. 정답 ④.

2. 3문단의 '국영 기업 혹은~비용 우위'를 누린다.'를 보면 국영 기업은 후발 기업으로 나타날 때 선발 기업에 대한 정부의 보조금으로 비용 우위를 누리기 어렵다는 ④의 진술은 적절하지 않다. 정답 ④.

오답 피하기 ①2문단의 '이때 비대칭적인 환경이~놓이게 한다는 것이다.'를 보면 산업 진입 허가와 관련된 정부의 규제를 통해 선발 기업이 자국 시장에서 불리해질 수 있다는 진술은 적절하다. ②2문단의 '첫 번째는 새로운~출발점에 서게 된다.'를 보면 새로운

기술은 선발 기업과 후발 기업이 비교적 동등한 출발점에서 경쟁을 할 수 있게 해 준다는 진술은 적절하다. ③2문단의 '두 번째는 시장의~이득이 될 수 있다.'를 보면 시장의 갑작스러운 변화 중에는 기술 이전과 지식 획득이 쉬워지는 상황이 조성되는 경우가 있다는 진술은 적절하다. ⑤2문단의 '경기 순환 또는 ~이용할 수 있다.'를 보면 경기 순환에 따른 불황기에는 선발 기업의 적자로 인해 방출되는 자원을 후발 기업이 활용하기 용이해진다는 진술은 적절하다.

040 경매를 통한 가격 결정 방식

[출처] 고급 커피의 가격은 어떻게 결정되는가_ 박정호
2017학년도 6월 고1 전국연합학력평가

1. 내림 경매 방식은 '네덜란드식 경매'로 판매자가 높은 가격부터 제시하여 경매가 시작되는 것이지 구매자가 입찰액을 제시해 시작되는 것이 아니다. 4문단을 통해 알 수 있다. 정답 ⑤.

오답 피하기 ①,③1문단에서 해당 재화의 가치를 정확히 가늠할 수 없을 때, 서로 다르게 평가할 때 사용한다는 것을 통해 알 수 있다. ②3문단에서 확인할 수 있다. 오름 경매 방식은 '영국식 경매'인데 가장 높은 가격을 제시했을 때 낙찰자가 된다. ④2문단에서 확인할 수 있다. 경매는 구매자와 판매자의 숫자가 극단적으로 불일치할 때 가격을 결정하는 유용한 방법이라고 하였다.

2. ㉠은 영국식 경매로 가장 높은 가격을 제시한 사람이, ㉡은 네덜란드식 경매로 가장 먼저 입찰에 참가한 사람이 낙찰자가 된다. 정답 ⑤.

오답 피하기 ①3문단에서 ㉠은 공개 구두 경매이므로 경쟁자가 제시한 입찰 금액을 알 수 있다. ②3문단에서 ㉠방식을 통해 가격이 결정 되는 대표적 품목으로 최고급 생두를 제시하고 있다. ③4문단을 통해 추리할 수 있다. ㉡은 판매자가 제시한 높은 가격부터 점점 낮추는 방식이므로 낙찰 가격이 최초 제시된 금액보다 높아질 수 없다. ④3문단에서 ㉠과 ㉡은 모두 공개 구두 경매이므로 낙찰 가격을 알 수 있다.

5장
경영

	1	2		1	2		1	2		1	2
041	④	③	**042**	③	②	**043**	⑤	④	**044**	⑤	①
045	②	②	**046**	①	③	**047**	⑤	⑤	**048**	②	⑤
049	⑤	①	**050**	③	③						

041 주식회사
[출처] 주식회사법_ 박승룡
2019학년도 3월 고3 전국연합학력평가

1. 4문단에서 '주식회사에서는 회사가 현재 보유하고 있는 재산만이 회사 채권자를 위한 유일한 담보가 된다.'라고 밝히고 있다. 따라서 주식회사가 수권자본금의 한도 내에서 채권자에게 채무 이행을 할 의무를 가지는 것이 아니다. 정답 ④.

2. ㉢과 관련하여 ㉡은 자본금을 임의로 변경하지 못하며 자본금의 변경을 위해서는 법적 절차를 거쳐야 한다는 원칙이다. 특히 우리나라의 법률에서는 자본금의 감소에 엄격한 법적 절차를 요구한다. 이는 주식회사가 초래하는 경제적 폐해, 즉 채권자를 비롯한 주식회사의 이해 관계자들이 피해를 보게 되는 상황이 발생하는 등의 문제를 방지하기 위한 것이다. 정답 ③.

오답 피하기 ①㉠은 자본금이 실제로 회사에 출자되어야 하고, 회사는 자본금에 해당되는 재산을 실질적으로 유지해야 한다는 원칙으로, 기업의 부실화를 방지한다. ㉠의 목적이 주주의 권한을 확대하는 데 있지는 않다. ②㉡은 자본금을 임의로 변경하지 못하도록 하는 것이지 소액을 가지고 주식회사를 설립하는 것을 제한하는 것은 아니다. ④㉠, ㉡이 채권자가 주식회사의 자금 운용 내역을 알 수 있게 하지는 않는다. ⑤㉠, ㉡은 자본금에 관한 원칙이다. ㉠은 주식회사 간 출자를 반복하는 상황을 방지하기 위한 것이고, ㉡은 자본금을 임의로 변경하는 것을 방지하기 위한 것이다.

042 영업레버리지도
[출처] 재무관리의 이해_ 송교직
2022학년도 4월 고3 전국연합학력평가

1. 1문단에서 '비유동자산'은 '기업이 용이하게 현금화할 수 없는' 자산임을 밝혔지만, 기업이 비유동자산을 용이하게 현금화할 수 없는 이유는 언급되어 있지 않으므로 ③의 질문은 적절하지 않다. 정답 ③.

오답 피하기 ①1문단에서 '영업고정비'는 '시설 확장'과 같이 '기업이 용이하게 현금화할 수 없는 비유동자산'에 투자를 많이 할수록 증가하게 된다고 하였다. 따라서 기업의 시설 투자가 영업비 중 영업고정비의 증가에 영향을 미치므로 적절하다. ④2문단에서 기업의 '영업이익에 대한 공헌이익'으로 영업레버리지도를 나타낸다고 하였고, 5문단에서 '사업 전망이 밝은 기업이 영업레버리지도가 높으면 이익의 확대를 기대할 수 있지만, 사업 전망이 흐린 기업이 영업레버리지도가 높으면 손실이 확대될 수 있다.'라고 하였다. ⑤4문단에서 '생산 규모의 확대'로 단위생산원가가 저렴하게 되어 '매출액이 증가할 때'에는 영업이익의 증가 폭이 더 커지고, '매출액이 감소할 때'에는 영업이익의 감소 폭이 더 커진다고 하였으므로 적절하다.

2. 1문단에서 '비유동자산에 투자를 많이 할수록' '영업 고정비'는 증가하게 된다고 하였으므로 반대로 비유동자산을 처분하면 영업고정비가 감소될 것임을 추론할 수 있다. 또한 2문단에서 '기업의 비유동자산에 대한 투자는 때로 영업위험을 초래하기도 한다'고 하였고, 2문단의 밑에 있는 수식은 영업고정비가 감소하면 영업레버리지도 역시 감소한다는 것을 나타내고 있으므로, 기업이 영업위험의 감소를 위해 비유동 자산을 처분하면 영업레버리지도가 감소한다는 ②의 진술은 적절하다. 정답 ②.

오답 피하기 ①1문단에서 소모품비는 '생산량에 따라 비례적으로 증가하는 영업변동비'라고 하였고, 3문단에서 '위 수식은 영업고정비가 클수록~영업레버리지 효과가 증가한다는 것을 나타내는 것이다.'라고 하였다. 따라서 기업이 소모품비를 많이 사용할수록 영업레버리지도가 점점 감소한다는 진술은 적절하지 않다. ③1문단에서 시설 확장을 하면 영업고정비가 증가한다고 하였고, 4문단을 보면 생산 규모를 확대하여 영업고정비가 증가하면 영업레버리지도가 증가하게 된다는 것을 알 수 있으므로 적절하지 않다. ④2문단에서 영업레버리지도는 기업의 투자 정책이 '영업이익과 영업위험에 미치는 영향을 측정할 도구'라고 하였으므로 적절하지 않다. ⑤2문단에서 영업레버리지도는 '영업이익에 대한 공헌이익'으로 나타낸다고 하였다. 또 수식을 통해 영업이익과 공헌이익이 같으면 영업레버리지도가 1이라는 것을 알 수 있다. 이 경우 영업레버리지 효과는 일어나지 않는다.

043 마중물 효과
[출처] 생각의 배신_ 김종선
2014학년도 9월 고2 전국연합학력평가

1. 1문단에서 마중물 효과의 개념을, 2~4문단에서는 마중물 효과 및 마중물을 활용한 마케팅의 특징에 대해 설명하고 있다. 그리고 마중물로 인해 소비자가 과소비를 할 수 있는 위험성에 대해 언급했다. 이를 바탕으로 5문단에서는 소비자에게 꼭 필요한 상품을 꼭 필요한 만큼만 구매하는 현명한 태도를 갖기를 당부하고 있다. 정답 ⑤.

2. 3문단에서 보면, 마중물 효과는 소비자에게 제공하는 마중물로 제품 자체의 가치를 홍보하여 제품에 대한 소비자의 긍정적 평가를 이끌어 내고 제품을 지속적으로 구매하게 하는 것이다. 즉 소비자의 인식을 긍정적인 쪽으로 변화시키고 구매하고 싶은 마음을 갖게 하기에, 마중물 효과는 소비자의 심리 변화를 기반으로 발생한다고 할 수 있다. 정답 ④.

044 거래비용의 이해
[출처] 조직경제학 입문_ 김일태 외 공역
2019학년도 11월 고1 전국연합학력평가

1. 제시문은 기업의 규모 변화를 거래비용을 통해 설명하고 있을 뿐 기업의 규모와 생산비용의 관계에

대해 언급하고 있지 않으므로 ⑤의 진술은 적절하지 않다. 정답 ⑤.

오답 피하기 ①3문단과 4문단을 통해 거래비용의 종류에는 '시장거래비용'과 '조직내거래비용'이 있음을 알 수 있으므로 적절하다. ②3문단에서 '이때~총거래비용이라고 하며'를 통해 총거래비용의 개념을 알 수 있으므로 적절하다. ③3문단의 '거래비용이론에서는 기업은~고려하게 된다고 보았다.'를 통해 시장거래비용을 줄이는 방법을 알 수 있으므로 적절하다. ④1문단의 내용과 4문단에서 '이런 상황에서 기업은~부품을 자체 생산할 수 있고'를 통해 기업의 규모가 변화하는 이유를 알 수 있으므로 적절하다.

2. 2문단에서 거래비용은 경제 주체들이 재화를 거래하는 과정에서 발생하는 비용을 말한다고 하였는데, ㉠에 제시된 상황에는 거래 상대방과 거래 과정이 드러나지 않아 거래비용이 발생하는 상황이라고 볼 수 없으므로 적절하지 않다. 정답 ①.

오답 피하기 ②2문단의 경제 주체가 거래 의사와 능력을 가진 상대방을 탐색하는 과정의 예로 볼 수 있으므로 적절하다. ③가격이나 교환 조건을 상대방과 협상하는 과정의 예로 볼 수 있으므로 적절하다. ④계약을 하는 과정의 예로 볼 수 있으므로 적절하다. ⑤계약 후 계약 이행 여부를 확인하는 과정의 예로 볼 수 있으므로 적절하다.

045 공급 사슬망의 채찍 효과
[출처] 경영학 콘서트_ 장영재
2020학년도 6월 고1 전국연합학력평가

1. 제시문은 모조품을 제작하고 판매하는 업체들이 수익을 본 현상을 공급 사슬망의 채찍 효과로 설명하고 있다. 정답 ②.

2. 3문단의 아기 기저귀 업체의 경우, 상품의 특성상 소비자 수요는 일정하지만 소매점과 도매점의 수요가 들쑥날쑥하다고 했다. 정답 ②.

오답 피하기 ①3문단에서는 주문 변동폭은 공급 사슬망에서 최종 소비자로부터 멀어질수록 증가한다고 했다. ③3문단에 보면 변동폭이 크면 계획이나 운영을 원활하게 수행하기 어려워 유통업체나 제조업체가 반기지 않는다고 했다. ④5문단에서 채찍 효과가 일어나는 이유로 최종 소비자로부터 멀어질수록 대량

주문 방식을 요하고 이것 때문에 재고량 증가가 나타나며, 결국 이는 변화에 민첩하게 대응하지 못하는 원인이 된다고 했다. ⑤6문단에서 물건을 주문했다고 바로 물건이 도착하지 않는 이유로 주문 처리 시간과 물류 이동 시간을 들고 있다.

046 제품 확장과 역포지셔닝 브랜드

[출처] 디퍼런트_ 문영미
2013학년도 6월 고2 전국연합학력평가

1. '역포지셔닝 브랜드' 마케팅 전략은 다른 경쟁 기업과 차별화되지 않은 것을 과감하게 삭제하고 대신 다른 기업들과 차별화된 독창적인 기능들을 제공하는 것이다. 정답 ①.

2. 4문단과 5문단에서 '제품 확장'이나 '역포지셔닝 브랜드'를 사용하여 판매량을 늘리는 데 성공했다고 하더라도 경쟁 기업이 그 전략을 곧바로 구사하면, 시간이 경과함에 따라 결국 그 효과는 지속적으로 나타나기 힘들다고 했다. 이는 많은 회사들이 비슷한 기능으로 차별화되지 못한 제품들을 출시하게 되어 특정 어느 제품에 만족도를 많이 느끼지 못하는 상황이 되었음을 뜻한다. 따라서 소비자의 만족도가 떨어지기 때문이라는 ③은 적절한 진술이다. 정답 ③.

047 유명인 모델의 광고 효과

2011학년도 대학수학능력시험 6월 모의평가

1. 제시문의 출발점은 유명인을 내세운 광고는 어떻든지 효과가 있을 것이라는 일반적인 믿음에 대해 의문을 제기하는 것이다. 글쓴이는 다양한 근거를 들어가며 유명인이 광고에 중복 출현하면 광고 효과가 약하다고 주장하고 있다. 정답 ⑤.

2. 글쓴이의 핵심 주장은 아무리 유명한 모델이라도 여러 상품에 중복 출연을 하면 광고 효과가 기대만큼 나오지 않는다는 것이다. 이러한 주장에 대해 반론을 하려면, 유명인이 여러 상품의 광고에 중복 출현을 했는데도 광고 효과가 있었다는 반증의 사례를 들면 된다. 정답 ⑤

오답 피하기 ①매체에 따른 광고 효과의 언급은 없었다. ②유명인의 광고 중복 출연이 문제의 쟁점이지,

광고 횟수는 쟁점이 아니다. ③유명인 모델의 이미지 변화가 광고에 어떤 영향을 미치는가 역시 제시문에서 논의되지 않았다. ④일반인이 광고에 등장하는 내용 역시 제시문의 핵심 주장과 아무 연관이 없다.

048 옵션의 개념과 효과

2006학년도 대학수학능력시험

1. 제시문은 구체적인 사례들을 통하여 옵션의 개념을 설명하고 있다. 무엇보다 옵션은 반드시 행사하는 권리가 아니라 유리하면 행사하고 불리하면 포기해버릴 수 있는 권리라는 점에 그 특징이 있다. 정답 ②.

오답 피하기 ①주식 옵션은 일정한 시기가 되었을 때 살 수 있다. ③옵션의 행사 가격은 미리 정해지는 것이고, 일정 기간이 지난 후에 옵션을 행사할 수 있다. ④제시문의 서두 부분에서 옵션이 금융 상품에만 해당하는 것이 아니라 우리 주위에 그런 개념을 적용할 수 있는 일들이 많다고 언급하고 있다. ⑤옵션 프리미엄은 나중에 옵션을 행사할 수 있는 권리인 옵션을 처음 살 때 지불하는 돈이다.

2. 탈레스는 파종기에 밀 수확기에 압착기를 빌릴 수 있는 권리를 사 두었다. 이것이 바로 현대의 옵션 개념이다. 제시문의 논리대로 옵션은 반드시 실행해야 하는 것은 아니다. 풍년이 들어 압착기를 빌리려고 하는 사람이 많아 압착기 임대료가 올라가면 탈레스는 자신이 지불한 돈보다 훨씬 많은 돈을 받고 압착기를 다른 이에게 빌려줄 수 있으므로 이득을 보게 된다. 그러나 흉작이 되면 압착기를 빌리려고 사둔 권리를 포기하게 되는데, 이는 자신이 압착기를 빌리기 위해 지불한 돈만 날리게 될 뿐 더 큰 손해는 없기 때문이다. 즉, 압착기를 빌려줌으로써 벌어들일 수 있는 임대료가 자신이 압착기를 계약한 수준보다 낮아지기 때문이다. 정답 ⑤.

049 인센티브 계약

[출처] 인센티브 계약의 두 가지 방식(재구성)
2015학년도 대학수학능력시험 6월 모의평가

1. 3문단의 '성과 측정이 어려워 충분히 보상받지

못하는 업무를 근로자들이 등한시하게 되면~해로운 결과를 초래하게 된다'로 볼 때, 성과를 측정하기 어려운 업무에서 (객관적인 성과를 강조하는) 명시적인 인센티브가 효과적이라는 진술은 적절하지 않음을 알 수 있다. 정답 ⑤

2. 2문단의 설명에 따르면, 근로자에 대한 보상 체계가 '고정급 + α × 성과'일 때, α는 '인센티브 강도'를 나타낸다. 〈보기〉의 '가'는 명시적인 인센티브 계약의 문제점을 고려하지 않고 α의 크기가 기업의 이윤에 어떤 영향을 미칠 것인지를 정리한 것이다. 이때의 α 크기가 갖는 효과는 2문단에 언급되어 있는데, 2문단 끝의 'α를 늘리면~많은 몫을 근로자에게 주더라도 기업의 이윤은 늘어난다'로 볼 때, '가'의 상황에서 α가 커지면 기업의 이윤도 '증가'함을 알 수 있다. 〈보기〉의 '나'는 명시적인 인센티브 계약이 근로자의 소득을 불확실하게 만드는 상황에 해당하며, 명시적 인센티브 계약의 첫 번째 문제점에 해당한다. 3문단의 '소득이 불확실해지는 것을 근로자가 받아들이도록 하기 위해서 기업은 근로자에게~추가적인 보상을 해야 한다'와, 'α가 커지면~기업의 이윤이 줄기도 한다'에 따르면, '나'의 상황에서는 α가 커질 때 기업의 이윤은 '감소'한다. 〈보기〉의 '다'는 명시적 인센티브 계약의 두 번째 문제점인 인센티브 왜곡의 상황에 해당한다. 3문단에 따르면, 인센티브 왜곡은 근로자가 (보상이 어려운 노력은 힘쓰지 않고) 보상을 잘 받기 위한 노력에 치중하는 것을 말한다. 같은 문단의 '중요하지만 성과 측정이 어려워 충분히 보상받지 못하는 업무를 근로자들이 등한시하게 되면~기업의 이윤이 줄기도 하는 것이다'에서, 인센티브 왜곡이 일어나는 '다'의 상황에서 α가 커질수록 기업의 이윤은 '감소'함을 알 수 있다. 정답 ①

050 근로자의 법적 권리
[출처] 고용 관계론(재구성)
2018학년도 6월 고2 전국연합학력평가

1. 2문단에서 1주간의 정해진 근로 시간이 15시간 미만일 경우에는 퇴직금, 유급 주휴일, 연차 휴가 규정이 적용되지 않는다는 내용을 확인할 수 있다. 정답 ③.

오답 피하기 ①1문단에서 단시간 근로자인 아르바이트

가 근로자임에도 법적인 보호에서 벗어나 있는 경우가 많다는 내용을 확인할 수 있다. ②2문단에서 근로 계약이란 근로 조건에 대해 근로자와 사업주가 약속하는 것이라는 내용을 확인할 수 있다. ④5문단에서 아르바이트로 일하는 경우에도 해고 관련 내용이 동일하게 적용된다는 내용을 확인할 수 있다. ⑤6문단에서 사업주 또는 관리자가 폭언이나 지나친 성적 농담을 근로자에게 하는 경우 위법이라는 내용을 확인할 수 있다.

2. 6문단에서 아르바이트를 하다가 사업주에게 체벌을 받았을 경우 위법이므로 고용노동부나 경찰서 등 관련 기관에 신고할 수 있다는 내용을 확인할 수 있다. 따라서 ③은 추가할 수 있는 질문으로는 적절하지 않다. 정답 ③.

오답 피하기 ①2문단에서 사업주가 근로 계약서 작성을 거부할 경우에 대한 내용을 확인할 수 있지만 어디에 신고해야 하는지에 대해서는 언급되어 있지 않다. ②5문단에서 사업주가 정당한 이유 없이 근로자를 해고할 수 없다는 내용은 확인할 수 있지만, 해고할 수 있는 정당한 이유는 확인할 수 없다. ④3문단에서 수습 기간에도 최저임금 전액을 받을 수 있는 단순노무직에 대한 내용을 확인할 수 있지만, 단순노무직에 해당하는 일이 어떤 것인지에 대한 구체적인 내용은 확인할 수 없다. ⑤4문단에서 임금을 받지 못했을 경우 독촉장을 발송하거나 고용노동부에 진정서를 제출하여 문제를 해결할 수 있다는 내용은 확인할 수 있지만, 그 외의 방법에 대한 내용은 확인할 수 없다.

051 자연법 사상
2015학년도 대학수학능력시험 9월 모의평가

1. 4문단에서 자연법 사상은 근대적 법체계를 세우는 데 중요한 기반을 제공하였고, 자유와 평등의 가치가 법과 긴밀한 관계를 맺도록 하는 데 이바지하였다고 언급하고 있다. 따라서 서구의 근대적 법체계에는 평등의 이념이 담겨 있다고 보아야 한다. 정답 ③

오답 피하기 ①1문단에서 자연법은 인위적으로 제정되는 것이 아니라 인간의 경험에 앞서 존재하는 본질적인 것이라고 언급하고 있다. 이와 달리 실정법은 5문단에서 국가의 입법 기관에서 제정하여 현실적으로 효력을 갖는 법률이라고 언급하고 있다. ②4문단에서 18세기 미국의 독립 선언(1776년)에 자연법의 영향이 나타난다고 언급하고 있다. 5문단에 따르면 법률실증주의는 19세기에 새롭게 등장한 이론이다. ④2문단에서 서구 중세의 신학에서는 자연법을 인간 이성에 새겨진 신의 법이라고 이해하였다고 언급하고 있다. 따라서 중세의 신학에서는 신의 법에 인간의 이성을 관련시켰다고 보아야 한다. ⑤4문단에서 프랑스 대혁명기의 인권 선언에서는 자유권, 소유권, 생존권, 저항권을 불가침의 자연법적 권리로 선포하였다고 언급하고 있다. 따라서 프랑스 대혁명에서 저항권 역시 인간의 기본적 권리로 인정되었다고 보아야 한다.

2. 1문단에서 '때와 장소에 관계없이 누구에게나 보편적으로 받아들여질 수 있는 정의롭고 도덕적인 법'을 자연법이라 하고 있다. 따라서 ④에서 언급되고 있는 시공을 초월하는 본질적인 법이란 곧 자연법을 가리킨다. 또한 1문단에서 '인간의 본성에 깃든 이성'이 '자연법을 발견해 낼 수 있는 수단이 된다'고 언급하고 있다. 그러므로 자연법 사상은 인간의 이성이 시공을 초월하는 본질적인 법을 찾아낼 수 있다고 생각했다는 ④의 진술은 적절한 설명이다. 정답 ④

오답 피하기 ①2문단에서 자연법은 국가와 실정법을 초월하는 규범이라고 언급하고 있다. ②1문단에서 인간의 본성에 깃든 이성, 즉 참과 거짓, 선과 악을 분별할 수 있는 인간만의 자질로서 자연법을 발견해 낼 수 있다고 언급하고 있으므로 자연법은 윤리나 도덕과 관련이 있다고 할 수 있다. ③1문단에서 자연법은 신의 법칙이나 우주의 질서 또는 인간의 본성에 근원을 두고 있다고 언급하고 있다. ⑤2문단에서 자연법은 국가와 실정법을 초월하는 규범이라고 언급하고 있으므로 자연법의 역할이 실정법에 없는 내용을 보충하는 데 머물러 있어야 한다고 할 수 없다.

052 법의 이해
[출처] MT 법학_ 이상돈 외
2010학년도 3월 고1 전국연합학력평가

1. 형사재판에서는 어떠한 사건에 적용할 수 있는 적당한 법 규정이 발견되지 않으면, 법관은 법 규정의 적용을 포기하고 피고인에게 무죄를 선고해야 한다고 하였으므로 법 규정이 만들어질 때까지 판결을 미룬다고 한 ⑤는 적절하지 않다. 정답 ⑤.

2. '죄형법정주의'는 법률에 미리 범죄와 형벌이 규정되지 않은 경우에는 어떠한 행위도 벌할 수 없다는 내용을 담고 있으므로 여기에 담긴 정신으로 가장 적절한 것은 ①이다. 정답 ①.

오답 피하기 ②범죄 행위가 누구나 인정할 정도로 명백할 경우에는 증명하지 않아도 된다는 정신을 담고 있는 법언(法言)이므로 '죄형법정주의'와는 거리가 멀다.

053 법치주의

[출처] 법치주의의 기초_ 김도균 외
2012학년도 6월 고2 전국연합학력평가

1. (가)는 근대 법치주의가 어떤 문제 의식에서 탄생했는지 설명하는 단락이다. (나)는 초창기 법치주의가 삼권분립을 기초로 형식적 합법성을 중시했다는 내용이다. (라)는 형식적 법치주의의 역설을 설명하고 있기 때문에 형식적 법치주의의 한계이다. (마)는 형식적 법치주의의 한계를 넘어서서 실질적 법치주의를 이루어야 한다는 내용이다. 정답 ③.

오답 피하기 (다)는 형식적 법치주의의 특징을 좀 더 자세하게 설명하고 있는 단락으로서 형식적 합법성을 중시하기 때문에 권위적이거나 비민주적인 정권도 표방할 수 있다는 것을 지적하고 있다.

2. ②형식적 법치주의의 한계를 극복할 수 있는 방향에 대한 단서는 마지막 단락에 제시되어 있다. 즉, (마)를 보면 형식적 법치주의의 한계를 넘어서기 위해서는 법의 목적과 내용이 인간 존엄과 정의를 지향해야함을 밝히고 있다. 정답 ②.

오답 피하기 ①형식적 법치주의자의 주장이다. ③관습법을 중시하는 태도로 형식적 법치주의 극복과는 거리가 멀다. ④형식적 법치주의자도 주장할 수 있는 내용이기 때문에 극복 방안이 되기 어렵다. ⑤법치주의와는 아무 관련이 없는 주장이다.

054 형사소송법과 증거능력

[출처] 형사소송법_ 배종대 외
2021학년도 4월 고3 전국연합학력평가

1. 제시문에서 자백배제법칙의 종류에 대해서는 언급하고 있지 않으므로 ③의 진술은 적절하지 않다. 정답 ③.

2. 4문단에서 '적법한 절차에 따르지 않고 수집한 증거의 증거능력'이 부정된다고 하였으므로 적법한 절차에 따라 확보한 문서는 증거능력이 있고, 8문단에서 '증거자료가 사실의 판단에 기여할 수 있는 정도, 즉 증거의 실질적인 가치로서의 신빙성'이 증명력이라고 하였으므로 그 내용이 사건과 관련이 없다고 법관이 판단한 문서는 증명력이 없다. 따라서 ③은 ㉠을 보여주는 사례로 적절하다. 정답 ③.

오답 피하기 ①5문단에서 피고인을 강요하여 얻은 자백은 증거 능력이 없다고 하였으므로 적절하지 않다. ②8문단에서 '증거자료가 사실의 판단에 기여할 수 있는 정도'가 증명력이라고 하였으므로 유죄 판결의 핵심적인 근거로 이용된 증거는 증명력이 있는 것이어서 적절하지 않다. ④4문단에서 '적법한 절차에 따르지 않고 수집한 증거'는 증거능력이 없다고 하였으므로 적절하지 않다. ⑤8문단에서 '증거자료가 사실의 판단에 기여할 수 있는 정도'가 증명력이라고 하였으므로 결정적인 단서를 담고 있다고 법관에게 인정된 증거는 증명력이 있는 것이어서 적절하지 않다.

055 회복적 사법

[출처] 회복적 정의란 무엇인가?_ 하워드 제어
2015학년도 4월 고3 전국연합학력평가

1. 3문단에서 회복적 사법의 특성을 기존의 형사 사법과 대조하여 설명하고 있다. 정답 ③.

2. 3문단에 회복적 사법은 사과와 피해 배상, 용서와 화해를 통한 회복을 목표로 한다는 내용이 제시되어 있으며, 응보 심리를 충족하는 것은 응보형론이다. 정답 ⑤.

오답 피하기 ①3문단에 기존 형사 사법에서는 주로 범인, 침해당한 법, 처벌 등에 관심을 두고 있다는 내용이 제시되어 있다. ②2문단에 응보형론은 범죄를 상쇄할 해악의 부과를 형벌의 본질로 본다는 내용이 제시되어 있다. ③2문단에 재사회화론은 형벌과 교육으로 범죄인의 반사회적 성격을 교화하는 것에 주안점을 두고, 응보형론은 형벌 그 자체에 목적을 둔다는 내용이 제시되어 있다. ④3문단에 회복적 사법의 범죄에 대한 기본적 대응 방법은 피해자와 가해자, 공동체 구성원까지 자율적으로 참여하는 가운데 이루어지는 대화와 합의라는 내용이 제시되어 있다.

056 법과 경제

[출처] 법경제학입문_ 오정일 외
2019학년도 4월 고3 전국연합학력평가

1. 6문단에 비교과실의 특징과 장점은 드러나 있지만 비교과실의 한계는 제시문에 드러나지 않았다. 정

답 ①.

오답 피하기 ②1문단의 '타인의 권리를~불법행위라고 하는데'를 통해 알 수 있으므로 적절하다. ③1문단의 '불법행위법은 불법행위로~기능을 한다'를 통해 알 수 있으므로 적절하다. ④2문단의 '주의 수준이란~정도를 의미한다.'를 통해 알 수 있으므로 적절하다. ⑤ 6문단의 '비교과실은, 양측에~것과 구별된다.'를 통해 알 수 있으므로 적절하다.

2. 3문단의 '과실원칙에서는 가해자에게만 주의 기준이 부여되므로'를 통해 ⓛ은 피해자에게 주의 기준이 부여되지 않는다는 점에서 피해자의 과실 여부를 판단하지 않음을 알 수 있다. 5문단에서 '먼저 기여과실은~피해자의 과실로 정의하여'를 통해 ⓒ은 피해자의 과실 여부를 판단함을 알 수 있다. 따라서 ⓒ은 ⓛ과 달리 피해자의 과실 여부를 판단한다는 ⑤의 진술은 적절하다. 정답 ⑤.

057 징벌적 손해 배상 제도
2016학년도 대학수학능력시험 6월 모의평가

1. 3문단에서 행정적 제재 수단인 과징금 부과의 방법으로는 기업의 불법 행위를 억제하는 데 한계가 있다고 설명하고, 그 대안으로 징벌적 손해 배상 제도의 도입을 주장하고, 4문단과 5문단에서 징벌적 손해 배상 제도의 내용과 그것에 대한 찬반 양론을 소개하고 있다. 하지만 제시문에서 징벌적 손해 배상 제도가 도입된 사례를 들고 있거나 이 제도의 문제점을 직접 지적하고 있지는 않다. 정답 ④

오답 피하기 ①4문단에서 '이 제도는 불법 행위의 피해자가 손해액에 해당하는 배상금에다 가해자에 대한 징벌의 성격이 가미된 배상금을 더하여 배상받을 수 있도록 하는 것을 내용으로 한다.'고 징벌적 손해 배상 제도의 내용을 설명하고 있다. ②5문단에서 징벌적 손해 배상 제도와 관련한 찬반 논쟁에 대하여 언급하고 있다. ③2문단에서 불법 행위에 대한 금전적인 제재 수단에 손해 배상, 벌금, 과징금이 있다고 설명하고 있다. ⑤3문단에서 '그러나 적발 가능성이 매우 낮은 불법 행위의 경우에는 과징금을 올리는 방법만으로는 억제력을 유지하는 데 한계가 있다.'고 언급하면서 '징벌적 손해 배상 제도'의 필요성을 주장하고 있다.

2. 3문단에서 '우리나라에서는 기업의 불법 행위에 대해 손해 배상 소송이 제기되거나 벌금이 부과되는 사례는 드물어서, 과징금 등 행정적 제재 수단이 억제 기능을 수행하는 경우가 많다.'고 설명하였으므로 우리나라에서 기업의 불법 행위를 과징금보다 벌금으로 제재하는 사례가 많다는 ⑤의 진술은 적절하지 않다. 정답 ⑤.

오답 피하기 ①2문단에서 불법 행위에 대한 금전적 수단으로서 '행정적 수단인 과징금이 있으며'라고 설명하였기 때문에 과징금은 불법 행위를 행정적으로 제재하는 수단에 해당한다는 진술은 적절하다. ②2문단에서 '예를 들어 기업들이 담합하여 제품 가격을 인상했다가 적발될 경우' 기업들은 손해 배상 소송을 당하거나 벌금형을 선고받고, 과징금도 부과 받을 수 있다고 하면서 '이처럼 하나의 불법 행위에 대해 세 가지 금전적 제재가 내려질 수' 있다고 하였으므로 기업이 담합해 제품 가격을 인상한 행위는 불법 행위에 해당한다는 진술은 적절하다. ③2문단에서 불법 행위에 대한 금전적 제재 수단의 하나로 손해 배상이 있다는 것을 들고, 손해 배상은 '피해자의 구제'를 목적으로 한다고 하였으므로, 불법 행위로 인해 발생한 피해에 대해 피해자는 손해 배상으로 구제받는 것이 가능하다는 진술은 적절하다. ④2문단에서 '하나의 불법 행위에 대해 세 가지 금전적 제재가 내려질 수 있지만 제재의 목적이 서로 다르므로 중복 제재는 아니라는 것이 법원의 판단'이라고 설명하였으므로 하나의 불법 행위에 대해 두 가지 이상의 금전적 제재가 내려질 수 있다는 진술은 적절하다.

058 범죄인인도제도
[출처] 신국제법 강의_ 정인섭
2020학년도 11월 고2 전국연합학력평가

1. 범죄인인도를 법원이 허가하면 범죄인의 신병이 언제 인도될지에 대해서는 언급하고 있지 않으므로 ⑤의 질문은 적절하지 않다. 정답 ⑤.

오답 피하기 ①2문단에서 '서로 범죄인인도를 할 것을 합의하고 그에 대한 사항을 규정하는 국가 간의 조약'이라고 범죄인인도조약의 개념을 제시했으므로 적절하다. ②4문단에서 범죄인인도거절 사유로 절대적 인도거절 사유와 임의적 인도거절 사유가 있다고 하였으므로 적절하다. ③3문단에서 '대부분의 범죄인인도조약은~인도대상범죄를 규정한다'라고 하였으므로 적절하다. ④2문단에서 '사전에 체결된 범죄인인도조약에 의해서만 상대 국가에 대한 범죄인인도청구에 응할 의무가 발생'한다고 하였으므로 적절하다.

2. 2문단에서 '범죄인인도조약은~범세계적인 조약은 성립되지 않고 있다'라고 하였으므로 ④의 설명은 적절하지 않다. 정답 ④.

오답 피하기 ①1문단에서 '근대에 들어 각국은~범죄인인도제도를 발전시켰다'라고 하였으므로 적절하다. ②3문단에서 '범죄인인도제도의 구체적인 내용은 범죄인인도조약에 따라 차이가 있'다고 하였으므로 적절하다. ③1문단에서 '범죄인이 다른 나라로 도피하면~처벌이 힘들다.'라고 하였고 '이 때문에~범죄인인도제도를 발전시켰다.'라고 하였으므로 적절하다. ⑤2문단에서 '범죄인인도가 원만히 진행되려면~상호 신뢰가 필요하'다고 하였으므로 적절하다.

059 손실 보상 청구권

[출처] 행정법총론_ 정하중
2021학년도 3월 고1 전국연합학력평가

1. 3문단을 보면, 헌법 제23조 제1항에 따라 모든 국민의 재산권은 보장된다는 점, 보장되는 재산권의 내용은 법률에 의해 구체화된다는 점을 확인할 수 있다. 따라서 헌법이 개인에게 보장하는 재산권의 내용은 법률로써 그 내용이 구체화된 것이다. 정답 ①.

오답 피하기 ②공용 침해 중 사용의 경우 재산권은 국가로 이전되지 않는다. ③재산권 침해가 특별한 희생에 해당하지 않는 행정 작용에 대해서는 손실을 보상하도록 요구할 수 없다. ④법률에 따른 재산권 침해가 특별한 희생에 해당하지 않는다면, 공용 침해와 손실 보상이 내용상 분리될 수 없다는 원칙에 어긋나지 않는다. ⑤행정 기관이 사설 연수원을 일정 기간 동원하는 것은 개인의 재산권을 일시적으로 사용하는 공용 침해 중 '사용'에 해당한다.

2. 5문단을 보면, 분리 이론은 재산권 침해를 규정한 법률에 보상 규정이 없는 경우 입법자가 이를 사회적 제약으로 규정한 것으로 본다는 점, 사회적 제약에 해당하더라도 재산권을 과도하게 침해한다면 헌법에 위반되고, 이때의 행정 작용은 위법하다고 본다는 점, 재산권 존속이 손실 보상보다 우선한다고 본다는 점을 알 수 있다. 또한 이에 근거해 분리 이론은 손실 보상 대신 위법한 행정 작용을 제거해야 한다고 본다. 이는 입법자가 법률로써 보상을 규정하지 않는 한, 재산권은 보상으로 보장되는 권리가 아닌 그대로 보존되어야 하는 권리라고 본다는 점이 전제돼 있다. 정답 ⑤.

오답 피하기 ①분리 이론은 보상 규정이 없는 경우의 재산권 침해는 사회적 제약에 해당하고, 침해가 사회적 제약의 범위를 벗어나면 안 된다고 본다. ②헌법에 따라 공용 침해 규정과 손실 보상 규정은 동일한 법률에서 규정되어야 한다. ③분리 이론은 사회적 제약을 벗어나서 재산권을 과도하게 침해하는 법률은 헌법 제23조 제2항에 위반된다고 본다. ④분리 이론은 행정 작용으로 인한 재산권 침해가 특별한 희생에 해당한다면 이로 인한 손실을 보상해야 한다고 본다.

060 내용증명의 특징과 기능

[출처] 고발 · 고소장 · 내용증명 · 탄원서 · 진정서(재구성)
2021학년도 6월 고2 전국연합학력평가

1. 1~3문단, 6~7문단은 다른 우편물과 달리 내용증명제도가 갖는 특징을 설명하고 있으며, 4~5문단은 내용증명이 갖는 기능을 서술하고 있다. 또한 2문단과 4문단에서 구체적 예를 들어 이해를 돕고 있다. 정답 ①.

2. 내용증명은 철회 기간 내에 계약을 취소할 경우나 철회 기간 내에 계약의 철회가 불가능한 경우에 사용할 수 있다(2문단). 그러나 '계약을 철회할 수 있는 기간이 지난 경우'와 관련된 정보는 확인할 수 없다. 정답 ⑤.

061 사회를 바라보는 관점
[출처] 세상을 보는 눈_ 장경섭
2004학년도 3월 고3 전국연합학력평가

1. 글쓴이가 말하고자 하는 바의 핵심은 관점에 근거하여 사회를 바라보아야 한다는 것이다. ③에서 '보는 눈'은 글쓴이가 말하는 '관점'과 가까운 말이다. 이렇게 보면 글쓴이는 사회를 제대로 보려면 그것을 보는 눈을 가져야 한다는 의미로 이해할 수 있다. 정답 ③.

2. 〈보기〉는 청년 실업의 원인을 우리나라의 경제 구조적인 면에서 분석한 내용이다. 오늘날의 청년 실업은 우리나라의 경제 체제가 대외 의존적이라는 구조적인 한계에서 비롯된 측면이 있다는 것이다. 정답 ①.

062 복합적 계층화와 사회적 소통
[출처] 한국 사회의 재구조화와 사회적 소통_ 김일철
2003학년도 5월 고3 학업성취도평가

1. 사회적 불평등은 문화, 정치, 사회 등 여러 분야에서 나타나므로 사회적 불평등이 경제적인 측면에서 두드러지게 나타난다는 ⑤는 틀린 설명이다. 정답 ⑤.

2. 필자는 사회적 격차를 정당화하는 과정을 통해서

사회 통합을 이룩할 수 있다고 하였다. 즉 정당성에 의거한 격차가 널리 통용되고 이를 수긍할 수 있는 사회 체제를 구축하자는 것이다. 그러나 정당한 격차를 확립할 수 있는 방안 및 구체적인 기준이 무엇인지에 대해서는 설명하지 않았다. 정당한 격차 확립의 당위성만을 이야기하고 있을 뿐 구체적인 해결 방안의 모색은 없다. 정답 ③.

063 집합 의례
2018학년도 대학수학능력시험 9월 모의평가

1. 제시문은 중심 화제인 '집합 의례'를 설명하는 여러 학자들의 견해를 설명하고 있는데, 뒤르켐의 이론이 파슨스와 스멜서에 의해 보완되고 있으며, 파슨스와 스멜서의 이론의 한계가 알렉산더의 견해로 보완되고 있으므로 중심 화제에 대한 이론이 후속 연구에 의해 보완되는 과정을 고찰하고 있다는 ③의 설명은 적절하다. 정답 ③

오답 피하기 ①집합 의례에 대해 학자들이 선행 연구를 수용하거나 발전시키는 것이므로 주요 학자들이 이에 대해 합의한 결과를 제시하고 있지는 않다. ②집합 의례의 진행 과정과 관련하여 파슨스, 스멜서와 알렉산더가 서로 다른 견해를 가지고 있다는 내용이 제시되어 있지만 상반된 견해를 절충한 내용은 제시되어 있지 않다. ④사례들이 제시되어 있다고 볼 수 있으나 사례들을 유형별로 분류하고 있지 않다. ⑤집합 의례의 역사적 기원을 설명하는 다양한 가설이 제시되어 있지 않다.

2. 파슨스, 스멜서는 집합 의례의 결과 사회의 통합이 회복된다고 보았는데, 이는 유기체가 흐트러진 항상성의 기능을 회복하는 것처럼 결과가 정해진 것이라고 보는 것이다. 반면 알렉산더는 집합 의례는 현대 사회에서 유기체의 생리 작용처럼 자연적으로 진행되는 것이 아니고, 그 결과 역시 정해지지 않은 과정이라 보았다. 정답 ①

오답 피하기 ②파슨스, 스멜서는 집합 의례의 과정을 거치며 사회의 통합이 회복될 것이라 보았다. 사회 통합이 회복된다는 것은 도덕 공동체가 구성된 것으로 볼 수 있기 때문에 '㉠과 달리'라고 말하는 것은 적절하지 않다. ③집합 의례가 이루어지는 과정을 경

험적으로 세밀하게 탐구해야 한다고 주장한 학자는 알렉산더이므로 적절하지 않다. ④집합 의례를 유기체의 생리 과정과 유사하다고 본 것은 파슨스, 스멜서이다. 알렉산더는 그렇지 않다고 보았다. ⑤파슨스, 스멜서는 위기 시기에 사회적 삶 아래 잠재해 있던 성이 부상하며 속보다 우선시된다고 하고 있으므로 성과 속의 분류 체계를 두었다고 볼 수 있다. 알렉산더 역시 현대 사회의 사회적 공연의 요소로 성과 속의 분류 체계를 구체화한 대본 등을 들고 있으므로 성과 속의 분류 체계 없이 집합 의례가 일어난다고 본 것이 아니다.

064 대칭적 상호주의 비대칭적 상호주의
2001학년도 대학수학능력시험

1. 제시문은 대칭적 상호주의와 비대칭적 상호주의에 대해 설명하고 난 후, 비대칭적 상호주의가 나타나는 대표적 공간인 시장을 언급하면서 시장 본연의 기능을 수행하기 위한 비시장적 요소의 필요성을 제기하고 있다. 2문단에서 '엄밀한 의미의 대칭적 상호주의는 우리의 실제 일상 생활에서 별로 흔하지 않다'고 했으므로 ①은 제시문의 내용과 일치하지 않는다. 정답 ①.
2. 제시문은 먼저 상호주의의 개념 정의로부터 출발하고 있다. 그런 다음 대칭적 상호주의와 비대칭적 상호주의의 두 개념을 비교 · 대조하면서 논지를 전개하고 있다. 그리고 밥그릇, 쌀과 설탕, 도둑질 등 예시의 방법도 적절히 활용하고 있다. 정답 ③.

065 집단극화 현상
[출처] 사회심리학_ 홍대식
2010학년도 4월 고3 전국연합학력평가

1. 사회정체성이 높은 집단의 구성원일수록 자신이 속한 내집단과 동일시하게 된다. 따라서 사회정체성이 높은 집단일수록 의사 결정 구조가 합리적이라고는 할 수 없다. 정답 ③.
오답 피하기 ①집단극화는 집단의 의사 결정이 토의 전 집단의 성향과 동일한 방향으로 더욱 일치되며 극단화되는 현상을 의미한다. ②사회비교 이론에 따르면

집단극화 현상은 집단 구성원이 타인과의 비교를 통해 자신을 긍정적으로 지각하고 타인으로부터 인정받고자 하는 욕구가 있기 때문에 일어난다. ④설득주장 이론에서는 집단 토의가 진행되면 집단의 성향과 일치하는 새로운 정보나 의견에 더 솔깃하게 된다고 설명한다. ⑤사회정체성 이론은 집단극화를 집단 규범에 동조하는 현상과 관련지어 설명한다.
2. 〈보기〉에서 두 집단 간의 갈등이 깊어졌다고 하였으므로 테니스 동호회원들은 부녀회의 견해가 설득적이라 하더라도 동의하는 현상이 깊어진다고 해석할 수 없다. 제시문의 사회정체성 이론에서도 내집단의 의견은 다른 집단의 의견과 차별화되는 과정에서 외집단과는 다른 방향으로 전환된다고 설명한다. 정답 ③.
오답 피하기 ①집단 사고의 부정적 경향성은 높은 스트레스 상황에 처한 집단에서 강화된다. ②집단극화를 집단 규범에 동조하는 현상과 관련지어 설명하는 사회정체성 이론에 따르면 내집단에서 생긴 의견 차이는 점차 극소화되어 간다. ④설득주장 이론에서는 집단 성향과 일치하면서 그럴듯한 주장에 더 잘 설득된다고 본다. ⑤내집단의 의견이 외집단의 의견과 차별화되는 과정에서 외집단과 내집단의 견해차는 커질 수 있다.

066 사회계약론
[출처] 인간을 위한 사회계약론_ 김성은
2009학년도 9월 고1 전국연합학력평가

1. 제시문은 루소 이전의 사상가와 루소의 사상을 비교해 쓴 글이다. 루소 이전의 사상가들이 수직적인 계약이라면 루소가 주장했던 사회 계약은 '자유롭게 행동하는 사람들'을 함께 묶는 수평적인 계약이었던 '협동'의 중요성을 강조했다는 내용이다. 이 문제는 제시문의 세부 내용을 파악할 수 있는지를 묻는 문제이다. 루소는 이상적인 공동체를 만들기 위해서는 개인과 공동체 모두가 이익을 누릴 수 있어야 한다고 생각했다. ④는 민중의 양보가 필요하다고 언급하고 있으므로 잘못이다. 정답 ④.
2. 제시문의 내용을 구체적 사례에 적용할 수 있는지를 묻는 문제이다. 루소가 말한 '사회 계약'의 의미를 현실에 적용한 사례는 평범한 사람들이 모두 도와

서로에게 이익이 되는 행복한 사회를 만드는 것이다. 정답 ④.

067 전자 패놉티콘
[출처] 패놉티콘:감시와 역감시의 역사_ 홍성욱
2015학년도 9월 고1 전국연합학력평가

1. 2문단에서 벤담의 패놉티콘이 당시에 큰 주목을 받지 못했다는 내용은 확인할 수 있지만 그 원인에 대한 정보는 없다. 정답 ③.
2. 역감시는 공유할 수 있는 정보를 투명하게 공개하여 시민이 오히려 권력자를 감시하는 것이다. 고위 공직자의 재산을 언론에 공개하여 공직자들의 비리 유무를 시민이 감시할 수 있다. 정답 ⑤.

068 기술의 발달에 따른 사회 변화
2016학년도 대학수학능력시험 9월 모의평가

1. 4문단에 언급되어 있듯이 테일러는 시간-동작 연구를 통해 가장 효율적인 작업 동선을 모색했다. 그의 과학적 관리론은 20세기 초 생산 활동을 합리적으로 조직하는 중요한 원리로 자리 잡았는데, 이로 인해 두뇌에 의한 노동과 근육에 의한 노동이 분리되어 인간의 육체노동이 기계화되는 결과를 가져왔다. 정답 ④
오답 피하기 ①2문단을 보면 아리스토텔레스는 사색적 삶의 영역을 생계를 위한 활동적 삶의 영역보다 중시했다. ②16, 17세기 과학 혁명으로 인해 활동적 삶과 사색적 삶은 대등한 위상을 갖게 되었다. ③청교도 윤리는 생산 활동과 부의 축적에 대해 부정적으로 인식을 심화시키지 않고, 오히려 부정적 인식을 불식시키는 계기를 마련해 주었다. ⑤20세기 초 공학, 경영학 등의 실용 학문은 기술을 과학에 활용하기 위해서가 아니라 과학을 기술 개발에 활용하기 위해 출현했다.
2. ㉠은 기계 문명의 발달로 인해 근면과 속도가 강조되는 활동적 삶을 지나치게 강조하는 현실에 대한 반작용으로 등장했다. 즉 성찰에 의한 사색적 삶의 중요성을 역설하기 위한 목소리이다. 사색적 삶은 자극에 예민한 삶이 아니라 여유로운 삶과 관계가 깊

다. 정답 ③
오답 피하기 ①기계 기술과 산업 현장에 대해 긍정적으로 평가하는 진술이며, 이는 활동적 삶을 중시하는 내용이다. ②일하기 위한 삶을 중시하는 서술이며, 이는 활동적 삶을 중시하는 내용이다. ④'나태'는 여유로운 삶과 관련이 있으며, 나태가 사람을 녹슬게 한다는 생각은 활동을 중시하는 내용이다. ⑤인간을 사색하지 못하는 기계라고 여기는 진술이며 이는 활동적 삶을 중시하는 내용이다.

069 권력의 이해
[출처] 사람 사이의 관계는 모두가 권력관계/시선은 권력이다
(재구성)
2010학년도 6월 고2 전국연합학력평가

1. 제시문에서 글쓴이는 푸코의 견해를 인용하여 권력을 소유로 간주하는 통념을 부정하고 있다. 그리고 사회 통제 체계와 밀접하게 연관되어 있는 권력의 실체에 대해 올바른 안목으로 바라보아야 한다고 주장한다. 정답 ②.
오답 피하기 ①,⑤는 각각 (라)와 (가)문단에서 부분적으로 언급한 내용이다. ③제시문에 없는 내용이다. ④의 가치 판단 기준은 지식에 대해서만 언급하였고, 권력에 대해서는 언급하지 않았다.
2. (다)문단에는 '권력관계'가 형성되는 조건(사람 간의 불균형한 힘의 관계, 소유가 아니라 행사되는 관계)이 제시되고 있다. 연극반 반장으로서 반원들의 업무를 분배하고 지시하는 것에서, 반장과 반원의 힘의 불균형을 확인할 수 있다. 정답 ⑤.
오답 피하기 ①과 ③은 힘의 불균형이 없는 관계이다. ②는 강 박사의 개인적인 연구이고, ④는 온라인에서 이루어지는 '나'와 '아바타'의 관계이다.

070 개체화 현상
[출처] 울리히 벡과 지그문트 바우만의 현대 사회론(재구성)
2016학년도 대학수학능력시험 6월 모의평가

1. 제시문은 현대의 개체화 현상에 대한 두 학자의 견해를 소개하고 있다. 현대의 개체화 현상과 관련하여 벡과 바우만은 개체화가 점점 더 가속화될 것이라는 점에는 공통된 의견을 보였으나, 벡의 경우 현대

의 위기가 개체화와는 별개의 현상이라고 보며, 개체화된 개인이 초계급적, 초국가적으로 연대하여 위기에 대응할 가능성에 주목하였다. 반면 바우만은 개체화 현상 자체를 위험 요인으로 보며, 개체화된 개인들이 위험에 대한 공포로 인해 소극적 자기 방어에 몰두하게 되면서 개체화가 현대 사회의 위기에 대한 해결책이 될 수 없을 것이라 판단하였다. 따라서 이 글은 개체화 현상에 대한 벡과 바우만의 견해의 공통점과 차이점을 설명하는 것으로 이해할 수 있다. 정답 ③.

오답 피하기 ①개체화 현상의 다양한 양상이 제시되어 있지 않다. ②개체화 현상에 대한 통념이 제시되어 있지 않을 뿐만 아니라 통념을 비판하며 개념을 새롭게 규정하고 있지도 않다. ④개체화 현상의 역사적 기원을 언급하고 있지 않다. 따라서 다양한 가설들이 제시되어 있지도 않고 한계와 의의 역시 나타나 있지 않다. ⑤개체화 현상의 개념을 정의하고 있기는 하지만 유사한 사회적 개념들을 비교하고 있지 않다.

2. 2문단의 내용을 볼 때, 현대의 개체화 현상은 개인에 대한 국가의 통제력이 현저하게 약화된 상황을 배경으로 하여 발생하는 현상이라고 볼 수 있다. 따라서 국가의 통제력이 강화되어 개인의 자율성이 약화되면 개체화 현상은 나타나기 힘들 것임을 알 수 있다. 정답 ②

오답 피하기 ①현대의 개체화 현상은 전 세계적인 노동 시장의 유연화 경향에 따라 다양한 형태로 분절화된 노동자들이 계급적 연대 속에서 이해관계를 공유하지 못하게 한다는 내용을 2문단을 통해 확인할 수 있다. ③현대의 개체화 현상은 핵가족화 추세에 더하여 일인 가구가 급속도로 늘어나는 가족 해체 현상과도 밀접한 관련을 가지고 있음을 2문단을 통해 알 수 있다. ④벡은 현대인들이 개체화되어 있다는 조건이 현대인에게 닥친 위기 상황에 초계급적, 초국가적으로 대응하게 하는 요인이 될 수 있다고 보았다는 것을 3문단을 통해 확인할 수 있다. ⑤바우만은 개체화된 개인들이 현대의 위기에 개인 수준에서 대처해야 하는 상황에 빠져 버렸고, 이로 인해 소극적 자기 방어에 몰두하게 되면서 서로 연대하기 어렵게 되었다는 생각을 가졌음을 마지막 문단을 통해 확인할 수 있다.

071 21세기 키워드, 문화
[출처] 굿바이 구텐베르크_ 김정탁
2006학년도 5월 고3 학업성취도평가

1. 1문단에서 근대에 관한 일반적 특성을 설명한 후, 2문단과 3문단에서 19세기의 정치적 패러다임과 20세기의 경제적 패러다임을 설명하고 있다. ⑤의 '자본주의의 실시'에 관한 내용은 3문단에 나오지만, '복지정책의 확대'에 관한 내용은 제시되어 있지 않다. 정답 ⑤.

2. 5문단에 '인간의 선호가 진실로 실현되기 위해서는 선호에 맞는 선택을 할 수 있도록 다양한 공급이 계속되어야 하지만, 보다 중요한 것은 사람들이 소비를 통해서 이루어지는 만족을 극대화하는 길'이라고 언급하고 있다. 이를 바탕으로 하면, ⑤가 적절하다. 정답 ⑤.

072 문화의 중심 가치와 다양성
2000학년도 대학수학능력시험

1. 제시문은 역사상으로 볼 때 모든 인간들은 물질적 풍요라는 가치를 추구했을 것으로 생각하지만, 각 문화에 따라 다양한 양상을 보여 주고 있음을 실제 사례를 통해 제시하고 있다. 요지는 마지막 문단의

'문화의 다양성과 그 가치를 인정해야 한다.'는 것으로 요약할 수 있다. 정답 ②.

2. ③은 중·고교 학생들에게 일반적으로 나타나는 보편적 현상으로서 그것을 당연시할 수 있다는 견해이므로 다양성을 주장하는 제시문의 논지와 다르다. 정답 ③.

073 과도적 혼합 문화
[출처] 사회 변동과 문화 변동_ 임희섭
2001학년도 대학수학능력시험

1. 3문단에서 '과도적인 차용 문화는 모방과 도입에만 급급하면서 받아들인 문화'라고 언급하고 있다. 정답 ②.

2. 4문단에서 정체성 회복은 문화의 적합성을 희생시키지 않는 범위에서 문화적 전통의 재발견과 외래 문화의 선별적 수용을 통해서만 가능하다고 했다. 따라서 ②가 적절한 방법에 해당된다. 정답 ②.

074 한국인의 문화적 정체성
[출처] 사회를 보는 논리_ 김찬호
2004학년도 11월 고1 전국연합학력평가

1. 제시문은 한국인의 정체성은 오랜 역사의 흐름 속에서 형성되었고, 일제 시대는 저항적 민족주의로 확고해졌으며, 근대화 과정에서 경제 성장의 효과적인 기제로 작용하였음을 밝히고 있다. 정답 ②.

2. 타민족과의 교류가 정체성 형성의 직접적인 계기라는 정보는 제시문에서 확인할 수 없다. 정답 ③.

075 과거 문화의 인식
2004학년도 대학수학능력시험

1. 제시문에서 글쓴이는 전통을 자기 문화의 본질적 특징으로 인식하는 통념을 비판하고, 전통은 시대적 배경과 사회·문화적 의미로 파악해야 한다고 지적한다. ②에서 사회적 통념이 제시되어 있으나 이는 글쓴이가 반박하기 위한 것이지, 통념의 변화 과정을 제시하고 있지는 않다. 정답 ④.

2. 1문단에서 과거의 문화를 오늘날과 다른 문화로

보아야 할 필요성을 논제로 제시하고 있다. 마지막 문단에서 이렇게 해서 전통의 실체를 올바로 인식할 수 있다고 했으므로 ②가 적절하다. 정답 ②.

076 인도인의 암소 숭배와 문화 상대성
[출처] 인류학 산책_ 최협
2005학년도 5월 고1 학업성취도평가

1. 제시문은 마빈 해리스의 견해를 들어 자기 문화를 기준으로 다른 문화를 평가하는 것을 일종의 편견과 고정 관념으로 생각하고 이를 비판하고 있다. 정답 ③.

2. 이방인들은 인도인들이 암소를 잡아먹을 수 있는데도 암소 숭배로 인해 굶어죽는 아둔하고 어리석은 국민이라고 생각한다. 그러나 이들의 주장은 인도의 자연 환경이나 조건을 제대로 인식하지 못한 피상적인 생각의 결과이다. 따라서 ㉠의 내용을 속담으로 적절하게 표현한 것은 '일부분만 알면서도 전체를 아는 것처럼 말함'을 뜻하는 ④이다. 정답 ④.

077 K-POP 사례로 본 문화 현상
[출처] 한류와 문화커뮤니케이션_ 방정배·한은경·박현순
2013학년도 9월 고2 전국연합학력평가

1. 제시문은 'K-POP'을 사례로 제시하여 오늘날의 문화 현상의 원인을 설명하고, 1문단에서 기존의 문화 확산론의 한계를 이야기한 후 체험코드 이론을 제시하고 있다. 정답 ①.

2. 서로의 문화를 체험하고 공감하면서 형성되는 것이 체험코드이므로 흡수하여 통합되는 것이 아니다. 정답 ①.

078 대중 매체의 두 얼굴
[출처] 대중 매체의 두 얼굴_ 민경배
2002학년도 6월 고1 전국연합학력평가

1. 제시문의 문단 구조는 대중 매체의 순기능, 역기능을 열거식으로 제시하고 있다. (나)에는 대중 매체가 문화면에 끼치는 영향을 서술하고 있는데 순기능으로는 문화 수용의 기회가 누구에게나 열렸다는 것

이고, 역기능으로는 이로 인해 개성과 취미가 획일화될 수 있다는 점을 지적하고 있다. 무의미한 정보의 제공에 대한 언급은 없다. 정답 ②.

2. 대중 매체는 순기능과 역기능을 동시에 가지고 있다. 그렇기에 수용자가 이를 비판적으로 받아들일 필요가 있다. 즉 수용자가 어떻게 사용하느냐에 따라 긍정적일 수도 있고, 부정적일 수도 있다는 것이다. 이를 비유적으로 표현한 것은 동일한 것일지라도 사용 방법에 따라 약(순기능)이 될 수도 있고, 독(역기능)이 될 수도 있다는 것이다. 정답 ⑤.

079 대중매체의 성격과 문화 민주주의
[출처] 대중문화의 이해_ 김창남
2006학년도 5월 고1 학업성취도평가

1. 제시문은 대중매체의 이중적 성격(경제적 기능과 문화적 기능)을 서두에서 규정하고 이를 세부적으로 구분하여 설명한 후 마지막으로 대중 매체에 대한 일반인들의 올바른 이해를 당부하고 있다. 정답 ①.

2. 제시문에 의하면 ㉠은 앞 문장에서 알 수 있듯이 대중매체가 단순히 지배 세력의 일방적인 전달이 아니라 공적 기구로서의 역할을 한다는 의미에서 '공론의 장'이라고 표현했다. 따라서 이러한 내용을 뒷받침하는 사례로는 ⑤가 적절하다. 정답 ⑤.

오답 피하기 ①스포츠를 통해 대중들이 대리 만족을 느낀다고 했으므로 여러 쟁점이 드러나는 공론의 장이라고 보기는 어렵다.

080 뉴스의 제작과 수용
[출처] 뉴스의 이해_ 윤영철
2007학년도 9월 고2 전국연합학력평가

1. 제시문은 주로 뉴스 기사가 어떤 기준으로 선별되고 어떻게 보도되는지 그 제작 과정을 설명하고 수용자가 뉴스를 어떻게 수용해야 하는가를 밝히고 있다. 정답 ②.

2. '뉴스의 공정성에 대한 시비를 방지하기 위해서'라는 말에는 뉴스의 공정성에 대해서는 시비가 있을 수 있다는 것, 즉 '뉴스 기사의 공정성 판단은 입장에 따라 다를 수 있다'는 것이 전제되어 있다. 정답 ④.

9장
현대사회문제

	1 2		1 2		1 2		1 2
081	④ ⑤	082	③ ①	083	③ ①	084	① ②
085	② ⑤	086	③ ④	087	⑤ ③	088	④ ③
089	④ ③	090	① ②				

081 사회문제란 무엇인가
1996학년도 대학수학능력시험

1. 제시문은 사회 문제란 무엇이고 또 어떻게 파악되는지 등에 관해 서술한 글이다. 1문단에서 '사회 문제와 문제 상황'을 엿볼 수 있고, 2문단에서 '사회 문제의 다양한 측면'을, 3문단에서 '사회 문제의 역사성'을, 4문단에서 '사회 문제의 객관성과 주관성'을 찾아볼 수 있다. 그러나, '사회 문제의 발생 원인'은 제시되어 있지 않다. 정답 ④.

2. ⑤의 진술 '일반적으로 사회 문제라고 하는 것은 개개인의 가치 판단과는 상관없이 존재하는 현상이다'는 4문단의 '주관적 가치 판단이 덧붙여져야 한다'와 정면으로 배치된다. 정답 ⑤.

082 도시화의 제문제
[출처] 위험 사회와 도시_ 홍성태
2005학년도 9월 고2 전국연합학력평가

1. 도시의 마천루는 도시화에 따른 공간 부족에서 비롯되었고, 공간 부족은 공간의 경제적 가치를 상승시킨다. 따라서 ③의 진술은 제시문의 내용과 일치하지 않는다. 정답 ③.

오답 피하기 ①도시화가 진행됨에 따라 인간은 기계의 기능에 의존할 뿐 아니라 그 자신도 익숙해진 기능에 의해 스스로 사회적 기계로 전락하고 만다. ②삶의 환경이 점점 더 인공화 되기 때문에, 자연의 산물로서의 인간이 설 자리가 점점 줄어들게 되며 우리 자신이 인공화 될 필요가 커진다. ④보드리야르는 근대적 의미의 빈곤의 원인을 사회경제적 구조 속에서 찾았다. ⑤도시화는 수많은 볼거리를 제공하고 장관으로 사람들에게 다가오는데, 우리가 장관의 구성 요소가 된다. 이는 우리가 현실주의의 포로가 됨을 의미한다.

2. 제시문은 도시화에 따른 여러 현상과 이것이 인간생활에 미치는 바람직하지 못한 점을 강조한 글이다. (가), (나)문단의 보드리야르, (다)문단의 르페브르, (라)문단의 드보르 등 사회학자의 시각에서 본 도시의 위험성을 인용하면서 필자의 논지를 강화하였으므로 ①이 적절하다. 정답 ①.

083 다문화 사회의 이해
[출처] 다문화사회 한국_ 김은미 · 양옥경 · 이해영
2010학년도 11월 고1 전국연합학력평가

1. 제시문에서는 우리가 지향해야 할 다문화 사회 정책의 목표와 궁극적 지향점에 대한 언급은 있지만 현재 시행되고 있는 다문화 관련 정책은 제시되어 있지 않다. 정답 ③.
오답 피하기 ①정책 목표는 '동화'가 아닌 '공존'에 두고 있다 ②다문화주의를 지향해야 하는 이유는 한국 사회의 외국인과 이민자에 대한 차별적 태도와 이중적 기준 적용의 문제를 해소하고 조화와 소통을 지향하기 위함이다. ④다문화 사회를 정의하는 패러다임은 차별 배제 모형, 동화 모형, 다문화 모형이다. ⑤다문화 모형에 초점을 두고 접근해야 하는 이유는 현재 급속하게 변화하는 세계 속에서 인종과 민족에 대해 포용적인 태도를 취하는 다문화 모형을 통해 외국인이나 이민자가 그들만의 문화를 지키는 것을 인정하고 장려하여 '공존'하기 위함이다.
2. 문화다원주의(㉠)와 다문화주의(㉡)는 모두 다양한 문화적 가치들을 공유할 것을 강조하는 다문화 모형에 해당하는 것으로 다양한 문화적 가치 공유는 ㉠과 ㉡의 공통점이라고 볼 수 있다. 문화다원주의가 다문화주의와 달리 주류 문화의 중요성을 부각하며

이와 같은 맥락으로 다문화주의가 외국인이나 이민자 간의 대등한 관계를 중시하고 외국인이나 이민자들의 고유 문화를 유지하도록 하는 데 적극적이며 두 모형의 공통점은 사회 전체의 공존을 추구한다고 볼 수 있다. 정답 ①.

084 여가의 의미
[출처] 주말엔 잘 쉬십니까_ 김정운
2006학년도 10월 고1 학업성취도평가

1. 필자는 여가를 단순히 노동을 하지 않고 쉬는 것으로 보지 않고, 보다 발전적인 삶을 준비하는 기회이자 준비의 시간 정도로 규정하고 있다. 여가를 노동의 대립적 개념으로 보고 있는 것이 아니다. 정답 ①.
2. 제시문은 첫머리에서 문답의 형식을 구사하고 있다. 정답 ②.

085 여성의 사회적 지위
1995학년도 대학수학능력시험

1. 참정권은 보통 선거권을 통해 주어지는 것인데 이것은 20세기 초에 나타났다. 정답 ②.
오답 피하기 ①여성의 사회적 지위가 상승하기는 했지만 대등하지는 못했다. ③제도 개선과 교육을 통해 이루어져야 한다. ④생산 활동에 참여 할 수는 있지만 가사 노동과 병행해야 하는 이중의 고통을 겪고 있다. ⑤선언문은 평등을 천명하였지만 법적인 평등권은 보장되지 않았다.
2. ①(마) 단락, ②(가)와 (나) 단락, ③(다) 단락, ④(라) 단락에 제시되어 있다. 정답 ⑤.

086 사회 복지 방법론
1997학년도 대학수학능력시험

1. 제시문은 사회 복지 실천을 위한 방법론인 미시적, 거시적 방법론을 대조의 방법으로 설명한 다음, 이를 통해 사회 복지 방법론의 바람직한 발전 방향에 대해 논의하고 있다. (다)의 중심 내용은 '미시적 방

법론 중심으로 발전한 현재의 사회 복지 방법론의 성과와 문제점'이다. ③은 (다)의 중심 내용이 아니라 현재의 사회 복지론의 특징을 기술하는 과정에서 언급된 부분적 내용에 지나지 않는다. 정답 ③.

2. 제시문에서는 양 방법론의 균형적인 발전을 강조하고 있으나 (마)를 보면 사회 정책 입안이나 개선을 위한 활동의 필요성을 촉구함으로써 거시적 방법론에 어느 정도 비중을 두어 서술하고 있음을 알 수 있다. 그러나 ④의 경우 사회 체제의 개혁은 언급된 바가 없으며 사회 복지 전문성 확보라는 미시적 관점에 초점을 맞추고 있다. 정답 ④.

087 최저소득보장제

[출처] 분배의 재구성_ 브루스 액커만 외
2017학년도 9월 고2 전국연합학력평가

1. 4문단에 국가나 지방자치단체 차원에서 기본소득제 도입을 검토하고 있다는 내용만 나와 있을 뿐, 기본소득제를 도입한 사례는 확인할 수 없다. 정답 ⑤.

2. 3문단에서 기본소득제는 기본 소득 이상의 혜택을 받아야 하는 취약 계층에 대한 문제가 있다고 언급하고 있으므로 형편이 더 어려운 취약 계층에게 더 많은 지원을 할 수 없다. 따라서 기본소득제는 소득에 따른 차등 지원이 어렵다는 점을 문제점으로 지적할 수 있다. 정답 ③.

오답 피하기 ② 3문단에서 기본 소득에 만족하는 사람이 늘어나면 일자리 자체가 아닌 일자리를 찾는 사람이 줄어들 것이라 했으므로 적절한 문제 제기가 아니다.

088 친환경적 삶의 방식

[출처] 지구를 살리는 7가지 불가사의한 물건들_ 존라이언
2005학년도 3월 고2 학력진단평가

1. 1문단에서 공안(깨달음을 주는 역설적인 질문)을 언급하였고, 그것과 연관지어 4문단에서 우리 자신의 모습을 다른 각도로 바라 볼 수 있다고 하였다. 5문단에서 경제의 효율성을 경제 활동의 파괴성으로 뒤집어 생각해 보고 있다. 글쓴이는 우리가 추구하는

경제의 활동이 지구 환경 파괴의 대가를 따져보지 않은 가장 비효율적인 방식이라고 지적하고 있다. 6문단에서 지구와 인간이 더불어 살아가는 생활 방식이 우리가 추구해야 할 분명한 목표라는 주장을 강화하고 있다. 정답 ④.

2. 글쓴이는 친환경적이고 비용이 덜 드는 실현 가능한 대안들이 있음을 언급하면서 기존과 다른 삶의 방식을 선택해야 지구를 살릴 수 있다고 주장하고 있다. '인류가 지구와 더불어 함께 살아가야 한다.'는 글쓴이의 주장에는 '인류와 지구는 공동 운명체다.'라는 생각을 바탕으로 하고 있다. 정답 ③.

089 범죄학의 논의 양상

[출처] 신자유주의 통치성과 '환경설계를 통한 범죄 예방(CPTED)'_ 박승일
2018학년도 9월 고1 전국연합학력평가

1. 제시문은 범죄 발생률을 낮추기 위한 범죄학의 논의 양상을 18세기, 19세기, 1970년대 이후 등 시대의 흐름에 따라 제시하고 있다. 정답 ④.

2. ㉠은 범죄를 억제할 수 있는 법적 처벌에 관심을 가진 반면, ㉡은 범죄 원인을 개인의 자유 의지로 통제할 수 없는 생물학적 · 심리학적 · 사회학적 요소에서 찾는 데 관심을 가진다. 정답 ③.

오답 피하기 ④㉠은 범죄에 비례해 형벌을 부과하고, 범죄를 저지를 경우 누구나 법에 의해 확실히 처벌받을 것이라는 두려움이 범죄를 억제할 것이라고 보았다. ㉡은 범죄자만의 특성과 행위 원인을 연구하여 범죄자들의 유형을 구분하고 그 유형에 따라 형벌을 달리해야 한다고 보았다.

090 사회 이론과 시대 상황

2015학년도 대학수학능력시험

1. 제시문의 논지는 사회 이론이 당시의 사회 상황이나 역사적 조건에 영향을 받는다는 것이다. 글쓴이는 이를 뒷받침하기 위한 대표적인 사례로 헤겔과 뒤르켐의 이론을 들어 설명하고 있다. 4문단에 따르면 헤겔과 뒤르켐 모두 시민 사회와 직업 단체에 대해 이론을 펼쳤지만 두 사람의 이론은 상이한 성격을 갖

는데, 이는 이들이 처한 사회적 역사적 배경이 달랐기 때문이다. 정답 ①.

오답 피하기 ②제시문에는 화제에 대한 예외적인 사례가 제시되지 않았다. 헤겔과 뒤르켐의 시민 사회론은 모두 이 글의 화제인 '사회 이론과 시대 상황의 관련성'을 뒷받침하는 사례들이다. ③글쓴이가 말하고자 하는 바에 반증이 되는 사례가 제시되지 않았다. ④쟁점이란 논쟁의 중점 사항이 되는 것을 말하는데, 이 글에는 논쟁이 나타나 있지 않다. ⑤제시문은 헤겔과 뒤르켐의 두 사례를 들어 논지를 펴고 있으므로, 동일한 사례를 서로 다른 관점에서 분석한 것이라고 보기 어렵다.

2. 3문단에 따르면 프랑스 혁명 이후 프랑스 사회는 사익을 추구하는 파편화된 개인들의 각축장이 되어 있었다. 따라서 개인들의 사익 추구가 불가능한 상황이라고 보기 어렵다. 정답 ②.

오답 피하기 ①2문단에서 19세기 초 프러시아에는 절대주의의 잔재가 남아 있었고, 산업 자본주의가 미성숙한 상태였다고 하였다. ③2문단에서 헤겔은 빈곤과 계급 갈등은 시민 사회 내에서 근원적으로 해결될 수 없는 것이며, 이를 해결할 최종 주체는 국가라고 하였다. ④3문단에서 뒤르켐은 사익의 추구가 극대화된 당시의 사회를 아노미 상태로 보았다고 하였다. ⑤2문단에서 헤겔은 공리주의가 국익 증대에는 기여하지만 무한한 사익 추구로 인한 갈등을 해결해 주지는 못한다고 하였다. 또한 3문단에서 뒤르켐은 공리주의가 개인의 이기심을 전제로 하고 있으며 아노미를 조장할 뿐이라고 하였다. 따라서 두 사람 모두 공리주의가 시민 사회 문제를 해결하지 못할 것으로 본 것이라 할 수 있다.

10장
기타

	1	2		1	2		1	2		1	2
091	⑤	④	092	①	⑤	093	①	⑤	094	④	④
095	①	①	096	②	③	097	③	③	098	④	②
099	⑤	①	100	⑤	②						

091 저작물의 공정 이용과 저작물의 공유
2014학년도 대학수학능력시험 6월 모의평가

1. 제시문은 저작자의 권리를 일부 제한하여 저작권자의 허락 없이도 저작물을 자유롭게 이용할 수 있도록 하는 '저작물의 공정 이용' 규정과 저작자가 자신의 저작물을 자유롭게 이용하도록 허락하는 '저작물의 공유' 캠페인을 소개하고 있다. 4문단의 '저작물 공유 캠페인을 펼치는 사람들은 기본적으로 자신과 타인의 저작권을 존중한다.'에서 알 수 있듯이, 저작물 공유 캠페인은 저작권을 존중하는 것을 바탕으로 하는 것이므로 저작물과 관련된 권리를 부정하는 '저작물이 모두의 소유'라는 주장과 같이 저작권을 부정하는 것은 적절하지 않다. 정답 ⑤

오답 피하기 ①1문단의 '문화가 발전하려면 저작자의 권리 보호와 저작물의 공정 이용이 균형을 이루어야 한다.'에서 알 수 있다. ②1문단의 '우리나라의 저작권법에서는 오래전부터 공정 이용으로 볼 수 있는 저작권 제한 규정을 두었다.'에서 알 수 있다. ③1문단의 '저작물의 공정 이용이란 저작권자의 권리를 일부 제한하여 저작권자의 허락이 없어도 저작물을 자유롭게 이용하는 것을 말한다.'에서 확인할 수 있다. ④1문단의 '저작물의 공정 이용이란 저작권자의 권리를 일부 제한하여 저작권자의 허락이 없어도 저작물을 자유롭게 이용하는 것을 말한다.'서 공정 이용이 저작권자의 권리를 일부 제한하는 것임을 밝히고 있으므로 공정 이용의 대상이 되는 저작물도 이 규정에 의해 제한되지 않는 범위에서는 저작권이 인정된다는 것을 알 수 있다.

2. 5문단의 '저작물 공유 캠페인을 반대하는 사람들은 이 캠페인이 확산되면 저작물을 창조하려는 사람들의 동기가 크게 감소할 것이라고 우려한다.'에서 유추할 수 있다. 정답 ④

오답 피하기 ①5문단에서 ㉠은 이 캠페인이 확산되면 저작물을 창조하려는 사람들의 동기가 크게 감소할 것이라고 우려하는 입장이기 때문에 '이용 허락 조건'의 표시가 창작 활동을 위축시킨다고 주장할 것이다. ②5문단에서 ㉠은 저작물의 공유 캠페인과 공정 이용 규정으로 인해 저작권자의 정당한 권리가 침해된다고 주장할 것이다. ③㉠은 저작물의 공유 캠페인과 공정 이용 규정으로 인해 저작권자의 정당한 권리가 침해된다고 주장하고 있으므로 공정 이용의 확대를 반대할 것이다. ⑤㉠은 저작물의 공유 캠페인으로 인해 활용 가능한 저작물이 줄어들게 되면 이용자들도 피해를 입게 된다고 주장하고 있으므로 저작권 공유가 오히려 공익에 반한다고 주장할 것이다.

092 배분 공정성과 절차 공정성
[출처] 노동법상 임금 결정 원칙_ 이달휴
2013학년도 3월 고3 전국연합학력평가

1. 제시문은 공정성의 의미를 배분 공정성과 절차 공정성으로 나누어 설명하고 있다. 3문단에서는 아담스가 주창한 공정성 이론에 대해 설명하고 있는데, 그에 의하면 개인이 자신의 투입과 산출의 비율을 타인과 비교해 그 비율이 같은 경우에는 공정성을 지각해 자신이 배분받은 것에 만족하는 반면, 그렇지 않은 경우에는 불공정성을 지각해 불만을 느낀다고 말하였다. 즉, 공정성이란 자신의 산출이 클 때 발생하는 것이 아니라 투입과 산출의 비율이 타인의 투입과 산출의 비율과 같을 때 확보되는 것이다. 정답 ①.

2. 절차 공정성이 배분 공정성의 전제가 된다는 말은 배분 공정성을 이루기 위해서는 절차 공정성이 선행되어야 한다는 것을 의미한다. 즉, 공정성을 확보하기 위해서는 무엇보다 절차 공정성이 선행되어야 함을 의미한다. 따라서 배분이 공정한 절차를 통해

결정되면, 공정성이 확보되므로 그 결정에 대한 공정성을 지각하는 사람들이 더 많아질 것이라고 말할 수 있다. 정답 ⑤.

093 가설 검정과 오류
[출처] 가설 검정과 오류(재구성)
2022학년도 6월 고1 전국연합학력평가

1. 제시문은 가설 검정과 판단 과정에서 발생할 수 있는 두 가지 오류에 대해 설명하고 있다. 1문단에 따르면, 가설 검정을 위해 귀무가설과 대립가설을 설정한다고 하였다. 귀무가설을 기각하면 대립가설을 채택하게 될 뿐이므로, 귀무가설을 기각할 때 새롭게 가설을 설정하는 것은 아니다. 정답 ①.

오답 피하기 ②2문단에 따르면, 대립가설을 기준으로 가설 검정을 하는 것은 현실적으로 어려우므로 귀무가설을 기준으로 검정한다. ③2문단에 따르면, 대립가설의 채택 여부는 귀무가설을 중심으로 이루어진다. ④4문단에 따르면, 1종 오류와 2종 오류는 동시에 줄일 수 없다. 그 이유는 한쪽 오류를 줄이면 그만큼 반대쪽 오류는 늘어나기 때문이다. ⑤4문단에 따르면, 오류 중 상대적으로 더 심각한 결과를 초래하는 것은 1종 오류이다.

2. 1문단에 따르면, 판단하는 이가 옳다고 주장하고 싶은 가설은 대립가설이다. 정답 ⑤.

오답 피하기 ①,③2문단에 따르면 귀무가설이 기각되면 대립가설은 채택된다. ②3문단에 따르면 판결에서 가설의 기각 여부는 판사가 결정한다. ④2문단에 따르면 귀무가설은 참과 거짓을 알기 전까지는 참으로 간주한다.

094 혁신의 공간적 확산
2012학년도 대학수학능력시험 6월 모의평가

1. 3문단에서 혁신의 수용자 수는 초기에는 완만하게 증가하다가 어느 시점에서 급격하게 증가하기 시작하여 결국에는 포화 상태를 이루게 되는 과정을 보인다. 따라서 수용자 수가 시간의 경과에 따라 일정하게 증가한다고 할 수 없다. 정답 ④

오답 피하기 ①3문단에서 혁신 수용자는 혁신을 수용

하는 시간적 순서에 따라 네 집단으로 나뉜다고 하고 있다. 따라서 혁신 수용자가 혁신을 수용하는 시기에 차이가 있다고 할 수 있다. ②2문단에서 계층 효과에 따른 계층 확산으로 인해 규모가 큰 도시에서 규모가 작은 도시로 혁신이 전파된다고 하고 있다. 따라서 도시 규모가 혁신 확산에 영향을 미치는 요인이라 할 수 있다. ③3문단에서 다른 사람들이 혁신을 수용하는 것을 보고 수용하는 '다수의 후기 수용자'와 새로운 것을 시도하기를 꺼려서 한참 지나서야 한참 지나서야 혁신을 수용하는 '소수의 지각자'는 소극적인 수용자들이라 할 수 있다. ⑤1문단에서 심화·포화기에는 최초 발생원과의 거리에 관계없이 전 지역에서 혁신의 확산이 이루어진다고 했으므로 심화·포화기에는 수용률은 거리에 따른 차이가 거의 없다고 할 수 있다.

2. 새로운 여행 상품의 예약이 폭주한 이유는 여행사의 '인터넷 광고'보다 '텔레비전 광고' 때문이다. 그런데, '인터넷 광고'와 '텔레비전 광고' 두 가지는 모두 대중 매체로 인한 것이므로 ㉡의 '개인 간의 의사소통'에 해당한다고 볼 수 없다. 정답 ④.

오답 피하기 ①은 '미용 관련 텔레비전 프로그램'보다 '미용사들의 지역 모임'이, ②는 '경제 뉴스'보다 '직장 동료들'이, ③은 '신문 광고'보다 '직거래 구매자들의 입소문'이, ⑤는 '라디오 광고'보다 '손님들의 호평'이 확산에 더 큰 영향을 준 요인이므로 ㉡의 '대중 매체'보다 '개인 간의 의사소통'이 확산에 더 큰 영향을 준 사례라고 할 수 있다.

095 유엔해양법협약
[출처] 국제해양법_ 박찬호 외
2021학년도 11월 고2 전국연합학력평가

1. 7문단에서 '잠정조치 재판을 통해 잠정조치를 명령'한다고 하였고 5문단에서 잠정조치는 '구속력 있는 임시 조치'라고 하였으므로 ①의 진술은 적절하지 않다. 정답 ①.

오답 피하기 ②3문단에서 '당사국들은~선택할 수 있다'고 하였으므로 적절하다. ③2문단에서 유엔해양법협약에 따른 '분쟁 해결의 원리가~적용되기 때문'이라고 하였으므로 적절하다. ④3문단에서 국제해양법재판소는 '유엔해양법협약에 의해 설립된 분쟁 해결 기구'라고 하였으므로 적절하다. ⑤2문단에서 유엔해양법협약은 분쟁 당사국에 '분쟁 해결에 관하여 신속히 의견을 교환해야' 하는 의무를 부과하였으므로 적절하다.

2. 7문단에서 '본안 소송의 관할권을 심리한 결과', 본안 소송을 담당하는 '중재재판소가 관할권을 갖게 될 가능성이~잠정조치의 관할권을 가질 수 있다'고 하였으므로 적절하다. 정답 ①.

오답 피하기 ②7문단에서 '본안 소송의 관할권을 심리'한 이후에 '잠정조치의 관할권을 가질 수 있다'고 하였으므로 적절하지 않다. ③7문단에서 '본안 소송을 담당하는~확정되지 않았더라도' '잠정조치의 관할권을 가질 수 있다'고 하였으므로 적절하지 않다. ④4문단에서 '본안 소송을 담당하는 재판소가~먼저 본안 소송 관할권'을 확정해야 한다고 하였으므로 적절하지 않다. ⑤6문단에서 본안 소송의 개시 시점은 '분쟁 당사국이 소송을 제기하여' 사건이 회부된 때를 의미한다. 그 이후 요청된 잠정조치에 대해 7문단에서 '본안 소송의 관할권을 심리'하는 절차를 거친 후 잠정조치의 관할권 인정 여부를 확정할 수 있다고 하였으므로 적절하지 않다.

096 개인정보보호법
[출처] 개인정보자기결정권의 헌법상 근거와 보호영역_ 전상현
2022학년도 3월 고2 전국연합학력평가

1. 제시문에 개인정보를 익명 정보로 처리하는 과정에 대한 내용은 언급되어 있지 않다. 정답 ②.

오답 피하기 ①1문단에서 개인정보자기결정권은 '자신에 관한 정보가 언제, 누구에게, 어느 범위까지 알려지고 이용될 것인지를 스스로 결정할 수 있는 권리'임을 설명하고 있다. ③2문단에서 개인정보보호법은 개인정보자기결정권을 보호하기 위해 제정되었음을 설명하고 있다. ④6문단에서 개인정보 활용의 유연성을 높이기 위해 가명 정보 처리 방안이 마련되었음을 설명하고 있다. ⑤1문단에서 정보 통신 기술의 발달로 개인정보가 데이터베이스화되면서 개인정보 유출로 인한 피해가 커져 개인정보 보호에 대한 인식이 확산되었음을 설명하고 있다.

2. 5문단에 따르면 익명 정보는 원래의 개인정보로

복원되는 것이 불가능하다고 판단되는 정보를 의미한다. 따라서 ㉠은 더 이상 개인정보가 아니므로 개인정보보호법의 보호 대상이 아니다. 반면 6문단에 따르면 가명 정보는 추가 정보와 비교적 쉽게 결합하여 개인을 식별할 수 있으므로 개인정보에 포함되어 개인정보보호법의 보호 대상이 된다. 정답 ③.

오답 피하기 ①6문단에 따르면 가명 정보는 가명 처리되기 전의 개인정보와 일대일로 대응하지만, 익명 정보는 가명 정보와 달리 익명 처리되기 전의 개인정보와 일대일로 대응하지 않는다. ②6문단에 따르면 가명 정보는 통계 작성, 과학적 연구, 공익적 기록 보존 등의 목적으로 정보 주체의 동의 없이 이용될 수 있다. ④5문단에 따르면 익명 정보는 수집 목적 이외의 분야에서 활용하기 어렵지만, 6문단에 따르면 가명 정보는 익명 정보에 비해 보다 유연하게 활용될 수 있다. ⑤6문단에 따르면 가명 정보는 통계 작성, 과학적 연구, 공익적 기록 보존 등의 목적을 위해 제3자에게 제공될 수 있다. 또한 5문단에 따르면 익명 정보는 더 이상 개인정보로 볼 수 없어 개인정보보호법의 보호 대상이 아니므로, 익명 정보가 제3자에게 제공될 수 없다는 설명은 적절하지 않다.

097 도시내부구조 분석 모델
[출처] 도시계획의 이해_ 김대영
2016학년도 11월 고2 전국연합학력평가

1. 제시문은 도시내부구조를 분석하는 모델로 동심원모델, 선형모델, 다핵심모델을 소개하고 있다. 따라서 대상을 설명하는 다양한 이론을 소개하고 있다는 진술은 적절하다. 정답 ③.

2. 2문단의 '동심원모델은 1920년대 시카고를 대상으로 도시내부구조를 모형화한 것'과 '동심원모델은 시카고만의 특성을 반영한 모형'으로 보아, 동심원모델은 여러 도시의 내부구조를 분석한 모델이라는 ③의 진술은 적절하지 않다. 정답 ③.

098 언론 보도로 인한 피해 구제 방식
2010학년도 6월 평가원 모의수능평가

1. 필자는 1문단에서 반론권의 의미를 밝히고, 2문단과 3문단에서 반론권을 둘러싼 논쟁을 소개하고 반론권이 정당한 권리라는 자신의 견해를 밝히고 있다. 정답 ④.

2. 제시문은 언론 보도로 명예가 훼손되었을 때 피해를 구제 받는 방법 중 비금전적인 구제 방식에 대해 설명하고 있다. 여기에는 반론권, 정정 보도, 추후 보도 세 가지가 있는데 그 중 반론권 제도에 대해 대립되는 주장을 소개하고 필자의 견해를 밝히고 있다. 4문단에서 반론권은 해당 언론사의 잘못이나 기사 내용의 진실성 여부에 상관없이 청구할 수 있다고 말하고 있다. 정답 ②.

099 지도의 역사
2003학년도 대학수학능력시험

1. 제시문은 지도의 개념과 지도의 발달 과정을 구체적인 예와 함께 설명하고 있는 글이다. 2문단을 보면 '지도의 크기가 대형화'된 것은 목판본 지도가 만들어지면서부터이다. 또 4문단을 보면 알 수 있듯이 '다양한 주제도가 발달'한 것은 컴퓨터가 이용된 다음이다. 따라서 ⑤처럼 '지도 크기의 대형화'와 '다양한 주제도의 발달' 사이의 인과 관계는 성립하지 않는다. 정답 ⑤.

2. 1문단의 '먼 옛날에는 흙이나 모래 또는 돌 위에 간단하게 공간 정보를 나타내어 이용하였을 것이다.', 4문단의 '수치 지도는 기존의 지도에서 사용되던 기호 체계를 사용하되'라는 언급을 통해 볼때 ①의 진술이 옳음을 알 수 있다. 정답 ①.

100 시대에 따른 놀이의 성격 변화
2013학년도 대학수학능력시험 9월 모의평가

1. 고대인에게 있어서의 놀이, 자본주의 사회에서의 놀이, 디지털 혁명 이후 인터넷 시대의 놀이를 시대의 변화에 대한 서술과 함께 분석하고 있다. 정답 ⑤

2. 1문단에서 고대 사회에서의 희생 제의는 자연을 훼손한 인간의 죄를 씻는 것으로, 이는 인간이 자신에게 유용하게 하기 위해 훼손한 자연을 원래의 상태로 되돌리는 것이다. 정답 ②